Economic Analysis of Green Credit
Behavior of Commercial Banks

四川大学985"经济发展与管理研究"创新基地系列著作

国家社科基金项目（15CJL057）阶段成果

商业银行绿色信贷行为的经济分析

贺立龙　张　杰　朱方明◎著

中国财经出版传媒集团

经济科学出版社

Economic Science Press

序

　　党的十八大以来，发展绿色金融成为一项重要的国家战略。2015年，中共中央、国务院发布的《生态文明体制改革总体方案》和2016年国家"十三五"规划纲要明确提出"构建我国绿色金融体系"的目标。2016年G20杭州峰会发布了《二十国集团领导人杭州峰会公报》，将绿色金融写入其中，发展绿色金融成为重要的全球共识。2017年，国家决定建设绿色金融改革创新试验区，绿色金融获得快速增长。

　　党的十九大明确提出发展绿色金融，绿色金融在多领域快速发展，其中绿色信贷规模增长最快、配套政策支撑最强。截至2019年一季度末，我国本外币绿色贷款余额9.23万亿元，折合年增长率为14%，实现平稳增长。值得关注的是，尽管绿色信贷规模持续增长，但目前我国绿色信贷仍然以自愿性、引导性政策为主，缺少更为直接、有力的扶持和鼓励措施；且绿色信贷在各类信贷余额中的占比始终徘徊在8.5%~10%。

　　当前我国经济由高速增长转向高质量发展，人民对环境质量的要求日益提高，绿色发展转型成为核心发展战略。绿色信贷的深化发展亟待进一步的政策支持与鼓励。从经济学的视角研究商业银行的绿色信贷行为，探寻绿色信贷的市场动力与微观机制，有助于推进绿色信贷立法，建立健全商业银行绿色信贷的规制、引导、支持体系。

　　本书阐释了商业银行绿色信贷的含义、特征及特定的行为逻辑，基于我国商业银行绿色信贷现状，提出制度改进与激励约束之策。重点分析了商业银行绿色信贷行为的经济机理。一是商业银行控制非环境友好型信贷的行为机理，涉及商业银行控制非环境友好型信贷的动机、成本、临界点及行为过程，以及市场条件对商业银行非环境友好型信贷的影响。

运用演化博弈理论分析绿色信贷过程中的监管机构与商业银行行为选择，审视与解决绿色信贷的逆向选择问题。二是商业银行开展环境友好型信贷的行为机理，涉及商业银行开展环境友好型信贷的动机、潜在收益、成本以及行为过程。

本书是集体努力的成果，主要作者是贺立龙、张杰、朱方明、陈兵。朱方明负责研究框架设计，贺立龙和张杰拟定写作大纲，是全书主要执笔人，四川大学经济学院博士生陈兵参与了第6~8章的研究与写作。此外，经济学院王宇茜、唐久琳、齐浩辰等同学也参与了部分章节的研究写作。感谢经济科学出版社杨梅等编辑老师的辛勤付出。书中疏漏之处还请读者批评指正。

作者于四川大学

2019 年 5 月

Contents

目　录

第1章

导　论

1.1　研究背景及意义

处理好经济发展与环境保护的关系是人类社会面临的重大课题。自然资源和生态环境是人类生存发展的必要条件，它不仅提供一种自然生产力，也为人的全面发展提供空间。马克思指出，在社会生产中"人和自然，是同时起作用的"，"良好的自然条件直接给予他的是许多闲暇时间"。① 但随着人类活动扩张资源环境也呈现出稀缺性与脆弱性。市场化、工业化、城镇化驱动的经济增长，产生资源过度使用，生态空间无序侵占的风险。恩格斯说："我们不要过分陶醉于我们对自然界的胜利。对于每一次这样的胜利，自然界都报复了我们。"② 人类社会由原始文明过渡到农业文明，递升到工业文明，人类从敬畏、亲近自然，到利用与改造资源，与自然的关系发生了根本变化。资本主义传统的增长模式，快速消耗不可再生的资源，排放难以降解与承载的污染物，导致人与自然关系失衡和生态危机到来，迫使人们重塑经济与生态关系。西方发达国家的工业化，走过了一条"先污染后治理"的发展道路。20世纪后半叶之后，环境问题在地域上不断扩张，在程度上不断加深，演变成了全球性问题。气候变暖、生态破坏、环境污染、能源安全成为国际社会的共同挑战。当前世界主要国家积极强化国际合作，综合运

---

① 资本论（第一卷）［M］．北京：人民出版社，1975：662，563.
② 马克思恩格斯选集（第三卷）［M］．北京：人民出版社，1972：517.

用法律、经济、金融等手段，应对环境难题。

改革开放四十年来，中国特色社会主义经济建设取得重大成就，市场化与现代化迅速推进，极大地解放和发展了生产力，国内生产总值年均增长约9.5%，成为世界第二大经济体、第一大工业国。但是，改革开放之后较长一段时期，GDP挂帅、工业化突进，"先污染后治理、边消耗边开发"的粗放增长模式，为经济发展注入巨大引擎动力的同时，也付出了较大的生态环境代价，大气、水体、土壤污染、垃圾围城等环境问题成为可持续发展与民众健康的巨大伤痛。当前全国生态环境依然脆弱，生态安全形势依然严峻，保护与发展矛盾依然突出。生态环境部2018年9月29日发布的全国生态状况变化遥感调查评估显示，全国生态系统格局整体稳定，局部变化剧烈。尽管生态状况总体改善，但受到工矿建设、资源开发、城镇和农田扩张影响，生态空间被大量挤占、自然岸线和滨海湿地持续减少、局部区域生态退化等问题严重。其中，城镇面积持续扩大是京津冀地区和长江经济带所面临的共同问题。长江经济带中下游自然岸线开发强度大，滨岸带生态风险凸显，长江自然岸线保有率仅为44%，自然滩地长度保有率仅为19.4%，长江岸线利用率为26.1%，部分长江岸线被砂石码头和小散乱码头、造船厂和船舶修理厂以及化工企业占用。①

改革开放四十年多来，我国对经济发展与生态环保的认识经历了深刻的变化，经济与环保实践互动下的环境质量经历了从良好、恶化到总体好转的演进过程，进入生态文明战略与绿色发展理念逐步贯彻、法规体制政策不断完善、生态环境质量持续改善的阶段。我国吸取西方国家"先污染后治理"的惨痛教训，在20世纪80年代提出走可持续发展道路，为生态文明建设和绿色发展，奠定理论和政策基础。但是从先污染后治理到保护优先，发展方式转变是一个结构性、过程性、系统性问题，需要体制、法律、政策的良好衔接。党的十八大以来，以习近平同志为核心的党中央把生态文明建设作为统筹推进"五位一体"总体布局和协调推进"四个全面"战略布局的重要内容，提出创新、协调、绿色、开放、共享新理念。《中国共产党章程（修正案）》中增加了"增强绿水青山就是金山银山的意识"。污染防治列入国

---

① 高敬，王榕. 生态环境部：全国生态状况总体呈改善趋势，新华社2018年9月29日电，http://www.xinhuanet.com/politics/2018-09/29/c_129963738.htm.

家三大攻坚战。环境保护法规趋于健全，生态文明被写入《中华人民共和国宪法修正案》，大气污染防治法、野生动物保护法、环境影响评价法、环境保护税法得到完善。执法力度不断加大，中央环保督察覆盖 31 个省区市，秦岭、祁连山等地的生态事件，触发最严生态保护体制，数百名领导干部被问责。生态文明"四梁八柱"制度逐步筑牢。党中央国务院出台《关于加快推进生态文明建设的意见》《生态文明体制改革总体方案》，国家发改委等部门联合出台《绿色发展指标体系》和《生态文明建设考核目标体系》，确立了制度框架，党政同责、一岗双责、排放权许可、河长制、湖长制相继推出。我国的环境保护与生态文明建设，正走出一条政府主导，吸收国际先进理念，依托法律与制度建设，注重市场化手段应用的中国特色生态治理与绿色发展之路。

我国已由高速增长阶段转向高质量发展阶段，正处在转变发展方式、优化经济结构、转换增长动力的攻关期，经济发展与环境保护的矛盾向纵深演化，加快生态文明体制改革，建设美丽中国，面临宝贵的战略机遇。如何有效运用市场机制，更好地发挥政府功能，将生态文明建设与绿色发展全方位融入现代化经济体系，是新时代的重大需求。除了健全环保法律法规、完善生态文明制度，强化政策规制以及环保督查，通过市场途径，运用财政、金融等经济工具、手段，推动经济主体自觉进行污染防治、发展绿色经济，又是一项关键命题。长期以来，排污企业以及消费者作为生态破坏或环境污染的"直接肇事者"，成为环境规制的"核心受体"，接受法治惩处或税费处罚；作为生态治理、节能环保或绿色生产的"直接贡献者"，获得政策补贴或技改支持，参与排污权交易。上述基于"污染主体"行为逻辑的制度安排与机制设计，构筑了生态文明与绿色经济发展的制度框架，但也容易忽略要素市场和产业链体系中的其他治理主体以及绿色经济因素，如环境治理与绿色生产的金融支持体系。金融作为市场经济的核心要素与第一驱动，对所有企业运营及项目投资都有内在的激励约束动力。在不合理制度环境中，金融机构容易成为污染企业的资金支持者，一些环境不友好型企业及项目，更容易获得投融资，挤占绿色经济项目资金，反映出商业银行等金融机构以及投资者的短期逐利倾向。若是法律、制度健全，金融机构可以通过投融资约束企业污染行为，激励企业治污或发展绿色经济，体现出绿色金融的环保功效。因此，从金融向实体的市场传导出发，有助于厘清金融机构与经济实体在污染治理与绿色经济活动中的行为动因与作用机理。

近年来我国在世界上率先提出构建绿色金融体系。党的十九大报告强调发展绿色金融。2016 年 8 月中国人民银行等多部委联合发布《关于构建绿色金融体系的指导意见》，给出了绿色金融的中国定义与框架设计。绿色金融是指对环保、节能、清洁能源、绿色交通、绿色建筑等领域的项目投融资、项目运营、风险管理等所提供的金融服务，涉及绿色信贷、绿色债券、绿色股票指数和产品、绿色发展基金、绿色保险、碳金融等金融工具和政策，以及支持经济向绿色化转型的制度安排。其中，绿色信贷作为绿色金融体系的重要组成部分，得到银行业金融机构的实践推进，在助推经济绿色低碳发展和产业结构转型升级上，取得较为显著的社会经济效益。据银监会披露，我国绿色信贷总规模持续稳步增长，国内 21 家主要银行绿色信贷余额从 2013 年末的 5.2 万亿元增长至 2019 年一季度的 9.23 万亿元，年均增速约 14%。绿色信贷质量稳定在较高水平，绿色信贷不良率仅为 0.37%，远低于同期各项贷款 1.69% 的平均不良率。但应看到，目前我国绿色信贷仍然以自愿性、引导性政策为主，缺少内生、可持续的市场运行动力，绿色信贷在各类信贷余额中的占比徘徊在 8.5%～10% 之间，① 绿色信贷的深化发展亟待长效的机制设计与政策激励。本书探讨商业银行绿色信贷行为背后的经济逻辑，探寻商业银行开展绿色信贷的市场动因、影响因素与行为机理，以期为新时期的绿色信贷发展，优化制度安排与政策支持。

以绿色信贷支持生态文明建设在我国处于起步阶段，是绿色金融与环境保护领域的一个新课题。商业银行对绿色信贷的价值、意义与工具体系还缺乏全面、系统的认识，绿色信贷业务的开展也面临资金成本、技术手段、产品设计等内部因素，以及信息、信用、政策配套等外部因素的制约。尽管中央政府、人民银行、银保监会三令五申要求商业银行开展绿色信贷工作，但是从微观实施层面来看，不少商业银行仅是基于政策的强制要求被动开展绿色信贷，并没有建立主动的履责机制，绿色信贷的实施效果有待商榷，"两高一剩"行业信贷余额仍居高不下。研究商业银行开展绿色信贷的行为动因与机理，探寻其对相关政策与机制的行为反应，进行新时期的制度优化，

---

① 赵萌. 绿色信贷实质性鼓励政策有望加快落地［N］. 金融时报，2018 - 03 - 16.

具有重要的理论与现实意义。

　　从经济学视角研究商业银行的绿色信贷行为，在理论上有助于厘清商业银行绿色信贷行为的外在约束与市场动因，揭示绿色信贷的制度基础、技术支撑、信息信用支持以及其他影响因素，揭示绿色信贷对经济主体治理环境、发展绿色经济的激励约束效应，丰富商业银行信贷行为理论，完善金融企业环境责任研究；从现实层面有助于优化绿色信贷的社会制度安排与政策配套体系，设计绿色信贷行为激励约束机制，优化绿色信贷产品结构，完善绿色信贷信用与风险管理体系，疏通商业银行绿色信贷向实体企业环境友好行为的传导机制，建立健全绿色信贷效果评估机制，形成中国特色的绿色信贷业务标准与推进方案。

1.2　绿色信贷的发展及研究现状

1.2.1　绿色信贷的起源与演进

　　"绿色信贷"是中国的提法，国外学者一般将其纳入环境金融（environmental finance）、可持续金融（sustainable finance）的研究范畴。"环境金融"的出现可以追溯到 20 世纪八九十年代。环境问题的恶化促使各界开始反思已有的法律、经济等手段的局限性。由于金融在现代经济调节与配置中起到核心作用，政府、环保组织、企业等开始思考如何采用金融手段加强环境保护，提高环境质量。在私人投资领域，美国 CRERES 投资集团于 1989 年发表了对环境负责的波尔第斯原则，受到了社会的广泛认同。联合国环境规划署在 1992 年推出了《银行界关于环境可持续发展的声明》（至今已有 100 多个机构、团体签字支持该声明）要求银行在决策中考虑环境保护因素，1995 年又推出了"保险业环境举措"，促进金融自律组织（UNEPFI）探讨和实践可持续发展战略。在此背景下，有关环境金融的研究随之而兴起。《美国传统辞典（第四版）》（2000）将"环境金融"定义为：环境金融是环境经济的一个部分，它研究的主要内容是怎样使用多样化的金融工具以保护环境、生物的多样性。何塞·萨拉扎尔（Jose Salazar，1998）研究了环境金融的功能，认为应当通过金融创新来保护环境。埃里克·考恩（Eric

Cowan，1999）分析了如何畅通渠道以获取发展环境经济所需要的资金。索尼亚·拉巴特（Sonia Labatt，2002）分析了金融创新与环境的关系以及如何进行环境风险评价并提供环境金融产品。随着我国环境问题的突出，国内学者也开始关注环境金融问题，如王卉彤、陈保启（2006）在介绍国外常见环境金融产品的基础上，指出我国发展环境金融，实现金融创新和循环经济双赢的关键路径；安伟（2008）界定了环境金融的内涵，探讨了信贷、保险、证券、风险投资四种主流金融模式并分析了环境金融对节能减排的作用机理。

从有关环境金融的研究来看，环境金融关注的是整个金融与环境的关系。而银行只是金融的一部分，因此银行与环境关系的研究只是环境金融领域的一个分支。不过由于银行在社会、经济发展中的特殊作用，银行与环境的关系自然引起了学者们的兴趣。2003 年，"赤道原则"的出台对银行与环境问题的研究及实践带来了里程碑式的影响。"赤道原则"并非官方的规定，它是由世界主要的金融机构依据国际金融公司发布的环境和社会政策、指南制定的一套自愿性原则，目的是用于确定、评估、管理项目融资过程中所涉及的环境和社会风险问题。银行宣布实行"赤道原则"的原因是，银行支持的非环境友好型项目产生的负面影响使银行陷入舆论旋涡。政府、社会组织、公众等利益相关者群体普遍认为，银行开展项目融资业务时有义务审查项目带来的社会、环境影响，并应督促借款人采取对策消除或补救负面影响。面对履行社会及环境责任的压力，国际金融公司和荷兰银行等 9 家银行于 2002 年在英国首都伦敦就项目融资中的环境与社会问题举行了会议。会议结束后，荷兰银行、西德意志州立银行、巴克莱银行、花旗银行 4 家银行在国际金融公司发布的环境和社会政策、指南的基础上一起拟定了一套专门针对项目融资中关于环境、社会风险的指南，此即"赤道原则"。该准则要求银行在审核项目融资时应综合评估对环境和社会的影响，银行对项目融资的前提是项目融资人有证据证明其项目对社会和环境负责。"赤道原则"的重要影响在于它第一次明确化、具体化了过去项目融资中模糊的环境、社会标准，使整个银行业的环境、社会标准得到了基本统一。为银行评估和管理环境与社会风险提供了一个操作指南。包括 4 家发起银行在内的 7 个国家的 10 家大银行于 2003 年 6 月宣布采纳并实行"赤道原则"。截至 2010 年 3 月，宣布实行"赤道原则"的金融机构即"赤道银行"已有 67 家，所涉信贷业务遍及全世界的 100 多个国家或地区，项目融资总额在全世界项目融资市场的占比达到 80% 以上。

"赤道原则"的兴起也逐渐引起了我国政府、银行业等的关注。尽管 2008 年之前未有一家中资银行申请加入"赤道原则"，但实际上我国的"绿色信贷"已体现出了"赤道原则"的理念。1995 年中国人民银行发布了《关于贯彻信贷政策与加强环境保护工作有关问题的通知》要求金融机构对没有通过环评的企业不予贷款；对不符合"三同时"要求的停贷或不予支持；停止或收回不符合国家产业政策的贷款主体的贷款；对国家严格限制项目须经环保部门审核后方可贷款；对支持促进环境保护与改善生态环境的予以贷款支持。上述政策文件基本确定了中国绿色信贷的雏形。但由于受动力不足、约束机制不健全等因素影响，早期绿色信贷效果十分有限。

环境形势不容乐观，部分地区的企业、建设项目环境污染、环境破坏现象比较突出，银行面临的信贷风险增大。针对此种情况，环保总局、中国人民银行、银保监会于 2007 年出台了《关于落实环保政策法规防范信贷风险的意见》要求金融机构应依据国家建设项目环境保护管理规定与环保部门通报情况，严格贷款审批、发放和监督管理，对未通过环评审批或者环保设施验收的项目，不得新增任何形式的授信支持；对限制和淘汰类新建项目，不得提供信贷支持；金融机构在审查企业流动资金贷款申请时，应根据环保部门提供的相关信息，加强授信管理，对有环境违法行为的企业应采取措施，严格控制贷款，防范信贷风险。这是我国首次参照"赤道原则"，对高污染企业实施限贷。该文件的出台标志着"绿色信贷"在中国的兴起。此后，银保监会又相继发布了《关于防范和控制高耗能高污染行业贷款风险的通知》以及《节能减排授信工作指导意见》等正式官方文件督促各银行开展绿色信贷。通过一段时间的推动，我国银行业绿色信贷的发展取得了阶段性的成果，但是与预期目标相比还存在不小的差距。

2012 年 2 月银保监会在《国务院"十二五"节能减排综合性工作方案》《国务院关于加强环境保护重点工作的意见》的基础上制定了《绿色信贷指引》，对银行业开展绿色信贷，促进节能减排与环境保护提出了明确要求：第一，明确支持对象，即应加大对绿色经济、低碳经济、循环经济的支持；第二，重点关注其客户及其重要关联方，有效控制环境和社会风险；第三，从建立机制和流程等方面加强绿色信贷的组织管理；第四，完善绿色信贷政策、制度及流程，加强能力建设；第五，从贷前、贷中、贷后三方面加强环境和社会风险管理；第六，完善内控管理与信息披露。《绿色信贷指引》的出台，使得银行业金融机构在开展绿色信贷时更有章可循。

党的十八大以来，我国颁布的绿色信贷文件不断增加。2016 年绿色金融发展被写入《十三五规划纲要》，上升为国家发展战略。金融监管部门逐步建立健全绿色信贷监管体系和工作流程，颁布了《关于绿色信贷工作的意见》《关于报送绿色信贷统计表的通知》《绿色信贷实施情况关键评价指标》等一系列文件，设立了绿色信贷业务负责部门，建立了绿色信贷统计监测制度，构建了环境与社会风险评价机制。在《关于构建绿色金融体系的指导意见》等政策指引下，政策性银行、商业银行都将绿色信贷列为重要信贷业务，出台绿色信贷的配套政策和方案，并根据银监会要求，按年上报绿色信贷数据信息，银行类上市公司在年报或企业社会责任报告中予以披露。银监会分时段披露国内 21 家主要银行绿色信贷的整体情况，包括绿色信贷余额、节能环保及服务贷款等环境效益指标，标准煤、二氧化碳、化学需氧量、氨氮、二氧化硫、氮氧化物、节水七类指标，形成常态化绿色信贷统计信息披露机制。随着新时代生态文明建设的深入推进，绿色经济制度框架与监管体系的建立健全，绿色金融将在更大规模与领域内，发挥资金供给和资本引导功能，提升实体经济绿色发展质量和效率。

当前绿色信贷表现出三个趋势性特点：一是产业、能源、运输，以及农业投入等四项结构调整优化，成为绿色信贷支持高质量发展的核心导向和着力点。2019 年一季度末，我国本外币绿色贷款余额 9.23 万亿元，分用途看，绿色交通运输项目和可再生能源及清洁能源项目贷款余额分别为 4.1 万亿元和 2.28 万亿元，比年初分别增长 4.8% 和 1.7%；分行业看，交通运输、仓储和邮政业绿色贷款余额 3.91 万亿元，比年初增长 4.9%；电力、热力、燃气及水生产和供应业绿色贷款余额 2.87 万亿元，比年初增长 2.9%。[①] 二是区域绿色金融和绿色信贷创新不断推进。2018 年，中国五地绿色金融试点地区努力创新绿色信贷产品，丰富绿色信贷抵押品范围，标志

[①] 张千千，吴雨. 一季度我国绿色信贷平稳增长，新华网，2019 – 5 – 4.

着绿色信贷迈入"自上而下"的顶层设计和"自下而上"的区域探索结合的发展新阶段。三是绿色信贷统计制度日趋完善。中国人民银行为了配合绿色信贷 MPA 考核，印发《关于建立绿色贷款专项统计制度的通知》，与原银监会绿色信贷标准保持一致，要求银行类金融机构按季度报送绿色信贷数据，并加入了绿色信贷国标行业分类统计，绿色信贷统计制度进一步完善。四是绿色信贷发展进入规模与质量并重阶段。银行业金融机构开展绿色信贷的政策约束压力与市场内生动力机制将逐渐形成。

1.2.2　绿色信贷的研究概述

1. 国外的研究现状

麦卡蒙（McCammon，1995）从银行在经营中节约能源、水、原材料降低成本的角度分析银行为何关注环境问题。舒尔茨等（Scholz et al.，1995）、凯德尔（Keidel，1997）、库尔森和蒙克斯（Coulson and Monks，1999）从环境风险对银行信贷影响的角度研究信贷与环境问题的关系。沙米等（Chami et al.，2002）从内部管理角度、外部需求角度研究金融机构愿意保护环境、承担社会责任原因。马塞尔·杰肯（Marcel Jeucken，2001）研究了银行在面对环境问题上的四个行为阶段。保罗·汤姆森、克里斯托弗·科顿（Paul Thompson，Christopher J. Cowton，2004）研究了环境信息在银行贷款业务过程中的作用。奥拉夫·韦伯（Olaf Weber，2006）实证研究欧洲商业银行在风险管理环节对环境因素的考虑的区别。伯特（Bert，2007）通过实证分析研究签署、实行赤道原则对商业银行的影响。

2. 国内的研究现状

通过梳理文献，我们发现关于绿色信贷的研究主要集中在几个方面：第一，介绍国际经验的基础上研究我国的绿色信贷，提出相关借鉴意见，如何德旭和张雪兰（2007）、叶勇飞（2008）、古小东（2010）、孙轶颋（2011）等；第二，研究绿色信贷中的博弈关系，发现推动绿色信贷发展的关键要素，如张秀生和李子明（2009）、曹洪军和陈好孟（2010）、林心颖和郑祥（2011）；第三，对绿色信贷进行实证研究，探讨存在的问题及对策，如雷丽梅（2008）、贺震（2010）、四川银监局课题组（2010）、孙俊岭和李艳芳（2011）等；第四，从可持续发展角度研究绿色信贷，探讨绿色信贷对促进社会、银行自身发展的意义，如陈雁（2008）、马萍（2009）等；第五，研究绿色信贷中的风险管理，如刘勇（2007）、常杪和王世汶（2008）、陈伟光和卢丽红（2011）等。

1.3 框架结构与方法

1.3.1 框架结构

全书共分为9章，其基本研究框架如下所示。

第1章：导论。该部分首先介绍文章的选题背景、选题意义，接着介绍关于绿色信贷的起源与演进、研究现状，然后阐述文章的研究框架、研究方法，最后阐明了文章的创新点与不足。

第2章：文献回顾。本章首先对商业银行开展绿色信贷的主要理论依据进行综述，然后对现有关于绿色信贷的研究文献进行综述。

第3章：商业银行绿色信贷行为的概念界定与特征识别。本章首先结合实际对商业银行绿色信贷的定义进行了阐述，并从多个维度，对商业银行绿色信贷进行了分类划分。其次详细阐述商业银行绿色信贷与传统信贷在经营理念、管理、环境外部性作用中的区别。最后，分析商业银行绿色信贷与政策性银行绿色信贷的区别。

第4章：商业银行开展绿色信贷的社会缘由与行为动因。本章首先从人类追求自然与人的和谐共处、银行信贷与环境问题存在相关性、绿色信贷具有环境保护作用及比较优势三个方面阐述了商业银行开展绿色信贷的缘由。其次从环境资源危机影响商业银行自身利益，公众、政府共同驱动商业银行开展绿色信贷等现实角度分析了商业银行必须开展绿色信贷的原因。

第5章：商业银行绿色信贷行为的机理一：控制非环境友好型信贷的行为分析。第一，从企业规模的视角，基于成本收益，运用行为经济学中的前景理论、从众理论等分析了当前商业银行面对非环境友好型信贷的行为选择。第二，分析了商业银行控制非环境友好型信贷的动机、成本、临界点及行为过程。第三，分析市场条件对商业银行非环境友好型信贷的影响。第四，运用演化博弈理论分析绿色信贷中监管机构与商业银行在不同成本收益下的行为选择，探讨政府监管怎样影响商业银行控制非环境友好型信贷。第五，分析商业银行控制非环境友好型信贷采取的高利率定价可能造成的风险问题，以成本收益为基础研究采用何种手段解决绿色信贷中的逆向选择问题。

第6章：商业银行绿色信贷行为的机理二：开展环境友好型信贷的行为分析。第一，分析了商业银行开展环境友好型信贷的动机、可能获取的收益、需要付出的成本以及行为过程。第二，本章对商业银行环境友好型信贷的成本收益进行了均衡分析，讨论了商业银行在不同的成本收益下有何种行为选择。第三，市场上商业银行之间的竞争在加剧，本章构建竞争对商业银行开展环境信贷的影响分析模型，探讨竞争程度变化下商业银行基于自身成本与收益的考虑，在何种条件下愿意开展环境友好型信贷。第四，在介绍商业银行开展环境友好型信贷典型案例的基础上，分析了影响商业银行开展环境友好型信贷的社会条件。

第7章：我国商业银行绿色信贷行为的现状特征与现实困境。本章首先借鉴他人研究成果介绍了我国商业银行绿色信贷发展的整体状况，依据代表性商业银行公开发表的相关社会责任报告阐述了典型商业银行绿色信贷的开展情况，并以此为基础总结出了我国商业银行绿色信贷的管理体系，接着从绿色信贷实践的角度，基于对商业银行一线信贷人员进行调研的数据，分析了我国商业银行绿色信贷的开展现状与特征，进而评价了我国商业银行绿色信贷的开展成效。其次分析了我国商业银行控制非环境友好型信贷及开展环境友好型信贷面临的现实困境以及造成商业银行绿色信贷困境的制度及机制障碍。

第8章：进一步推动商业银行绿色信贷发展：国际经验与中国探索。本章首先介绍德国、美国等发达国家推行绿色信贷的经验，并总结了相关启示。其次根据我国商业银行开展绿色信贷的实际情况及上述章节的分析，提出了我国商业银行绿色信贷的目标、开展模式，推动商业绿色信贷发展的政策导向，商业银行内部政策调整优化的思路及商业银行绿色信贷监管测评体系的构建思路。

第9章：结论与建议：正确认识与优化商业银行绿色信贷行为。对文章的分析内容进行了总结,并在此基础上就我国商业银行如何开展绿色信贷从外部机制完善,商业银行内部优化方面提出相关建议。

1.3.2 研究方法

(1) 规范分析法。

规范分析法重在解答"应该是什么"。它是以一定的价值判断为基础,并提出一定的行为标准,研究怎样制定政策、完善制度才能符合该标准的分析与研究方法。对绿色信贷的研究离不开对绿色信贷内涵的解读。本书将对绿色信贷的内涵进行研究,并在此基础上分析如何才能够让商业银行符合绿色信贷的标准。

(2) 实证分析法。

实证分析方法是经济学研究的重要方法之一,它着眼于现实情况,通过实例、数据等探讨经济运行的内在规律,解决"是什么"的问题。本书将尝试采用基于 VAR 向量自回归的非结构多变量计量模型来实证研究银行信贷投放与环境问题的关系,以及通过对信贷人员的调研,了解我国商业银行绿色信贷的开展情况。

(3) 博弈分析法。

博弈分析法研究在多决策主体之间的行为具有相互作用时,各决策主体根据所掌握、了解的信息及对自身能力的认知,做出哪种有利于自己利益的决策。本书将以博弈主体具备有限理性为前提,运用演化博弈研究商业银行在一定环境中的绿色信贷的行为选择。

(4) 比较分析法。

比较分析法是把事物加以比较,以达到认识事物的本质和规律并做出正确的评价的目的。本书将运用比较分析法研究绿色信贷给商业银行带来的收益与成本、信贷发放与污染物排放相互作用关系等问题。

(5) 案例分析法。

案例分析法是指把实际工作中出现的情况作为案例进行分析研究。本书将选择商业银行支持"两高一剩"企业、开展"节能环保"信贷、拒绝"节能环保"融资申请等典型案例进行研究,并提炼出有针对性的优化我国商业银行绿色信贷的方法和手段。

1.4 本书的贡献与不足

1.4.1 可能的贡献

第一，在前人基础上较系统地分析了绿色信贷的理论内涵。本书认为，商业银行绿色信贷是商业银行出于短期盈利或长期发展动机所实施的环境友好型信贷行为。对其理解应把握四点：一是商业银行的市场行为，即对客户群体的选择、定价应遵循市场原则，要满足客户有融资需求与能达到商业银行信贷准入门槛两个前提条件；二是不等于产业歧视，对符合条件的"两高一剩"的"节能环保"需求仍应予以支持；三是商业银行的绿色信贷行为应具有环保价值，即能约束"两高一剩"产业，激励"节能环保"产业；四是除直接提供资金外，还包括提供信用支持等服务。

第二，对如何实现商业银行绿色信贷进行了系统性研究。本书对如何推动商业银行控制非环境友好型信贷，开展环境友好型信贷进行了系统性的分析。本书认为：环境风险造成的损失与沉没成本相等，是商业银行控制非环境友好型信贷的临界点，一旦某一项目的环境风险造成的损失大于沉没成本，商业银行将会主动控制对此类项目的信贷。因此，为推动商业银行控制非环境友好型信贷，一方面，需构建约束性的市场环境，加强对此类项目（或借款人）的环境规制；另一方面，需加强对商业银行信贷行为的规制与监管，约束其非环境友好型信贷行为。商业开展环境友好型信贷既有短期收益也有长期收益，但是也面临创新投入及产生不良贷款等成本，在不同的成本收益约束条件下，商业银行将选择不同的信贷行为，以求自身利益最大化。竞争是商业银行发展的大趋势，在竞争加剧的条件下商业银行将会弱化风险控制。此时，借助政策缓释商业银行环境友好型信贷的风险并扶持促进环境友好型产业发展以改进其盈利及风险状况，对促进商业银行开展环境友好型信贷将起到积极作用。

第三，对商业银行绿色信贷的管理体系进行了系统性总结。在介绍我国推行绿色信贷成绩较突出的商业银行的基础上，对商业银行绿色信贷的管理体系进行了梳理，并根据其特点做了归类总结。

第四，以对商业银行绿色信贷开展调研为基础进行实证分析。在西部的金融中心成都，对国有商业银行、股份制商业银行、城市商业银行等多种类型的商业银行的一线信贷人员发放绿色信贷调查问卷，通过问卷研究商业银行绿色信贷的开展情况。实证调查得出的主要结论是：商业银行基层信贷人员对绿色信贷的认识不足，尽管大部分银行明确提出限制"两高一剩"非环境友好型产业，支持"节能环保"环境友好型产业，但是切实可行的具体措施有限，并且信贷人员对绿色企业的偏好不明显。

第五，对推动商业银行绿色信贷发展的思路与模式提出了构想。本书认为商业银行开展绿色信贷应兼顾经济与非经济目标，绿色信贷的初期应由政府进行主导，应区别对待不同的商业银行，分重点、分轻重选择行业、企业，引导、激励性政策与强制手段协调配合，多种力量并重，分步骤、分阶段推进商业银行绿色信贷的发展。

1.4.2 不足之处

第一，国内关于商业银行绿色信贷的研究刚处于起步阶段，研究资料相对较少，商业银行绿色信贷的实践工作也是刚开展，因此缺少系统的论述资料和统计资料。资料的不足难免会影响本书的研究，所以以后还应对本书的部分研究内容进行更详尽的研究、论证。

第二，笔者一直在一家商业银行从事信贷工作，该银行绿色信贷的制度、文化、工作开展等难免影响笔者对其他商业银行绿色信贷的认识以及对绿色信贷的理论研究，而且长期的实物操作工作，难免影响写作时对理论层次的提升。

第2章

文献回顾

本章对商业银行绿色信贷的主要理论依据及有关商业银行绿色信贷的研究文献进行综述，梳理研究脉络，以辅助本书的研究。

2.1 商业银行绿色信贷行为研究的理论依据

2.1.1 可持续发展理论

（1）可持续发展理论的基本内容。

人类的经济发展、社会发展需要以环境、资源作为永恒的基础。随着科学技术的进步，人类改造自然、利用自然的能力显著增强，人类享受着改造自然、利用自然获得的大量物质文明。当人类在享受对自然的征服时，自然界开始向人类频频预警。人类现在必须面对经济增长带来的人与自然之间的一系列尖锐矛盾。近年来，环境问题日益严重，出现了矿物能源濒临枯竭、土地资源减少，质量持续下降、草地破坏、森林退化、生物多样性锐减、温室效应等一系列问题。人类不得不反思传统发展模式的弊端，开始思考如何和谐处理人类与自然的关系问题。在此背景下，可持续发展观应运而生。

可持续发展作为一种全新的发展观，它强调经济、社会、资源、环境等多方面的协调发展，其内涵十分丰富。据不完全统计，已有的关于可持续发展的定义已达数百种，但得到全球最普遍认同和广泛引用的是《我们

· 15 ·

共同的未来》报告中给可持续发展下的定义：既满足当代人的需要，又不对后代人满足其需要的能力构成危害的发展。① 该定义论述了两个基本观点：一是人类要发展；二是发展要有限度，不能损害自然界支持当代人及后代人发展的能力。从发展领域上讲，可持续发展理解为"自然—经济—社会"三维复合系统之间的协调发展；从发展的空间讲，可持续发展是寻求全球、全人类的发展；从发展的时间上讲，可持续发展涉及当代及后代人。

可持续发展作为新型的发展观，将可持续与发展有机结合起来，在发展中注重以下原则：

第一，发展的原则。要解决现有的经济、社会、环境问题，发展是关键。抛开发展谈解决经济、社会、环境问题是不现实的，要把发展放在首位。

第二，协调的原则。自然、社会、经济三个系统相互制约、相互联系，传统发展模式正是因为未能协调好三个子系统之间的关系，所以才造成诸多问题，可持续发展不能再犯同样的错误。

第三，可持续的原则。发展是有限制条件的，因为发展离不开对资源、环境的利用。所以人类必须充分考虑资源、环境的临界性，改变原有的生产、生活方式，以可持续的方式对环境、资源加以利用。

第四，公平性原则。人类的当代、后代都生活在同一空间，这就要求当代人一方面不能损害当代其他人发展的能力，另一方面不能因为自己的发展而损害子孙后代生存、发展的能力。

第五，共同性原则。可持续发展不局限于一个地区、一个国家的发展，需要具备全球性战略眼光，只有把局部利益与整体利益结合起来，才能实现可持续发展的总体目标。

可持续发展的核心是发展，如果没有发展，可持续也就无从谈起，但与以往的经济发展观相比，可持续发展主要具有以下特征：

第一，经济持续增长。可持续发展要满足人们不断增长的物质、文化需求必须依赖于经济的增长，而且环境问题的解决也离不开经济的增长，只有经济发展了，才有更多的资本、技术投入环境保护。

---

① 范柏乃，马庆国. 国际可持续发展理论综述［J］. 经济学动态，1998（8）.

第二，社会持续进步。社会持续进步将人作为第一要素考虑，意味着与人相关的人口、教育、卫生、文化等事业的发展。

第三，资源持续利用。资源问题是可持续发展的中心问题。所以，可持续发展要求人类利用、保护好人类生存、发展的资源基础，对不可再生的资源应提高利用效率或采取替代资源，对可再生资源的利用不能超过其再生速度，并加强对新能源、清洁能源的开发、利用。

第四，生态持续平衡。生态环境有自己的新陈代谢发展规律，生物链的平衡不能被任意破坏。可持续发展重要内容和重要衡量标准之一就是生态平衡。社会发展、经济发展必须与生态环境的承载能力相适应，对生态环境中的资源只能合理利用，以实现人与自然之间的和谐。

（2）绿色信贷与可持续发展的关系。

商业银行作为社会的一分子，受益于可持续发展。可持续发展不但为商业银行创造了良好的经济、社会环境，为商业银行带来了商机，同时也为商业银行的发展创造了良好的生态环境，避免了不必要的麻烦。但可持续发展离不开每个社会成员的主观参与与自觉努力，因此商业银行有义务积极参与其中。一方面，商业银行要优化管理减少公务工作对能源、资源的耗费，减少对环境、资源的压力；另一方面，要利用好信贷资源，为可持续发展做出更大的贡献，因为这更能体现出商业银行在可持续发展中的价值。首先，由于资金是经济活动的血液，作为社会资金融通枢纽的商业银行及时注入资金能保证经济系统的健康运行；其次，商业银行利用好信贷资源能为商业银行自身带来丰厚的利润，在此前提下，商业银行才能为社会缴纳更多的税收，从事更多的公益事业，为社会系统的发展贡献力量；最后，商业银行的信贷具有双刃剑作用，若商业银行的资金集中于"两高一剩"企业，资源浪费、环境污染将进一步加剧，自然系统将遭到进一步的破坏，自然系统的恶化进而又会影响到经济系统、社会系统，最终影响整个可持续发展，但是商业银行若直接减少或通过高利率方式压缩对"两高一剩"行业的贷款，并加强对环保产业的扶持，这将有利于资源的持续利用与生态的持续平衡，即绿色信贷通过差异化运行，控制、引导资金流向，能推动自然系统的良性发展，可有效促进可持续发展。

2.1.2 外部性理论

（1）外部性理论的基本内容。

外部性问题是经济学界一个长盛不衰的话题，不仅古典经济学将其作为重点研究对象，而且也是新制度经济学研究的重要范畴。外部性理论的提出可以追溯到经济学大家亚当·斯密。斯密（1776）认为："自然的经济制度（即市场经济）不仅是好的，而且是出于天意的，因为在其中，每一个人改善自身处境的自然努力可以被一只无形的手引导着去尽力达到一个并非他本意要达到的目的，即在追求他本身利益时，也常常促进社会的利益。"① 斯密关于个人对经济利益的追求导致经济发展的思想可以看作是外部性思想的萌芽。剑桥学派的经济学家西奇威克对外部性理论的提出也作出了重要贡献，西奇威克（1887）在《政治经济学原理》用灯塔为例来说明私人成本与社会成本、私人收益与社会收益不一致的问题，他认为大量过往船只能从灯塔处得到好处，但是灯塔的管理者却很难收取得到好处的过往船只的费用。虽然西奇威克并没有直接提出外部性的概念，但他充分认识到，在自由经济中，个人并不可能总能因他所提供的劳务获得适当报酬，这种劳务与报酬之间的差额就是经济学所研究的"外部性"。关于外部理论的概念，经济学界一般认为是由马歇尔提出的，是指一个经济主体（生产者或消费者）的活动对他人的福利产生了正面影响或负面影响，这种正面影响带来的收益或负面影响带来的损失，都不是生产者或消费者本人所获得或承担的，是一方对另一方产生的"非基于市场"的附带影响。

外部性的产生使经济活动中其他主体的福利受到损害，从而使资源配置低效率或无效率，因此不少学者致力于研究如何将外部性内部化，其中庇古与科斯的观点极具代表性。

根据庇古的理论，如果在私人边际产值之外，还有第三者收益，那么私人边际产值就低于社会边际产值；如果有第三者遭受损失，那么私人边际成本就低于社会边际成本。如果私人边际产值小于社会边际产值，则存在正的外部性，如果私人边际成本小于社会边际成本，则存在负的外部性。在私人

---

① 亚当·斯密. 国民财富的性质和原因研究（上卷）[M]. 北京：商务印书馆，1974：27 – 28.

边际收益与社会边际收益，私人边际成本与社会边际成本不一致的情况下，依靠自由市场竞争很难达到资源的最优配置。于是在此种情况下，就需要政府的干预。政府采取的措施是：对私人边际成本低于社会边际成本的经济主体征收相应的税收，对私人边际收益低于社会边际收益的经济主体给予补贴。庇古认为通过这些做法就可以实现外部性内部化。实践中，征收的环境税就是庇古税理论的典型应用。环境税的征收使环境污染的外部成本转化为污染生产产品的内在成本，提高了污染成本，降低了产量，对环境保护起到了一定的效果。

科斯在《社会成本问题》中以庇古税为理论背景，批判了庇古理论的不足，在此基础上提出了自己的理论即"科斯定理"。科斯认为：如果交易费用为零，那么不管权利进行怎样的初始配置，都可以通过谈判形成资源配置的帕累托最优；如果交易费用不为零，那么不一样的权利配置会形成不一样的资源配置，所以优化资源配置的基础是设立产权制度。因此根据科斯定理，存在外部性的情况下，只要产权界定清晰，通过产权之间的市场交易来达到资源的最优配置，从而克服外部性。科斯定理在实践中典型的运用范例当属排污权交易。20 世纪 70 年代美国经济学家戴尔斯研究如何运用科斯定理控制水污染，提出了排污权交易的观点。此后，美国、德国、澳大利亚、英国等国家相继进行了排污权交易的实践，特别是美国自 1990 年将排污权交易制度用于二氧化硫排放总量控制以来，取得了巨大的经济与社会效益。

（2）绿色信贷在解决外部性问题中的作用。

环境属于公共产品，由于难以对其界定清晰的产权或产权具有多重性，依靠市场机制显然不能解决这一领域存在的问题，市场主体自然会形成"破坏环境"的纳什均衡状态。针对环境外部性问题，常用的解决办法是经济手段与政府管制。从经济手段来看，排污收费、税收、押金制度等庇古手段以及排污权交易制度、可交易的资源配额等科斯手段尽管起到了一定的外部性内部化的效果，但事实证明现有的各种经济手段都存在一定的局限性；从政府管制来看，政府对环境问题的介入往往以事后惩罚为主，并且会因信息不对称、寻租、决策、运转及干预的无效率等导致政府"失灵"，而且政府对某些经济指标的追求，无形中又加重了失灵的程度，造成"生态赤字"愈发严重。因此，必须有新的手段来配合现有的运作模式，这种新的手段既能促进经济增长，又能减少环境负外部性，达到人与自然的和谐。而绿色信贷作为新兴的环境保护手段恰能发挥这样两种功效。就绿色信贷促进经济的发展角度而言，绿色信贷扶持了有资金需求的贷款主体使其蓬勃发展，特别是对环境友好型贷款主体给予利率优惠予以扶持，这正是绿色信贷在经济发展方面正外部性的典型体现，因为商业银行的支持使这些贷款主体受益，但贷款主体并不是完全按等价原则对商业银行支付对价，并且这些贷款主体的向好发展又能给其他经济主体带来正的外部性。在环境方面，"两高一剩"行业形成的负外部性，使私人成本向社会溢出，让公众福利遭受了严重损失，绿色信贷限制"两高一剩"借款人的贷款需求，约束了其产能规模，降低了其造成环境问题的严重程度，从而减少了社会成本，在一定程度上遏制了负外部性；反之，绿色信贷对环境保护、新型材料等环境友好型企业的扶持，则能增加正的外部性。

　　绿色信贷在外部效应方面的作用不仅体现在环境方面，在金融体系内也有所表现。众所周知，商业银行是经营风险的企业，银行不良资产增加，可能会导致清偿能力的下降，在信息不对称的条件下，一家银行清偿能力出现问题可能会让储户误判其他银行的清偿能力也出现问题，从而出现挤兑现象导致整个银行体系的恐慌，即一家银行资产损失的同时外部边际成本上升引起了整个银行体系的社会成本上升，产生了明显的负外部性。随着公众环保意识的增强以及法制体系的完善，两高一剩产业的经营风险越来越高，如果银行信贷不退出这些产业，出现呆坏账的概率将大幅增加，届时产生的不利影响可能就不仅是只波及发放贷款的一家银行。商业银行推行绿色信贷确保信贷资金适时从"两高一剩"产业全身而退有利于规避负外部性产生。当然，由于商业银行对某些新兴的环境友好型产业比较陌生，若缺乏良好的风险控制措施、风险补偿机制，信贷资产也容易出现终极风险，从而产生负的外部性，所以开展绿色信贷也不能一味冒进，绿色信贷的推进应与商业银行的制度建设、体系构建、人员配置、产品开发等协调一致。

2.1.3　环境责任理论

（1）环境责任理论的基本内容。

早期的经济理论认为企业是完全理性的，企业是追逐利润最大化的主体，企业运营的目的是实现自身利益最大化，并且在市场这只"看不见的手"的支配下，企业通过自由地追求个人私利会自动实现全社会的普遍繁荣，显然，在这个逻辑的支配下，使企业履行追逐利润以外的社会责任是有悖于经济人理性的本性。古典经济学著名代表人物亚当·斯密认为，企业的社会责任是向社会提供产品和劳务，并在此过程中实现企业利润最大化。货币学派代表弗里德曼（Friedman）同样赞成该观点。弗里德曼说："（企业）仅存在一种而且是唯一的一种商业社会责任——只要它遵守职业规则，那么它的社会责任就是利用其资源，并且从事那些旨在增加其利润的活动。这也就是说，在没有诡计和欺诈的情况下，从事公开的、且自由的竞争。"① 然而实际表明，企业利益与社会利益并非总是一致的，甚至是悖反的，西方企业在获得丰厚利润的同时，却产生了环境状况恶化、生活质量严重下降、员工利益受到盘剥、消费者权益受损害等社会问题，以斯密为代表的观点受到质疑，人们逐渐意识到企业在实现利润最大化的过程中，并不能保证社会利益的同步发展。越来越多的企业家与社会公众开始反思企业与社会发展的关系。20 世纪六七十年代，发达国家面临的经济发展带来的贫富悬殊、种族歧视等各种社会问题越来越严重，于是兴起了企业社会责任运动，认为企业不但有责任消灭贫困，反对种族歧视等，而且要求企业将环境保护纳入经营决策的呼声也越来越高。

世界对企业环境责任的重视实质是由一系列的环境污染事件所引起的，1948 年二氧化硫造成的烟污染导致美国宾夕法尼亚州多诺拉镇 43% 的人病倒，其中 17 人死亡；1952 年，伦敦发生烟雾事件，造成了 8000 多人生病，最终 4000 人死亡；1955 年，洛杉矶光化学烟雾事件造成了 400 老人死亡；1956 年，日本熊本县水俣市的汞中毒事件造成 1 万多人受害，50 多人死亡……企业作为经济活动的主体，对这一系列的环境污染事件负有不可推卸的责任。在发达国家兴起企业社会责任运动后，相关著作、文件、宣言的出现更是成了推动企业环境责任发展的催化剂。1971 年，美国经济发展委员会（CED）发表了《企业的社会责任》报告，列举了 58 种旨在要求企业促进社会进步的行为，主要体现在 10 个方面，除经济增长与效率、教育、雇

---

① ［美］密尔顿·弗里德曼著．高榕，范恒山译．弗里德曼文萃［M］．北京：北京经济学院出版社，1991：50．

佣与培训、人权与社会平等、城市改进与开发、文化与艺术、政府管理外，还要求企业承担污染防治及资源保护的环境责任。1972 年 6 月斯德哥尔摩联合国人类环境会议召开，通过了《联合国人类环境会议宣言》（以下简称《宣言》），这是人类历史上第一个保护环境的全球性宣言，《宣言》指出保护和改善人类环境，已成为人类一个紧迫的目标，为实现这一目标需要企业承担责任。1973 年，英国工业联合会（Confederation of British Industry）在一份声明中承认，有必要要求公司在法律上接受诸如"其商业活动的环境后果和社会后果方面的社会责任"。该声明罗列出了公司应考虑的污染控制、资源保护等问题[1]。1974 年 4 月，日本经济同友会总会发表木田川的论文，该文指出"作为自由经济的承担者……企业、产业及地区的各个领域，对经济危机、土壤、土地、国民福利问题等许多领域的问题，不能不做出积极的反应"。自此时起，企业社会责任扩大到对环境的保护。[2] 1990 年国际商会执行委员会通过了"商业持续发展宪章"，包括了对企业要求的 16 项环境管理的原则，其中第一条法人优先级就直接要求企业将环境保护运用到企业的经营决策中。1999 年 1 月，联合国秘书长安南在瑞士达沃斯世界经济论坛上提出了"全球协议（UN Global Compact）"，并于 2000 年 7 月在联合国总部正式启动。该协议号召企业遵守的关于社会责任的九项基本原则的最后三项原则就明确包含了对环境责任的要求。即企业应对环境挑战未雨绸缪；主动增加对环保所承担的责任；鼓励无害环境科技的发展与推广。但早期的文献关于企业环境责任的研究对象主要是工业企业，很少直接强调银行等金融服务业需承担环境责任。

（2）商业银行承担环境责任的必然性。

商业银行履行环境责任不单因为可以有助于降低成本（潘成夫，2007）；在关系型时代，在复杂多变的市场中保持竞争力（朱文忠，2008）；需兼顾众多利益相关者的利益。还有更深层次的原因：

第一，人化环境资源的商品属性要求商业银行等价支出。使用价值是商品的有用性，即商品能满足人们某种需要的属性，价值"不外是无差别劳

---

① 卢代富. 企业社会责任的经济学与法学分析 [M]. 北京：法律出版社，2002：41.

② 黄锡生，宋海鸥. 论企业环境责任的立法完善 [J]. 重庆建筑大学学报，2005（6）.

动的凝结物"①。"一物可以是使用价值而不是价值。只要它对人类的效用不是由于劳动，情形就是这样。例如空气、处女地、自然草地、野生林木等"②。但是人口数量的剧增，工业化的发展，使自然草地、野生树林等环境资源越来越少。因为环境资源具有使用价值，所以人类又不得不付出一定的劳动，保护生态环境，参与环境资源的再生产过程。这些人类劳动凝结在环境资源之中，构成了环境资源的价值，正如马克思所说"一个使用价值或财物，只是因为有抽象的人类劳动对象化或物质化在其中，所以有一个价值"③。而价值、使用价值是商品的两个因素。商业银行的存在、发展离不开对环境资源的使用，但环境资源的所有者并不是商业银行，商业银行利用环境资源应是和环境资源的所有者社会公众进行交换而发生的，从这个意义上讲环境资源是商品。因此，作为利用环境资源这个商品的对等支出，商业银行就应该承担环境责任。

第二，商业银行是引起环境问题的间接责任主体。企业与环境之间存在资源交换，但往往不是"等价交换"。这种不等价主要表现在两方面：一方面，企业从环境中取得有用的生产资料，但给予环境的却是不能被环境自身有效净化的污染物；另一方面，某些企业为满足自身短期逐利行为，对环境采取"掠夺式"开发，造成严重的资源浪费与紧缺，而却没有给环境任何直接有效回报。这种不公平交换的后果是打破了生态环境体系的平衡，导致环境危机日益严重。商业银行没有直接参与这场交换，但这种不公平的交换之所以能持续进行，商业银行难辞其咎，正是商业银行不辨"是非"的信贷支持，加剧了环境悲剧的发生。从环境与企业的关系来看，企业的存在、发展离不开环境，环境的改善也依赖于企业作出一定的贡献，二者的性质决定了两者之间相互影响、相互作用、祸福相依。企业存在于环境之中，就必须遵守环境的规则，这些规则构成了企业与环境之间的契约。④ 企业引起环境问题违背了环境契约，自然界就可能在某一时刻展开报复，作为在企业背后提供支持的特殊企业商业银行此时也不可能

---

① 资本论（第一卷）[M]. 北京：人民出版社，1975：9.

② 资本论（第一卷）[M]. 北京：人民出版社，1975：11.

③ 资本论（第一卷）[M]. 北京：人民出版社，1975：9.

④ 史浩明，张鹏. 从社会负担到社会责任——论苏南乡镇企业所承担的社会责任 [J]. 苏州大学学报，2004（3）.

独善其身。

第三，商业银行拥有的权利要求其应该承担环境责任。阿基·B.卡罗认为，"权利——责任关系是提出企业社会责任的基础"。[①] 环境责任属于社会责任的一部分，因而要求商业银行承担环境责任必须赋予商业银行一定的权利，以使其权责对称。实际上，企业的存在已经表明社会赋予其生存权，经营权等普通权利。但商业银行不同于一般的工商企业，因为商业银行的经营情况将影响整个国家经济的发展与社会稳定，所以商业银行的牌照在市场上的供给是受限的，即银行内在特殊功能和外在市场优势为商业银行创造了特许经营权，准入壁垒、竞争限制以及非市场化下的利率保护等为商业银行提供了租金，使其拥有了获取超额收益的能力。既然商业银行享有了社会赋予的特许经营这项特权，那么权力越大与之对应的应是责任越大，商业银行应该承担环境责任，而不是将其拥有的特权用于损害公众利益。

第四，承担环境责任是商业银行价值的体现。一个效率低下，不产生经济利益的企业，没有存在的价值，理应被淘汰，因为这个企业浪费了社会资源。但是企业存在的最终目的应该是为整个社会创造财富，经济利益不过是维持企业生存与发展的手段。[②] 一个置环境责任于不顾，盲目追逐自身利益的商业银行，短期内往往能获得一定的收益，但是它却忽视了企业长期发展的一个重要因素即社会的认同。在它短暂盈利的同时，环境问题将影响整个社会的效益，进而影响到它未来的收益。这种增加社会成本的经营模式与商业银行应为社会创造社会财富的现代价值观背道而驰。整个社会将逐渐抵制这种破坏整体社会资源配置效率的商业银行，因而对社会来说这种商业银行就没有存在的价值。反之，一个商业银行若积极主动承担环境责任，则将更能体现出其作为社会发展主体力量的存在价值，其社会形象将不断提升。

第五，商业银行的特殊性决定了其应承担环境责任。商业银行经营货币资金业务，是整个国民经济活动的枢纽，是国家进行经济宏观调控不可缺少的有力工具，在现代经济的很多方面发挥着不可替代的作用。商业银行拥有

---

① 周祖城. 管理与伦理 [M]. 北京：清华大学出版社，2000：100.

② 梁喜书，张洁. 构建和谐社会与企业社会责任 [J]. 石油大学学报，2005 (3).

巨大的机构网络和资产规模，并具备社会赋予的信用媒介、金融服务等职能，这决定了其产品具有极强的外部性，其对社会、经济、环境等社会责任基本构成要素的影响远比一般企业深远和重大①。商业银行的特殊性决定了其必须以更高的标准和更高的要求来约束其行为，商业银行经营不善带来的风险不但会让股东遭受损失，而且还会危及社会生活的各个方面，所以从规避风险，保障自身与社会良性发展的角度看，商业银行不应回避环境责任而应主动承担。

（3）商业银行承担环境责任的方式。

商业银行承担环境责任的方式归纳起来主要有以下几种：

第一，办公绿色化。提到资源耗费、环境保护，最容易联想到的是企业生产，却往往会忽视企业办公的消耗。如果商业银行的职员不使用电脑时关闭电脑；不打印不必要的资料；使用光碟而不是用纸张保存资料等，那么不但能减少商业银行的管理费用而且还能节约资源。实行绿色办公也是边际收益较高的控制成本的方法。为实现绿色办公，商业银行首先应建立新型办公制度从经济激励和道德两方面要求职员节约资源；其次，建立办公预算约束，控制职员可使用的资源。

第二，赔偿责任。赔偿责任指商业银行的贷款对象无力赔偿环境事故造成的损害时，由商业银行进行代偿。这是一种严格、连带和具有追溯力的法律责任。因为环境污染主要肇事者是具有有限责任的公司，按照法律规定，正常情况下，公司以其全部财产对公司的债务承担责任。因此可能存在由于环境损害的严重性，公司即使以其全部资产承担环境赔偿责任也无法弥补损失的情况。但若商业银行作为贷款方，在贷款发放中未尽环评义务或介入了企业的生产、经营，商业银行作为潜在责任方，就应承担环境损害赔偿连带责任。在连带赔偿责任方面，美国、加拿大等已有相关法律规定，并有相关判例，但我国在这方面的法律法规还不够健全。

第三，慈善责任。商业银行在环境方面的慈善责任指商业银行作为营利机构，以社会人的身份，对环境保护施以金钱或实物相助，或者为环保组织提供援助来增加社会福利的行为。商业银行的慈善责任以其自愿为基础前提，不具备强制性。商业银行承担环境慈善责任，符合可持续发展理

---

① 曹涌涛，王建萍．论商业银行的社会责任［J］．金融论坛，2008（7）．

念与公众的期望，但商业银行对环境慈善责任的承担并非无限度，即商业银行承担的环境慈善责任应与自身的承受能力、经营发展相适应，量力而行。

第四，绿色信贷。商业银行的经营不直接使用自然资源、排放污染物，因此商业银行不可能像生产型企业一样通过购进先进机器设备、采用循环经济等方式降低能耗、减少污染来直接承担环境责任。但是这并不意味着商业银行就不能通过主营业务来承担环境责任，实际上商业银行可以通过信贷投放来间接承担环境责任。商业银行控制社会上大量的闲散资金，其可以通过信贷投放调配资金的流向，资金流向高污染、高耗能企业将加剧环境污染、破坏，资金流向环保产业或用于污染、耗能企业的节能减排升级工作等将有助于环境保护，因此要充分利用商业银行信贷的积极一面，而且由于资本在企业生产中的重要性，商业银行控制信贷投放带来的环境保护效果将可能远比其他几种方式的效果更显著。

2.1.4 利益相关者理论

（1）利益相关者理论的基本内容。

利益相关者理论较成形的理论，是在 20 世纪 60 年代形成。它起源于对欧美等国家"股东至上主义"的公司治理理论及实践的质疑。股东至上主义理论认为，股东的投入形成了企业的财产，并承担了企业的经营风险，所以股东理所当然享有企业的剩余控制权和剩余索取权，公司的经营目标在于使股东利益最大化。利益相关者理论的支持者则对此提出了反对意见，唐纳森和普雷斯顿（Donaldson and Preston）认为公司本质上不是股东主导的企业组织制度，而是一种受多种市场因素影响的企业实体，存在债权人、管理者、员工等多样化的特殊资源贡献者，因此股东并不是公司唯一的所有者。① 布莱尔指出公司的出资除股东外，还包括公司的供应商、债权人、员工、客户等，他们提供的是一种特殊的人力资本，而不是物质资本。既然这些主体同样对企业进行了专用性投资，那么他们也应该享有对企业的剩余

---

① Thomas Donaldson, Lee E. Preston. The Stakeholder Theory of the Corporation: Concepts, Evidence and Implication [J]. Academy of Management Review, 1995, 20 (1).

控制权与剩余索取权。① 利益相关者理论支持者还从契约理论出发，认为企业是"所有相关利益方之间的一系列多边契约"②，除股东外，管理者、雇员、顾客、供应商等均是契约的主体。所有的契约缔结者都向企业提供了特殊的资源，因此，契约各方应该享有平等谈判的权利以确保契约的公平、公正，这样所有当事人的利益才有可能都被照顾到。

在现实中，无论是国外还是国内频频发生的企业侵害员工、消费者、供应商、债权人、社会公众等利益的情况，为利益相关者理论带来了最好的证据支撑，表明利益相关者理论与现实的契合性，说明该理论的产生、发展并非偶然，具有必然性。

关于利益相关者，有数十位经济学家进行了定义，其中克拉克森（Clarkson）的定义比较有影响力，他进一步加强了企业与利益相关者之间的联系，使对利益相关者的界定更加具体化和集中化，他对利益相关者的定义是："利益相关者在企业中投入了一些实物资本、人力资本、财务资本或一些有价值的东西，并由此承担了某些形式的风险；或者说，他们因企业活动而承受风险。"③ 并且克拉克森（1994，1995）还提出了两种不同的分类方法：第一，以相关群体在企业经营活动中承担的风险种类为分类依据，将利益相关者分为自愿利益相关者与非自愿利益相关者两类。在企业中主动投入物资或人力资本的个人或群体，自愿承担了企业经营的风险被称为自愿利益相关者；由于企业经营活动而被动承受风险的个人或群体则被称为非自愿利益相关者。第二，以利益相关者群体与企业之间联系的紧密程度为分类依据，又可将利益相关者分为首要的利益相关者与次要的利益相关者两类。若没有股东、投资者、雇员、顾客、供应商等的连续参与，企业就不可能持续生存，此类利益相关者被称为首要的利益相关者。媒体、众多的特定利益集团并不与企业交易，他们对企业的影响或企业对他们的影响是间接的，此类利益相关者被称为次要的利益相关者。

---

① Blair M. M, Lynn A. S. A Team Production Theory of Corporate Law ［J］. The journal of Corporate Law，1999（4）.

② Freeman. R. E, Evan. W. M. Corporate Governance：A Stakeholder Interpretation ［J］. Journal of Behavioral Economics，1990（19）.

③ Clarkson. M. A. Stakeholder Framework for Analyzing and Evaluating Corporate Social Performance ［J］. Academy of Management Review，1995，20（1）.

(2) 绿色信贷与利益相关者。

尽管绿色信贷仅是商业银行业务的一部分，但是商业银行绿色信贷的开展仍离不开利益相关者的支持，因此绿色信贷既要充分考虑股东的利益，也必须考虑其他利益相关者的利益。任何利益相关者的行为选择都可能影响商业银行绿色信贷的发展，绿色信贷应兼顾所有利益相关者的利益。

商业银行的股东、员工、存款人（社会公众）、贷款人、政府等与商业银行有着直接的契约关系，因而绿色信贷应为股东创造利润，提升员工的福利，保障存款人（社会公众）的存款利益，为贷款人提供适当质量、适当价格的信贷产品，按照政府的政策要求落实相关措施及缴纳税收。绿色信贷限制"两高一剩"行业的贷款，本身就是对风险的规避。因为长期来看，"两高一剩"行业具有较高的信贷违约风险，绿色信贷控制对它们的贷款，实际上等于减少了商业银行的损失，这样股东获得的利润增加，员工的福利更有保障，存款人的存款不会因商业的损失受到威胁，其他贷款人有机会获得更多的贷款，政府获得的税收等也会增加。同时，在控制风险的前提下，加大对环境友好型企业的支持力度，可以在竞争激烈的环境下，拓宽商业银行的信贷业务范围，让商业银行的各利益相关者获益。

商业银行绿色信贷还通过保护自然环境的利益从而维护利益相关者的利益。若商业银行不推行绿色信贷，继续加大对"两高一剩"行业的支持，环境污染、环境破坏、资源浪费将会继续加重，自然环境的利益将受损，当自然环境受损失时，股东、员工、存款人（社会公众）、贷款人、政府等又都会受到不利影响，这样最终会影响商业银行的发展。反之若推行绿色信贷，自然环境的利益得到保护，良好的环境将更利于商业银行的长远发展。

此外，商业银行环境风险的有效防范离不开与利益相关者的互动。无论是有多么丰富经验的风险评估和管理人员，都不可能确保对所有项目的风险做到完全预测，特别是一些建设周期长的项目。由于牵涉到切身利益，与项目相关的利益相关者将对项目保持密切关注，可能会掌握大量与项目环境风险相关的信息。商业银行环境风险防范，可加强与这些利益相关者的信息共享与治理合作。

2.1.5　信息不对称理论

（1）信息不对称理论的基本内容。

信息在经济学的发展中一直扮演着重要的角色。传统经济学认为，市场上的经济主体拥有关于市场的所有信息，所有的决策都是在完全确定条件下的最优决策，不会发生决策失误及产生投资风险等问题。显然，这只是理想中的情况。在现实生活中，人们难以完全掌握经济信息而且存在经济行为人故意隐瞒、掩盖事实的情况，所以完全信息是几乎不存在的，大量存在的是市场主体之间的信息不对称现象，只不过是强弱程度不一而已。

对信息不对称理论的研究始于20世纪六七十年代，代表学者有英国剑桥大学教授詹姆斯·莫里斯（James Mirrless）、美国哥伦比亚大学教授威廉·维克里（William Vickrey），随后阿克洛夫、阿多、斯彭斯、格罗斯曼（Akeriof、Arrow、Spenee、Grossman）等著名经济学家在很多领域对该理论进行了拓展性研究，扩展了该理论的研究深度与广度。[①] 所谓信息不对称是指在市场经济活动中，各方主体对信息的了解是有区别的，一部分人拥有的信息不被另外一部分人所拥有。如卖方比买方拥有更多的关于商品的信息。拥有信息较充分的一方，常常居于优势地位，而信息不足的一方，则会居于弱势地位，因为拥有信息较多的一方可以在交易策略中利用信息优势损害对方的利益。在各种类型的市场中，信息不对称的形式及表现呈多样化，但总结起来看，信息不对称主要包含三方面的内容：第一，交易的双方都未获取完全的信息；第二，信息在交易的双方中呈不对称分布，即一方比另一方拥有更多的信息；第三，交易双方对各自占有信息的相对地位方面是清楚的。[②]

在现有的研究文献中，信息不对称可以从时间、内容、原因三个不同的维度进行分类。从时间维度看，信息不对称可能发生在当事人签约之前与签约之后，在签约之前发生的信息不对称被称为事前非对称，在签约之后发生的信息不对称被称为事后非对称。从内容维度看，信息不对称可分为隐藏行

---

① 韩玉珍. 基于信息不对称的我国公立医院过度医疗治理研究［D］. 哈尔滨工程大学，2008.

② 江世银. 论信息不对称条件下的消费信贷市场［J］. 经济研究，2000（6）.

动的信息不对称与隐藏信息的信息不对称，前者指参与人的一方无法预测另一方的行为，后者指参与人的一方不知另一方具有的知识条件。从原因上看，信息不对称可分为"外生性"信息不对称与"内生性"信息不对称，"外生性"信息不对称指信息是交易对象本身的属性，具有客观性，交易人的行为不能引起其特征、性质、分布状况等的变化，这类信息一般发生在缔约行为前；"内生性"信息不对称指契约签订后，其他人无法观察、无法监督、事后无法推测到的行为导致的信息不对称。

对于信息不对称产生的原因，哈耶克（1948）认为信息不对称产生主要是基于三个方面：第一，人的知识与认知能力是有限的，并且社会分工造成不同的市场参与者获取、认知信息的能力不同；第二，搜寻信息需要成本，当市场参与者发现搜寻信息所产生的成本高于预期收益时，便会放弃对信息的搜寻；第三，信息优势方可能会采取信息垄断行为。① 西蒙（simon H. A.）认为信息不对称的原因是人的有限理性造成信息不可能在参与者之间公开。② 我国学者向鹏成（2005）认为信息不对称是社会劳动分工发展及专业化程度提高的必然结果，劳动分工使不同行业的劳动者之间拥有不同的行业信息，专业化分工产生的专业信息呈现出不对称分布。③

在信息不对称理论中逆向选择与道德风险是核心内容。逆向选择指的是这样一种情况，市场交易的一方如果能够利用多于另一方的信息而使对方利益受损从而使自己受益，信息劣势的一方就不愿意支付高价购买产品，价格将被扭曲，并失去了促进供求平衡达成交易的作用，市场效率将受到负面影响。1970 年阿克洛夫发表了《柠檬市场：质量不确定和市场机制》，该文指出在柠檬市场中存在信息不对称，自由选择会导致逆向选择发生，文中以二手车市场为例，他指出在这个市场上卖主知道车辆的真实信息，而买方却不了解，由于卖方提供的信息难以让买方信服，买方会试图压低价格按低质量车的价格以弥补在信息不足上的损失，此时卖方的理性做法是让好车退出市场，剩下差车以供买方挑选。逆向选择的后果是产生"劣驱良"的现象，市场上充斥着质量低劣的产品，市场将会逐渐萎缩。道德风险这一术语产生

---

① Hayek F. A. Individualism&Economic Order [M]. Chicago University Press, 1996.

② 赫伯特·西蒙著. 杨砾等译. 管理行为：管理组织决策过程的研究 [M]. 北京：经济出版社，1988：20 – 21.

③ 向鹏成. 基于信息不对称理论的工程项目风险管理研究 [D]. 重庆大学，2005.

于保险市场，原指在保险市场上，由于投保人投保后，保险公司没有办法观测到投保人的"隐藏行动"，保险公司面临着投保人松懈责任甚至采取"不道德"行为而导致损失的风险。但实际上道德风险不仅存在于保险市场，也存在于一般性的契约交易中，一般意义上的道德风险是指在交易双方签约后，占有信息优势的一方故意隐藏行为或信息，信息劣势的一方却难以观察或监督，由于信息的不对称，信息劣势的一方利益将受到损失。

（2）银行信贷中的信息不对称。

在信贷市场上，银行与借款人之间的信息是不对称的。借款人熟知自己的行业情况、道德品行、经营情况、资金用途、风险状况等要素。在借款人向银行申请贷款时，银行需要花费代价去了解借款人的这些信息，即银行需要付出交易成本，包括有形的人力、物力等成本，以及时间、精力等无形的成本。交易成本的存在使银行在调查企业时存在一个调查平衡点，当信息调查的收益低于成本时，银行将结束调查活动。调查活动的不完备导致了信息的不完全。在绿色信贷中，银行对新兴的环保或环境友好型产业的了解需要付出更多的成本，如需要花费精力去学习新的专业知识，因此信息不完全的程度可能更高。在银行与借款人的借贷交易中，由于信用环境、法制环境上的软约束，借款人为谋求银行的信贷支持，作为信息优势方还可能会向银行隐瞒真实经营业绩、风险状况，使得银行无法获得真实的信息。① 而银行要得到这些隐藏信息成本非常昂贵。并且银行信贷调查是基于企业的历史事件、业绩等过往记录，贷款的回收是基于企业未来的经营、现金流等情况，银行不可能获取尚未发生的事件的信息，历史的信息也并不能替代未来的信息，因此涉及借款人未来的信息是不可能完备、充分的。在贷款发放后，借款人可能违反合同约定，改变资金用途，从事有损银行债权利益的活动，如用银行资金炒楼、炒股、放高利贷等，甚至有些企业故意逃废债务，此即商业银行在信贷市场上面临的典型"道德风险"。

借款人与银行之间的信息不对称我们可称之为"外部"信息不对称，银行内部的信息不对称我们称之为"内部"信息不对称。在信贷过程中，除存在"外部"信息不对称，还存在"内部"信息不对称。按照银行的信贷操作流程，前台人员开展尽职调查后，将所获取的信息撰写成书面报告提

---

① 赵晓菊. 信息不对称与金融风险的控制管理 [J]. 国际金融研究，1999（5）.

交给审批人员，并附证明抵押物权属的产权证、财务报表、能耗税票、价值评估报告等复印件，若审批人员遇到疑惑的问题，将与前台人员进行直接沟通。但前台人员撰写的信贷报告很难穷尽所了解到的全部信息，在采用沟通方式传递借款人信息的过程中，前台人员很难像借款人那样对项目进行专业、详细的介绍，因此可能会发生信息的衰减。而且前台人员在与借款人交流中了解到的一些软信息如借款人的谨慎、诚实、勤奋等有关品质的因素也很难被审批人感知，而这些因素恰是部分借款人如中小企业的信贷风险控制的关键因素。此外前台人员出于业绩等因素的考虑，可能会对审批人员故意隐瞒一些信息。商业银行内部信息的不对称导致一些信贷业务无法通过审批或者因为弱化了审批关注的风险点导致信贷风险的产生。

2.2　商业银行绿色信贷行为分析的文献综述

绿色信贷在我国是个新事物，我国大多数人包括不少银行从业者对它比较陌生，但是已有一些学者从不同的角度对绿色信贷进行了理论与实证研究。基于此，本部分主要对绿色信贷的相关研究进行文献综述，力争使对绿色信贷的研究清晰呈现。

2.2.1　绿色信贷的概念

尽管"绿色信贷"已列入中国官方文件，但是官方文件并未对"绿色信贷"进行权威定义，学术界也未对绿色信贷的定义达成一致。何德旭、张学兰（2007）将绿色信贷定义为"商业银行和政策性银行等金融机构依据国家的环境经济政策和产业政策，对研发、生产污染设施、从事生态保护与建设，开发、利用新能源，从事循环经济生产、绿色制造和生态农业或机构提供贷款扶持并实施优惠性低利率，而对污染生产和污染企业的新建项目投资贷款和流动资金进行贷款额度限制并实施惩罚性高利率的政策手段"。刘秀凤（2009）将绿色信贷的主体扩大到了环保部门与银行，她认为"绿色信贷是环保部门和银行业联手抵御企业环境违法行为，促进节能减排，规避金融风险的重要经济手段"。薛才琳（2009）关于绿色信贷的定义局限于对污染企业的限制而没有将对环保企业的支持纳入绿色信贷，她认为绿色信贷是指在信贷领域和信贷活动中确立环境准入门槛，切断高耗能、高污染行业无序发展的资金来源。周怡（2011）明确指出绿色信贷的开展前提是银行首先要保证盈利，他认为绿色信贷是指银行等金融机构依据相关政策，对绿色环保的企业或者节能减排项目在保证盈利性的前提下，有重点的进行信贷支持，对无法达到环保标准要求的企业和项目进行贷款限制。

从定义来看，已有的文献从不同角度对绿色信贷进行了界定，不过也有值得商榷的地方。例如，何德旭（2007）未从银行的角度厘清信贷的内涵，对绿色信贷的定义仅局限于贷款缩小了绿色信贷的业务范围。刘秀凤（2009）在主体中加入环保部门似乎有画蛇添足之嫌，因为商业银行绿色信贷的开展离不开银行、政府部门，但是也需要法律机构等多部门协同配合。周怡（2011）要求绿色信贷以盈利为前提实际是未区分政策性银行与商业银行的性质以及银行开展绿色信贷的动机。

2.2.2 银行开展绿色信贷的原因

通过梳理相关研究文献，可以将银行开展绿色信贷的原因归为以下四种。

第一，被作为环境经济政策用于保护环境。曹洪军（2010）认为市场失灵是导致环境问题的根源，但是用政府干预来解决市场失灵问题又面临政府手段落后及缺乏、官僚作风、政出多门以及法制不健全、国民监督处于弱势地位等问题，因此通过信贷政策调配资金流向，利用金融杠杆影响企业的经营行为及策略选择，可以发挥其他手段无法达到的环境保护作用。杨朝飞（2010）在文章中认为鉴于中国当前的各种环境问题，中国开始采取多种节能减排的经济政策，其中绿色信贷通过金融手段将贷款融资从"两高一剩"企业、项目转向"节能环保"的企业或组织，从而实现环境保护。

第二，规避风险。舒尔茨等（1995）、凯德尔（1997）、库尔森和蒙克斯（1999）等认为环境风险会在一定程度上造成银行信贷的损失。沙米等（2002）指出金融机构愿意保护环境、承担社会责任原因，从内部角度看，则是为了加强风险管理及更好地进行战略决策。冯东方（2008）分析了

"双高"行业的不良率，指出环境部门加大了对"两高"行业的监管力度，采取了淘汰、关停，提高环境标准以及区域限批等措施导致银行"两高"行业信贷风险的加大，造成了较大的经济损失，银行有规避风险的需求。张燕姣（2008）认为随着经济、社会的发展，环境风险成为商业银行不容忽视的风险因素，因此推行绿色信贷是商业银行防范环境风险的现实需要。郑冲（2008）指出借款人造成的环境问题，会使贷款行的声誉受损。

第三，抢占市场，建立竞争优势。可持续资产管理公司（Sustainable Asset Management，2006）认为商业银行切入环境生态将有助于增强竞争优势。刘勇（2007）指出传统业务竞争日趋激烈，尽管环境友好型企业目前发展不足，但在政府的支持、鼓励下，具有较大的市场发展前景，这对商业银行来说是一个建立竞争优势的机会。党春芳（2009）认为我国将进一步加大环境投入，环保产业有值得期待的发展前景，商业银行应把握进军优质企业、项目的先机，积极推行绿色信贷，调整信贷结构，抢占丰厚的绿色利润。

第四，承担社会责任。马塞尔·杰肯（Marcel Jeucken，2001）的研究肯定了银行在可持续发展中的重要作用，认为银行可以通过其融资政策为可持续性商业项目提供贷款机会从而产生社会影响力。何德旭（2007）认为商业银行在贷款决策中考虑环境因素，除越来越严的环境政策与环保市场的迅速发展外，来自利益相关者的压力也是商业银行必须考虑的因素。孙轶颋（2008）指出地球上的资源是有限的，绿色信贷是银行业对生态环境、气候变化以及社会和谐所应承担的责任。古小东（2010）指出信贷资源是一种稀缺资源，要提高贷款的效率，实现资产避险、产业结构调整等目的，银行应对其支持的项目所造成的社会、环境影响负责。

现有研究已经论述了银行开展绿色信贷的多种原因，但是相关的研究还有待进一步深入，例如，现有研究论述了绿色信贷作为环境保护的经济手段，但是对绿色信贷如何保护环境，需要什么前提条件缺少理论分析；现有研究指出了商业银行开展绿色信贷可以获取先机，建立竞争优势，不过却未详细分析商业银行开展绿色信贷的成本、收益；银行开展绿色信贷是承担社会责任、环境责任的需要，但是商业银行与政策性银行的战略定位、客户对象等存在重大区别，因此商业银行开展绿色信贷的对象如何选择、利率如何确定有待进一步探讨。

2.2.3 银行开展绿色信贷面临的制约因素

绿色信贷作为实现资金"绿色配置"的重要经济手段，若运用得当，对环境保护的影响将越发明显，因而关于"绿色信贷"制约因素的研究引起了学者们的兴趣。学者们的观点归纳起来，大致可以分为几类。

第一，银行对自身利益最大化的追求。如冯东方（2008）认为随着对金融业管制的放开，商业银行之间的竞争将更加激烈，而国内外对"双高"行业的产品具有强烈的需求，使得"双高"行业具有较好的发展形势和较高的利润，银行之间相互竞争该类客户，因此影响了绿色信贷政策的落实。甘露（2008）认为污染企业不承担治污成本，经营状况反而好于治污企业，作为追求利益最大化的经济主体，商业银行缺乏开展"绿色信贷"的内生动力。

第二，激励约束机制的不健全。陈伟光（2011）认为中国的民众意识缺位，民间组织力量薄弱，作为社会道德标准的企业社会责任无法起到足够的激励作用，银行绿色信贷的有效性便会扭曲。李东卫（2011）认为节能减排授信未被监管部门作为银行评级的重要内容，与高管评价、机构准入等挂钩不足，并且对银行淘汰落后产能没有相应的激励措施，激励约束机制的不到位阻碍了绿色信贷的开展。

第三，银行内部自身管理的问题。党春芳（2009）认为银行对绿色信贷认识不足，行动不力，没有从组织、人员、知识储备等方面着手建立自身的环境风险管理体系，并且绿色信贷的标准多为综合性、原则性的，商业银行难以制定相关的监管措施及内部实施细则。

第四，政府因素的制约。叶勇飞（2008）认为环保信息的沟通机制和有效性不完善阻碍了绿色信贷的开展，如环保部门发布的环境违法信息针对性不强、时效性欠缺。张秀生等（2009）认为粗放型经济增长模式下的经济核算体系与官员政绩考核体系导致地方保护主义和地方政府在环境保护方面缺位，导致"绿色信贷"执行不力。林可全（2010）认为我国排污治理的权责不分明，污染企业没有付出相应的成本代价，因此银行发放信贷时不用考虑企业的环境风险。

第五，节能减排项目存在的风险。四川银监局课题组（2010）指出部分节能减排项目存在潜在风险，如部分项目期限长、投资大；部分项目属于政府融资平台，这些问题是推行绿色信贷必须直面的困难。

学者们的研究指出了商业银行推行绿色信贷存在的客观问题，但现有文献的研究以商业银行理性趋利为出发点，忽视了商业银行作为投资人其心理感受对绿色信贷行为的影响，因此本文还将以商业银行有限理性为前提，从商业银行决策行为的角度研究商业银行不愿开展绿色信贷的原因，从而为推动商业银行绿色信贷的开展提供进一步的参考。

2.2.4 推动银行开展绿色信贷方式、方法

冯东方（2008）指出绿色信贷还处于发展阶段，要完善绿色信贷的政策体系，特别是对贷款企业环境绩效评估的方法和标准，金融风险评级标准等技术政策体系；政府应创造条件促进绿色信贷中介服务市场的发展，形成一支能承揽社会、环境风险评估、环境绩效评价等金融外包服务的中介力量；要倡导广泛的群众参与，从目前仅限于环境部门、银行向更多的利益相关者开放；并加大信息公开力度，环保部门逐渐公布企业的环境信息，银行也向公众披露绿色信贷的执行情况。

张燕姣（2008）认为商业银行推行绿色信贷是一项系统性工作，需要在信贷理念、信贷流程、信贷产品设计上体现环境理念。首先要确定绿色信贷在整个工作中的重要地位，全员树立绿色信贷的理念；其次要将环保标准贯穿信贷的各个环节；最后要进行产品创新，增加绿色信贷的产品供给。

陈林生（2009）认为"赤道原则"涉及的学科多、领域多，环境评估的专业性强，商业银行应培养相关人才，做好人才储备工作，并聘请相关环保专家及专业人士指导商业银行开展工作，商业银行应根据"赤道原则"，相关法律、法规制定行业的授信指引、准入条件，强化审查流程，加大贷后管理，并要求可能引发环境风险的企业提供相应的环境保护基金。

曹洪军（2010）运用博弈模型分析了绿色信贷中企业和银行的行为选择，他认为要推动绿色信贷发展，一要防止企业与银行合谋，因此政府部门应加大监管，特别是对银行实施严厉的监督、约束；二要加大对污染事件的处罚力度，因为只有处罚力度威胁到信贷资金的安全时，银行才会更加审慎；三要解决环境传递中的问题，建立有效的信息交流机制；四要在完善绿

色信贷的同时，要规范证券、民间金融市场，停止或减少这些资金对排污企业的支持。

李华友（2010）介绍了国外的经验、模式，他认为相关政府部门应鼓励、支持更多的银行加入赤道原则，或引导其采用赤道原则的标准、要求鼓励银行业进行创新，开发更多的绿色信贷金融产品；建立以国家贴息为基础的绿色信贷模式；环保部门除给银行提供信息外，还应帮助银行建立环境风险评估队伍，对国家贴息的环保项目，环保部门有审核权。

古小东（2010）认为应重视环境法律的制定，严于执法，形成自觉守法、保护环境的良好氛围，并严格规定环境责任主体，建立责任机制，同时要发挥行业自律，鼓励中介机构参与，建立 NGO、媒体公众对绿色信贷的监督机制。

学者们从理念、监管、法律、信息等多个角度对如何推动绿色信贷的发展提出了相关观点，对商业银行绿色信贷的实践无疑会起到重要的作用。但是学者们的现有观点主要集中在银行如何控制"两高一剩"非环境友好型信贷，而对商业银行如何发展"节能环保"的环境友好型信贷提出的建议、观点相对较少。绿色信贷即包括控制环境非友好型信贷，也包括开展环境友好型信贷，因此本书在分析商业银行如何控制非环境友好型信贷的同时，也将研究商业银行的环境友好型信贷行为。

第3章

商业银行绿色信贷行为的
概念界定与特征识别

目前，理论界、商业银行均未对绿色信贷达成统一认识，本章将基于商业银行的实践，对商业银行绿色信贷的概念进行定义，根据商业银行绿色信贷的特点对商业银行绿色信贷进行分类，并分析商业银行绿色信贷区别于传统信贷以及区别于政策性银行绿色信贷的特征。

3.1 商业银行绿色信贷行为的界定与分类

3.1.1 商业银行绿色信贷行为的定义

从本质上讲，绿色信贷属于银行信贷的一部分。因此在对绿色信贷做出界定之前，需要明白什么是银行信贷。

按照通俗的理解，银行信贷是指以银行为中介，并要求利息为回报的货币借贷，是银行将资金借给借款人使用，在约定时间内收回并收取一定利息的经济活动。在历史上，由于市场经济的不发达以及缺乏技术支撑等因素，银行信贷的内容的确局限于货币的出借与回收。但是随着时间的推移，银行的信贷内容不断拓宽，如果还按原有定义理解银行信贷，那么无疑已与实践脱轨。例如，在实践中，银行为授信主体开出的差额承兑汇票能向传统贷款那样购买到相同的货物，但实际上授信主体并未使用银行的任何货币资金。因此不少文献已对银行信贷的定义做了拓展。目前，我国银行界普遍接受的定义是银行信贷是银行借出资金或提供信用支持的经济活动，主要包括贷款、担保、承兑、信用证、减免交易保证金、信贷承诺等。[①] 按此定义，银行信贷除了直接为借款人提供资金外，还包括通过银行的信用来提升客户的信用等级以获得借款人交易对手的信任等增信业务。这一定义更符合目前我国银行业信贷业务的开展情况。[②]

在银行信贷中，哪些属于绿色信贷范畴？如何定义商业银行绿色信贷行为？

首先需要了解什么是绿色产业。现有文献将从事生态环境保护、从事循环经济、从事新能源、新材料等节能环保产业划分为"绿色"，认为应给予大力支持，而将高污染、高耗能、产能过剩行业等划分为"非绿色"，认为银行应拒绝、减少贷款或提高利率。我们认为将环保产业划分为"绿色"是符合可持续发展要求的，但是银行信贷支持的"绿色"产业或项目，范围应该更广泛。例如，一些高污染、高耗能产业给经济、社会、环境带来了很大的危害，但在某些特定经济社会环境下，这一类产业还有存在与发展的经济社会价值，如石化产业项目可能带给某些落后地区巨大的经济增长支撑作用。若是银行对这些产业给予合理的信贷支持，使之进行设备、技术升级以降低能耗，减少污染，那么银行对"两高一剩"行业的信贷支持是有益于社会的，但是若只是简单的产能扩大项目，银行的介入则只会加大对环境的破坏。因此，银行信贷支持的"绿色"不应是武断的判断借款人属于哪个行业，而应该轻形式、重实质，即看银行的信贷支持能否具备节约资源、减少环境问题等的环保价值。

何为绿色信贷？我们认为：绿色信贷是指银行在风险可控的前提下对破坏环境、浪费资源的借款人实施限贷、拒贷或提高贷款利率，对有利于环境保护、资源节约的借款人给予信贷支持或实施优惠利率的信贷行为。在这里，我们对绿色信贷的定义，更多地是以信贷的环境效应为评判基准，通俗地讲，绿色信贷是指那些有利于资源环境有效保护与合理开发的信贷行为。此外，绿色信贷一般以风险可控为约束条件，即绿色信贷大都是银行自发控制风险的信贷行为。但是，绿色信贷未必一定以短期盈利为动机。政策性银行开展绿色信贷

---

① 中国银行业从业人员资格认证办公室. 公司信贷［M］. 北京：中国金融出版社，2009：2.

② 尽管增信等服务没有直接使用银行资金，但这些服务实质最终都与资金有关，如银行承兑汇票在开票之初，银行没有提供任何资金，但若借款人到期不能及时填仓，银行将垫付资金，因此为研究的方便，本书在后文的研究中将提供增信服务归并到提供资金服务进行研究。

往往是瞄准生态环保政策目标；商业银行开展绿色信贷，也未必一定要以短期盈利为目的，还可能是基于声誉、成长、环境规制等长期战略目标需要。

何为商业银行绿色信贷行为？我们将其界定为，商业银行出于短期盈利或长期发展动机所实施的环境友好型信贷行为，表现为两个方面：一方面，为了应对环境规制及社会监督等，控制、规避一些生态破坏型信贷行为，如限制对"两高一剩"行业贷款；另一方面，为市场盈利或品牌塑造，主动进行一些环境友好型信贷行为，如提供节能技术研发信贷资金。我们将破坏环境、浪费资源的借款人称为环境非友好型借款人；将有利于环境保护、资源节约的借款人环境友好型借款人。①

3.1.2　商业银行绿色信贷行为的分类

为深入理解绿色信贷，我们从意愿、动机、交易特征、用途、创新等角度对商业银行绿色信贷行为进行了分类，如图 3.1 所示。

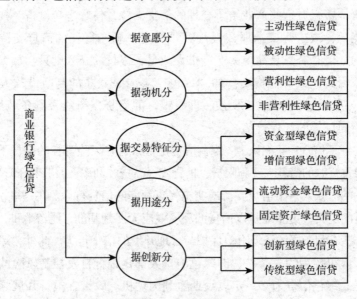

图 3.1　商业银行绿色信贷行为分类

---

① 实践中商业银行习惯将破坏环境、浪费资源的非环境友好型借款人统称为"两高一剩"借款人，有利于环境保护、资源节约的环境友好型借款人称为"节能环保"借款人，这类提法可见于不少商业银行发布的社会责任报告以及相关文件。

（1）主动性绿色信贷与被动性绿色信贷。

国务院、银保监会、人民银行等政府机构从政策层面发文要求商业银行开展绿色信贷，但是商业银行开展绿色信贷的主观能动性是有区别的。一部分商业银行认为绿色信贷能增加竞争力，成为新的利润增长点，或是为了履行社会责任，另一部分商业银行认为绿色信贷的开展会让其失去部分客户，并带来更大的信贷风险。认为绿色信贷能为其带来商机的商业银行或履行社会责任的商业银行会主动去开展绿色信贷，与之观点相反的商业银行则会出于应付主管部门的要求被动地去开展绿色信贷。所以根据商业银行主动性的差别，我们将绿色信贷分为主动性绿色信贷与被动性绿色信贷。

（2）营利性绿色信贷与非营利性绿色信贷。

根据商业银行开展绿色信贷的经济收益可将绿色信贷分为营利性绿色信贷与非营利性绿色信贷。造成绿色信贷盈利与否的原因主要有：第一，商业银行风险控制水平，若缺乏有效的风险控制手段，形成不良贷款将侵蚀银行的盈利；第二，发放贷款的目的，若商业银行为履行社会责任或执行政治命令，可能不需要盈利。一般来说，商业银行开展的绿色信贷除极个别的项目外其他都是以营利为目的的。

（3）资金型绿色信贷与增信型绿色信贷。

由于交易特点、交易习惯的差异，不同的借款人对商业银行绿色信贷的需求是有区别的，部分借款人需要商业银行直接提供现金，部分借款人需要商业银行开具承兑汇票、保函、信用证等增加借款人信用的单证。因此，根据借款人对商业银行信贷的需求特点，可将绿色信贷分为资金型绿色信贷与增信型绿色信贷。

（4）流动资金绿色信贷与固定资产绿色信贷。

借款人由于缺乏流动资金或需要投资固定资产因此会向商业银行申请贷款。商业银行会根据借款人的资金用途为客户推荐不同的融资产品，内部也会采取不同的调查、评审流程。所以根据贷款用途的区别，可将绿色信贷分为流动资金绿色信贷与固定资产绿色信贷。

（5）创新型绿色信贷与传统型绿色信贷。

对商业银行绿色信贷做创新型绿色信贷与传统型绿色的区分，主要针对环境友好型信贷业务。因为针对环境非友好型行业商业银行采取的是压缩信贷额度或提高贷款利率，故并不需要商业银行再刻意进行创新。我们根据商业银行是否会针对环境友好型融资进行产品创新将绿色信贷分为创新型绿色信贷与传统型绿色信贷。创新型绿色信贷的产品为节能环保的环境友好型融资主体所用，传统型绿色信贷的产品除节能环保融资主体可以使用外，普通融资主体甚至非环境友好型融资主体也可使用。

3.2 商业银行绿色信贷区分于传统信贷的行为特征

绿色信贷以传统信贷为基础，但是在传统信贷基础上融入可持续发展理念之后的升级，总结起来，商业银行绿色信贷区别于传统信贷的行为特征主要体现在经营理念、管理、环境外部性作用三个方面。

3.2.1 信贷行为的可持续发展导向

与传统信贷相比，商业银行绿色信贷在经营理念方面融入了可持续发展的思想。

第一，可持续发展的系统观。商业银行的信贷服务属于第三产业，与工业企业不同，自然资源等不是其经营所需的直接原材料，商业银行也不直接排放污染物污染环境，因此商业银行未充分认识到其经营活动对资源、环境的重要影响，开展信贷业务时，将自身置身于人、资源、环境、科学技术等构成的大系统之外，隔断了与资源、环境的联系。而绿色信贷要求商业银行开展信贷业务时应将自身置身于这一大系统之内，认识到自己是这个系统的有机组成部分，研究、实施与资源节约、环境保护要求相一致的信贷行为，通过信贷约束、限制信贷主体的非环境友好型行为，鼓励环境友好型行为，以维持大系统的可持续发展。

第二，可持续发展的价值观。早期的经济理论认为企业是完全理性的，企业是追逐利润最大化的主体，企业运营的目的是实现自身利益最大化，正如斯蒂格利茨所说："我们仅把追求利润最大化作为厂商的目标"。[①] 在传统信贷中，商业银行的价值观恰是如此。商业银行只对股东、投资人负责，在

---

① 斯蒂格利茨. 经济学（上册）[M]. 北京：中国人民大学出版社，1997：26.

乎的只是获取的利润数量，而不在乎贷款主体盈利的手段和方法是否恰当，是否浪费资源，是否破坏自然环境——只要贷款主体能按时归还贷款本息，所采取的任何手段都是有效的，哪怕这种手段是带着"污点"的。但在绿色信贷中，商业银行不再是纯粹的"经济人"，而是从"经济人"向"社会人"转变。商业银行不以利润最大化作为唯一目标，不以股东、投资人作为唯一负责对象。商业银行重视社会责任、环境责任的履行，在追求利润的同时，追求商业效益和生态效益的平衡，承担起资源节约、环境保护的义务，采取信贷措施减少、限制其他个体、组织产生的社会成本，满足其他利益相关者的利益诉求以保护社会福利，从而促进外部生态环境的良性循环。

第三，可持续发展的经营观。在传统信贷中，商业银行的盈利模式是一种"短视模式"：商业银行将贷款包装成产品出售给借款人使用，借款人若付息、还本，商业银行则实现获利，商业银行重视信贷投放的直接收益，重视信贷资金的直接安全性与流动性，但很少考虑其经营行为的负面影响对潜在客户的吸引及对未来持续盈利的影响。与传统信贷的经营不同，绿色信贷中商业银行重视其信贷行为的多方面效应，将追求绿色利润作为长远目标。具体来说，商业银行舍弃部分客户，在短期内牺牲掉一部分盈利，但以经常性的创新来应对市场需求的变化，加大对另外一部分客户的支持力度，并拓展新的客户群体，树立重视社会责任、保护环境的正面形象，形成差别化的品牌优势，从而进一步吸引有正义感、有责任感的客户，同时争取政府的优惠政策或外部组织的补贴。

3.2.2　信贷管理的绿色与效率基准

与传统信贷不同，商业银行绿色信贷在管理的各环节均重视环境要素，表现在以下几个方面。

第一，体现环境保护导向的信贷政策。信贷政策是商业银行为保证其业务经营活动协调一致，保证贷款质量，最终实现经营目标而制定的指导信贷业务的方针及措施，一般来说包括贷款的基本原则、信贷投向、定价、审批权限等内容。信贷政策是每项贷款决策的总原则。与传统信贷不同，在绿色信贷中，商业银行的信贷政策不但体现了对贷款效益性，安全性和流动性的要求，而且商业银行还将环保的理念贯穿整个信贷政策，商业银行在信贷基本原则中明确规定严格控制"两高一剩"行业的贷款，在贷款投向方面将"两高一剩"行业划归限制类或压缩类贷款，如《中国银行信贷投向政策指引（2010 年版）》；对两高行业设置了严格的准入标准，如《招商银行 2009 年信贷政策》；上收"两高一剩"行业的审批权限，如《农业银行 2011 年信贷政策指引》；将环保节能产业归入支持融资类，如《成都银行 2011 年信贷政策指引》；在利率方面要求提高对"两高一剩"行业的定价水平，对节能环保产业实行优惠利率，如《成都银行 2007 年信贷政策指引》。

第二，多维度控制的目标对象选择标准。商业银行是市场化的组织，贷款效益性、安全性、流动性原则决定了商业银行选择贷款对象最重要、最基本的原则是：贷款出去要能保证偿还本息，即贷款对象的经济活动应能保证预付的价值得到补偿与增值，从而有能偿还银行贷款本金与利息的资金来源。商业银行开展绿色信贷必须遵循这一基本原则，但是绿色信贷不以该原则作为筛选客户的唯一标准，除这一原则外，商业银行对客户对象的选择还遵循以下两个基本原则：一是贷款对象应是具有社会责任的主体。贷款对象从参与生产、分配、交换到消费每一个环节都直接或间接地与其他个人或组织发生联系，一旦贷款主体滥用其权利或经济优势，其他个体或组织将遭受损失，因此为避免银行贷款资金的注入对贷款对象的不负责任行为起到推波助澜作用，商业银行在贷款时应规避向此类主体发放贷款或提高对此类贷款主体的利率定价以约束、限制其负面行为，减少社会福利损失。二是贷款对象的生产经营不应是低效率的。贷款对象低效率的生产是一种经济上的浪费，意味着资源的利用的不完全、不充分或者是无效率，并由此带来了包括产品的消费者价值的丧失、人力的浪费、资源的浪费等巨大的机会成本。银行绿色信贷投放应坚持绿色导向与效率基准，贷款对象应摒弃高耗能、高污染和低效率企业或项目。

第三，全程了解客户环境行为的业务流程。在传统信贷中银行主要依据借款主体的经济活动的正常与否决定是否对其发放贷款，而很少考察借款主体经济活动造成的环境影响。绿色信贷不仅要了解借款主体自身的经济活动情况，并且还要考察借款主体经济活动的延伸影响即要将借款主体经济活动对资源的利用效率，对环境的影响作为贷款发放、贷款定价的重要依据，只有借款主体的经济活动符合相关政府、银行环境政策，银行才会对其发放贷款或不实行惩罚性贷款利率。因此商业银行在贷款申请、贷款调查、贷款审批、贷款发放、贷后管理等流程中均要求了解客户的环境行为，对环保行为不符合要求的借款人商业银行会拒绝贷款或提出整改要求。

第四，差别化的利率定价策略。利率定价是商业银行盈利能力建设的核心。在传统信贷中，商业银行利率定价遵循收益与风险相匹配的原则，而不会刻意去区分贷款企业或项目是环境污染、破坏型还是节能环保型。商业银行开展绿色信贷当然不能脱离这一基本原则。但是，商业银行开展绿色信贷除盈利外还有加强环境保护的责任，因此在利率定价时对贷款对象应区别对待，即在能对环境污染、破坏的申请人发放贷款条件下，除按照传统信贷的收益与风险相匹配原则进行基础定价外，还可进行利率加价，形成"风险定价＋惩罚定价"的定价模式以提高贷款对象融资成本，约束融资规模；而对节能环保的贷款申请人在不违背收益与风险相匹配的基本原则下，根据贷款人对环境保护的贡献度等因素予以适当优惠。

第五，系统化的环境风险管理体系。商业银行是经营风险的企业，业务发展始终与风险并存。按照国际惯例，商业银行的风险可分为市场风险、信用风险、流动性风险、操作风险、声誉风险、国家风险、法律风险及战略风险八大类。商业银行开展信贷业务重视对上述风险的防范。在市场体系下，几乎我国所有的商业银行都建立了自己的一套风险识别、风险估测、风险诊断、风险防范的机制。但是传统信贷中的风险管理缺少环保的理念，在风险识别中没有要求感知、分析借款人的环境风险，在贷款风险估测中没有加入环境风险这个影响因子，风险诊断、风险防范的重点也无环境因素，但实质上，环境风险将直接或间接影响商业银行的八大类风险，从而导致商业银行的损失。与传统信贷不同，在绿色信贷中，环境风险管理是商业银行风险管理的一个重要内容，商业银行开展绿色信贷需要构建包括环境影响评估、环境审计、信贷审核中纳入环境风险分析、贷款协议中明确环境条件、贷款定价纳入环境风险等系统化的环境风险管理体系。

3.2.3 信贷参与的环境外部性治理

传统信贷对贷款对象的选择遵循贷款贷出去要能收回本息这一原则，有时却极端化了这一原则。在传统信贷中，如果贷款对象从事的经营活动，贷款用途等不具备明显的违法、犯罪特征，只要具备到期还本付息的能力，并满足商业银行要求的抵押、担保、综合回报等条件，其贷款需求一般就不会被拒绝。"两高一剩"的非环境友好型客户，有了银行的信贷支持，生产或扩大生产均会对环境产生污染、破坏或资源浪费，形成环境负外部性，损害社会福利。传统信贷对利润的追求让商业银行忽视或纵容了客户的环境不友好行为，实际上成了环境负外部性问题产生的幕后推手。商业银行开展传统信贷不会刻意去支持节能环保的环境友好型客户，在环境正外部性的实现上也无法起到积极的作用。

商业银行绿色信贷重视客户的环境行为，提高了客户的准入标准，在客户选择上就将环境行为不达标的客户拒之门外，得不到资金支持的客户对环境的破坏或污染则可能减少。在贷款定价中，高的贷款利率也降低了环境非友好型客户的借款需求，减少了环境负外部性。在贷款发放后，针对环境行为不友好的客户，商业银行会提出整改要求，以贷款提前收回、压缩续贷额度或等方式约束客户，客户的非友好环境行为产生的环境负外部性也会因此减少或消失。与传统信贷不同，商业银行绿色信贷还将积极支持节能环保的环境友好型客户。商业银行通过创新等手段降低了环境友好型客户的融资门槛或融资成本，使之得以产生更多的环境正外部性，让社会收益。

3.3 商业银行绿色信贷区分于政策性银行绿色信贷的行为特征

商业银行本质上仍是以营利为目的的金融企业组织，尽管也要履行社会责任，但如何主要保证包括绿色信贷在内的信贷市场回报与业务可持续性，因此必须以控制风险、总量盈利为前提条件。与政策性银行的绿色信贷相比，商业银行绿色信贷的开展必须坚持市场化准则，二者区别主要体现在对象的选择与利率定价两个方面。

3.3.1　贷款对象选择的效率与信用导向

政策性银行是专门贯彻、配合政府社会经济政策或意图的金融机构,在特定的业务领域内,直接或间接地从事政策性融资活动①,因此政策性银行绿色信贷对象的选择不可避免地带有国家计划性特征。而商业银行搏击于充满竞争的现实世界,面临着形形色色的压力,市场是配置商业银行信贷资源的最优方式,这就要求商业银行须以效益为中心选择绿色信贷的贷款对象。政府、监管部门等权力机构可以指导商业银行绿色信贷贷款对象的选择,但不应指令性地为商业银行指定贷款对象。在绿色信贷中,商业银行应对产品销路畅、经营管理好、信用水平高、负债合理、还款有保障的项目或企业优先发放贷款;对因市场变化而销量下降、效益变差的企业或不具备市场前景的项目,商业银行则应根据贷款主体的实际情况压缩贷款量或收回、拒绝发放贷款,否则产生呆账、坏账,将导致商业银行、股东蒙受损失。

3.3.2　利率定价的成本收益考量

尽管政策性银行贷款仍然以偿还为要件,但政策性银行的贷款具有指导性、非营利性和优惠性等特殊性,本身不以营利为目的,其绿色信贷的贷款利率往往并不遵循收益与风险平衡等市场化的贷款定价原则。虽然为加强环境保护,提高环境质量,我们倡导商业银行对环保企业或环保项目实行优惠利率,但是这种优惠是在一定限制范围内的相对优惠,并不是长期违背市场原则的优惠,商业银行为树立形象,可以低息或亏本发放一笔或数笔绿色贷款,但商业银行开展绿色信贷不应以长期牺牲盈利为代价,否则绿色信贷的开展将不具备可持续性,因为作为企业的商业银行由股东投资而建立,股东对商业银行的投入不是无偿的,是需要投资收益的,所以商业银行必须对股东负责。对股东而言,商业银行只具备有限的信贷资源,信贷供给的有限性导致低收益的绿色信贷机会成本增加。若得不到其他补偿,股东利益受损,绿色信贷势必引起股东的反对,绿色信贷的供给就会中断。商业银行要开展

---

① 田灿钧,张广斌. 政策性金融与农村金融服务供给 [J]. 广东金融学院学报,2005 (2).

具有可持续性的绿色信贷，在贷款定价方面首先必须确保总的贷款收益足以弥补资金成本和各项费用，其次必须遵循风险与收益平衡的原则，用定价来弥补承担的风险。

第4章

商业银行开展绿色信贷的
社会缘由与行为动因

为什么要求商业银行开展绿色信贷？厘清这个问题是研究商业银行绿色信贷的重要前提。本书认为人类进入生态文明时期追求自然与人的和谐共处，银行信贷与环境问题具有相关性，绿色信贷具有环境保护作用且具备环境保护的比较优势是要求商业银行开展绿色信贷的缘由。环境资源危机影响了商业的切身利益，并且公众、政府共同驱动商业银行开展绿色信贷则是商业银行必须开展绿色信贷的主要原因。

4.1 要求商业银行开展绿色信贷的经济社会诉求

推动商业银行开展绿色信贷，是在生态文明建设背景下，引导资金积极流入"绿色行业"，推动经济可持续发展的一种社会诉求。

4.1.1 以绿色金融推进人与自然和谐共处的重要选择

自地球上产生人类起，人类与自然就具有了密不可分的关系。自然为人类提供了人类生存、发展必需的自然资源。在自然的支持下，人类社会经历了石器时代、青铜时代、农业时代、工业时代、信息时代，人类文明从渔猎文明、农耕文明走向了工业文明，并迈入了生态文明时期。在不同的历史时期（总体来看，人类对自然资源的利用可以划分为三个发展阶段），人类对自然资源的利用呈现出不同的特点。

第一阶段是自然崇拜阶段。人类要靠改造自然、利用自然解决自身的生存问题，因此需要先认识世界。但是在人类社会早期，人类缺乏对自然界的认识，对日出、日落、地震、洪水、火山爆发等自然现象迷惑不解，为了寻求心理的慰藉，古人把这一切现象归结为超自然的神的力量，认为是由神在主宰这一切变化，人类能够做的是祈求神灵的保佑。这一思想认识无疑加大了古人对自然的恐惧与崇拜。在这一时期，人类对自然的利用主要来自对自然界中容易取得的物质、材料的直接使用或简单加工使用。由于人口数量极其有限，而且人类利用自然、改造自然的能力也非常有限，人类对自然的使用能够通过自然力的作用得到恢复。

第二阶段是人类中心主义阶段。西方哲学家普罗泰戈拉在公元前 5 世纪提出了"人是万物的尺度"。①但是在生产力落后的古代社会，这种以人为中心的观念只能是短暂的思想火花，不可能成为一种社会思潮。随着文艺复兴运动的兴起，人类开始热衷于探索自然的奥秘。在人类的努力下，自然科学得以迅速发展，纺纱机、蒸汽机、汽车、火车等机器设备逐渐出现。借此，人类改造自然、利用自然的能力大幅增强。对人类而言，自然不再神秘，自然存在的价值就在于能满足人类的需要。人类社会从自然崇拜阶段进入人类中心阶段。人类开始了疯狂征服自然、奴役自然的阶段。为了满足人类的需要，各种开采自然资源的工具大量涌现，人类更是不顾极限地利用自然资源，肆意排放废弃物。人与自然之间的矛盾逐渐变得不可调和。当人类的自我主义行为超过自然的承载能力，自然开始对人类展开报复，一系列环境事件接二连三地出现，正如恩格斯所说"不要过分陶醉于我们人类对自然界的胜利。对于每一次这样的胜利，自然界都对我们进行了报复。每一次胜利，起初确实取得了我们预期的结果，但是往后和再往后却发生完全不同的、出乎预料的影响，常常把最初的结果又消除了"。②

第三阶段是追求人与自然和谐共处的阶段。人类对自然资源的掠夺性开

---

① 北大哲学系外国哲学史研究室. 西方哲学原著选读［M］. 北京：商务印书馆，1981：51.
② 马克思恩格斯全集（第 4 卷）［M］. 北京：人民出版社，1995：383.

采和环境的污染，造成了自然资源储量急剧减少和严重的环境问题，影响了人类的生存与发展，人类开始思考传统模式的不足之处。1962 年《寂静的春天》出版，因其具有说服力的科学论述揭示了污染对生态系统的影响，在世界范围内引发了人类对传统观念、行为的反思。1972 年《增长的极限》发表，该报告引发了一场激烈的"经济增长"之争，并促使人们密切关注人口、资源、环境问题。1975 年布朗出版了《建设一个可持续发展的社会》告诫人们要建设一个可持续发展社会。1987 年世界环境与发展委员会向联合国递交了《我们共同的未来》的研究报告，该报告是可持续发展思想的重大飞跃，第一次正式提出了"可持续发展"的概念，并把人们单纯考虑环境保护引导到将环境保护与人类发展切实相结合，可持续发展作为一种发展模式或理论的名称逐步在全球范围内传播开来。1992 年在巴西里约热内卢展开联合国环境与发展大会，会议通过《里约环境与发展宣言》，提出了27 条实现全球可持续发展的基本原则，可持续发展得到了全球范围内最高级别的政治承诺，标志着可持续发展思想和理论的逐步成熟。人类努力探索着资源节约型、环境友好型的发展模式。法律手段、经济手段等运用到了环境保护、资源节约中，工业企业开始发展循环经济，人们也逐步认识到了商业银行信贷在促进社会可持续发展中的作用，为追求人与自然的和谐共处，要求商业银行开展绿色信贷的呼声越来越强烈。

4.1.2 信贷提供了解决环境问题的金融手段

经济发展与环境问题之间的关系历来受到关注，20 世纪 90 年代，美国经济学家格罗斯曼和克鲁格首次实证研究了环境与经济增长的关系，指出在低收入水平上污染随人均 GDP 增加而上升，但是在高收入水平上污染却随 GDP 增长而下降。帕那约特（Panayotou，1993）借用库兹涅茨（Kuznets）1955 年界定的人均收入与收入不均等之间的"倒 U 型"曲线，描述环境质量与人均收入间的关系，并称之为环境库兹涅茨曲线（EKC）。改革开放以来，我国经济增长迅猛，但也付出了沉重的环境代价，针对我国经济发展与环境污染的矛盾，国内的学者也相继利用我国的环境与经济数据进行了有关经济发展与环境问题方面的实证研究，探讨了我国经济发展与环境问题之间的关系，如王立平（2010）、彭水军、（2006）、范俊韬（2009）、吕健（2010）等。

关于经济发展与银行信贷的关系，国外学者白芝浩（Bagehot，1873）、希克斯（Hicks，1969）、卢卡斯（Lucas，1972）、爱德华兹和韦格（Edwards S. & C. Vegh，1997）等证明了经济的发展离不开银行信贷的支持，在国外学者的影响下，我国学者如郭克莎（1990）、陈飞（2002）、孙明华（2004）、刘涛（2005）等分析、研究了我国银行信贷投放的增长与经济发展之间的关系，证明我国银行信贷的增加对经济发展有显著的促进作用。

从学者们的研究可知，经济发展会产生环境问题，经济发展又与银行信贷密切相关，那么银行信贷的变化与环境问题之间存在怎样的联系？我们通过梳理文献，发现相关研究较少，此问题有待进一步回答，因此本节将利用银行信贷数据与环境污染物数据进行实证研究，以期找出答案，从而为商业银行绿色信贷的开展提供依据。

（1）实证方法与数据选取。

① 理论模型。VAR 模型是 20 世纪 80 年代初出现的一种新型计量经济学建模工具，VAR 模型把系统中每一个内生变量作为系统中所有内生变量的滞后值的函数来构造模型，从而将单变量自回归模型推广到由多元时间序列变量组成的"向量"自回归模型。VAR 模型是目前处理多个相关经济指标的分析与预测最容易操作的模型之一。本书将要处理三个变量间的动态关系，因此采用三个变量滞后 K 期的非限制向量自回归模型。数学表达式如下：$y_t = A_1 y_{t-1} + A_2 y_{t-2} + \cdots + A_k y_{k-1} + \varepsilon_t$。其中 y_t 为三维当期内生变量列向量，3×3 阶矩阵 A_1、A_2、$\cdots$、A_k 是要被估计的系数矩阵，ε_t 是三维扰动向量。

② 数据选取。为详细了解银行信贷与环境污染的变化情况，本书选择工业贷款作为银行信贷的代表指标，工业固定废弃物排放量为环境污染的代表指标，时间跨度为 1986 ~ 2009 年，数据来自《中国统计年鉴》，之所以选择上述指标为代表以及 1986 ~ 2009 年作为时间区间，主要是考虑到有关指标数据的可获得性及平稳性。本书对相关数据进行了对数化处理，以达到在不改变变量间的协整关系前提下，消除样本数据的异方差性的目的，本书用 lndk、lngf 分别代表工业贷款、工业固体废弃物排放量。如图 4.1 给出了各变量时间序列图形。

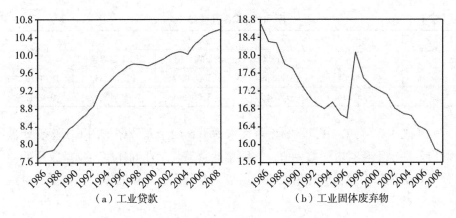

（a）工业贷款　　　　　　　（b）工业固体废弃物

图 4.1　贷款、工业固体废弃物序列图形

工业贷款除 2000 年较 1999 年，2005 年较 2004 年下降外，其他年份都呈增长之势。工业固体废物排放量在 1986～1994 年一直在下降，1995 年的排放量高于 1994 年的排放量，1996 年、1997 年排污量又开始下降，但是 1998 年的排污量较 1997 年的排污量增长较多，增长率达 367%，此后，固体废物的排放量一直呈下降趋势，2009 年的排污量已远低于 1986 年的排污量。

（2）银行信贷与环境问题的实证分析。

① 数据的平稳性检验。在进行时间序列分析时，应该首先进行平稳性检验，对此，本书采取 ADF 检验方法，所用计量软件为 EViews5.0。检验结果如表 4.1 所示。

表 4.1　　　　　　　　　　序列的 ADF 检验结果

序列	t 统计量	临界值			P 值
		1% 临界值	5% 临界值	10% 临界值	
lndk	-2.264690	-3.752946	-2.998064	-2.638752	0.1909
lngf	-1.704923	-3.752946	-2.998064	-2.638752	0.4157

表 4.1 列出了各个序列的单位根检验结果，从结果来看，在 10% 的显著水平下，两个可观察变量均接受至少存在一个单位根的原假设，即两个可观察变量是非平稳序列。为了得到两个时间序列的单整阶数，我们指定对一阶差分序列作单位根检验，检验结果如表 4.2 所示。

· 53 ·

表 4.2   序列的 ADF 检验结果

序列	t 统计量	临界值			P 值
		1% 临界值	5% 临界值	10% 临界值	
Δlndk	− 3.230668	− 3.769597	− 3.004861	− 2.642242	0.0316
Δlngf	− 5.753216	− 3.769597	− 3.004861	− 2.642242	0.0001

从表 4.2 可知，在 5% 的显著性水平下，两个差分序列的 t 检验统计量值均分别小于其对应的临界值，表明工业贷款、工业固体废弃物排放量的差分序列是平稳序列，没有单位根，所以工业贷款、工业固体废弃物排放量是一阶单整序列。

② 最优滞后期的确定。VAR 模型中一个重要的问题就是滞后阶数的确定，并且协整分析的结果对滞后阶数的选择也很敏感，不当的滞后阶数，有可能导致虚协整。在选择滞后阶数时，一方面想使滞后数足够大，以便能完整反映所构造模型的动态特征；另一方面，滞后阶数又不能太大，因为滞后阶数越大，需要估计的参数也就越多，模型的自由度就减少。所以通常进行选择时，需要综合考虑，既要有足够数目的滞后项，又要有足够数目的自由度。为了选择合适的滞后阶数，我们在表 4.3 中列出了不同的滞后阶数 LR 统计量（似然比检验）、FPE（最终预测误差）、AIC 信息准则、SC 信息准则与 HQ 信息准则 5 个常用指标。所有准则选择的最优滞后阶数为 1，因此本书选择的滞后阶数为 1。

表 4.3   最优滞后期检验值

滞后期	LR	FPE	AIC	SC	HQ
0	NA	0.111223	3.479394	3.578872	3.500983
1	92.31799 *	0.000968 *	− 1.268431 *	− 0.969996 *	− 1.203663 *
2	1.644639	0.001297	− 0.990269	− 0.492877	− 0.882322
3	5.319683	0.001344	− 0.989294	− 0.292945	− 0.838168

注：* 表示准则的选择。

如果被估计的 VAR 模型所有根模的倒数小于 1，即位于单位圆内，则被估计的 VAR 模型是稳定的。如果模型不稳定，某些结果将不是有效的（如脉冲响应函数的标准误差）。VAR 模型根模倒数分布图如图 4.2 所示，图中显示所有根模的倒数均在园内即均小于 1，所以被估计的最优滞后阶数为 1 的 VAR 模型是稳定的。

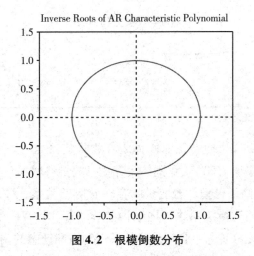

图 4.2 根模倒数分布

③ 协整检验。数据平稳性检验已经表明工业增加值、工业固体废物处置量是一阶单整序列，满足协整检验的前提，现采用 Johanson 协整检验来判断该两个可观察变量间是否存在协整关系。由于协整检验的模型实际上是对非限制性 VAR 模型进行协整约束后得到的 VAR 模型，该模型的滞后期应是非限制性 VAR 模型一阶差分变量的滞后期，由于本书 VAR 模型选择的最优滞后期为1，因此协整检验的 VAR 模型滞后期确定为0。迹检验统计量与最大特征值检验统计量的结果分别见表 4.4 与表 4.5。

表 4.4　　　　　　　　　　迹检验统计量结果

原假设	迹统计量	0.05 临界值	P 值
None*	19.62398	15.49471	0.0112
At most 1	2.743593	3.841466	0.0976

注：* 表示在 0.05 水平上拒绝假设。

表 4.5　　　　　　　　　最大特征值检验统计量结果

原假设	最大特征值	0.05 临界值	P 值
None*	16.88039	14.26460	0.0189
At most 1	2.743593	3.841466	0.0976

注：* 表示在 0.05 水平上拒绝假设。

迹统计量表明表明工业贷款、工业固体废弃物排放量存在协整关系。特征值统计量表明工业贷款、工业固体废弃物排放量存在协整关系。两个变量间标准化的协整方程系数，见表 4.6。

表4.6　　　　　　　　　　　　标准化协整方程系数

lngf	lndk	C
1	0.902308	-25.55629
	(0.11657)	
	[7.74025]	

注：（）中表示标准误差，[ ] 表示 t 统计量。

协整方程表明从长期看工业固体废弃物排放量与工业贷款呈正相关关系，工业贷款每增加 1%，工业固体废弃物排放量将增加 0.9%。

④ 向量误差修正模型。若变量间存在着协整关系，即表明这些变量间存在着长期稳定的均衡关系，而向量误差修正模型（VECM）是基于 VAR 模型，将变量变化分解为对长期均衡的偏离和短期动态的调整过程，用以反映变量的短期波动与长期均衡特征。只要变量之间存在协整关系，可以由自回归分布滞后模型导出误差修正模型。而在 VAR 模型中的每个方程都是一个自回归分布滞后模型，因此，可以认为 VECM 模型是含有协整约束的 VAR 模型，那么 VECM 模型的稳定性检验的方法与非限制性 VAR 模型相同。同时由于 VECM 的滞后期数是非限制性 VAR 模型一阶差分变量的滞后期，因此滞后期为 0。VECM 系数表见表 4.7。

表4.7　　　　　　　　　　　　VECM 方程系数

误差修正项	D（LNGF）	D（LNDK）
CointEq1	-0.202264	-0.128471
	(0.16984)	(0.03340)
	[-1.19091]	[-3.84608]
C	-0.127319	0.126215
	(0.08197)	(0.01612)
	[-1.55318]	[7.82876]

注：（）中表示标准误差，[ ] 表示 t 统计量。

D（LNGF）方程中误差修正项调整系数显著为负，表明滞后 1 期的非均衡误差以约 0.2% 的速度从非均衡状态向均衡状态调整。D（LNDK）方程中误差修正项调整系数同样显著为负，表明滞后 1 期的非均衡误差以约 0.13% 的速度从非均衡状态向均衡状态调整。

⑤ 结论。上述分析说明，从长期来看工业贷款与工业固体废弃物排放之间存在正相关关系，即银行贷款与环境问题之间存在正相关关系，所以为

加强环境保护，商业银行开展绿色信贷有其必要性。

4.1.3　绿色信贷表现出特定的环境保护效应

（1）绿色信贷发挥环境保护作用的前提条件。

绿色信贷并非针对任何主体都能发挥环境保护作用。绿色信贷要发挥作用，需满足两个前提条件。

第一，企业有信贷资金需求。在企业的生产经营过程中，资金需求贯穿始终，资金的充裕程度将决定企业的发展弹性。从资金来源上看，企业筹措的资金分为两类：权益类资金、负债类资金。权益类资金是企业所有者投入和积累的各种财务资金，但是企业自有资金并不一定能满足运营的资金需求，如企业销售收入增长会导致资金需求增大、运营周期减慢也会增加资金需求，因此企业需要从外部融取资金，这类资金就属于负债类资金。随着金融市场的发展，企业外部融资的手段不断丰富，企业可以选择在资本市场通过发行股票、债券等方式直接融资，也可以选择通过银行等金融中介间接融资。但若企业通过自有投入、积累可以满足发展需要，或采取直接融资或其他不通过银行媒介的间接融资的方式获取了所需资金，银行在约束企业的环境不友好行为或支持环境友好型企业的发展方面将无着力点。绿色信贷要发挥环境保护的作用，须以企业有资金需求，但通过其他方式无法融资或无法融取足额资金，必须依赖银行，将银行作为主要融资渠道为前提。

第二，银行信贷资金能介入。企业有贷款的资金需求，但并不等于银行一定会为其发放贷款。因为银行发放一笔贷款将综合评估企业经营、管理、担保等多方面的内容，部分污染型企业，即使不考虑污染型企业的环境行为，也未必能通过银行的评审要求，部分环保型企业，即使银行通过产品、制度等一系列的创新降低了贷款门槛，但仍然达不到银行所需要的贷款标准，所以这类企业的贷款需求并非有效需求，因为即便企业有单方面的资金需求，若银行贷款资金原本就不能介入企业，银行信贷要发挥任何作用就无从谈起。所以，对环境非友好型企业而言，商业银行绿色信贷要发挥环境保护的作用应以按普通贷款标准企业能满足银行贷款要求，但商业银行拒贷或惜贷为前提；对环境友好型企业而言，商业银行绿色信贷要起到支持作用，也应以环境友好型企业能符合商业银行为其设立的信贷准入门槛为前提。

（2）绿色信贷产业层面的环境保护机理。

为了解绿色信贷的作用机理，我们将从供给、需求角度对污染型产业、环保产业进行分析。

① 污染型产业。假设资源的供给曲线为 S，且资源供给曲线不发生任何变化。在商业银行对污染型产业没有任何限制时，污染型产业对资源的有效需求曲线为 D，供给曲线与需求曲线的交点 O 为供给需求平衡点，此时资源的消耗数量为 Q。当商业银行对污染型产业减少或限制信贷投放时，污染型产业可用资金量减少，因此污染型产业对资源的购买力下降，其对资源的需求曲线将由 D 移动到 D^1，需求曲线 D^1 与供给曲线 S 的交点变为 O^1，资源的消耗数量为 Q^1，从图 4.3 中可以看到 $Q^1 < Q$，即绿色信贷限制了污染型产业对资源的购买力从而降低了资源消耗量。而环境污染很大程度上是因为资源利用不充分所造成的，正如迈尔·E. 波特所说"污染往往是一种经济上的浪费。当支离破碎的有害物质或者能源被当作污染物排放到外部环境时，便也证明着资源的利用是不完全、不充分的或者是无效率的。"[①] 当污染行业生产设备、生产技术、管理制度等不发生改变时，受可用资金的掣肘，资源消耗量的减少必然引致环境污染的减少即环境负外部性的减少。其实，在资源利用之前，污染产业就需要投入资本购置场地、设备等固定资产，若在此阶段商业银行就减少资金供应，整个污染产业的规模就会受到限制，后期对资源的消耗、排放量将更小。

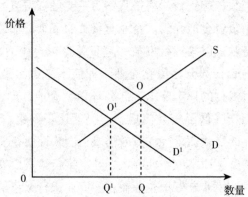

图 4.3　绿色信贷对污染型产业的影响

---

① 思铭. 企业与环境 [M]. 北京：中国人民大学出版社，2004：134.

② 环保产业。假设环保产业的需求曲线不发生变化，需求曲线为 D。环保产业的初始供给曲线为 S，供需平衡时的产品数量为 Q。若商业银行通过产品、制度创新等手段加大对环保产业的支持力度，增大对环保产业的资金供给量或降低对环保产业的贷款定价水平，环保产业的供给曲线将向右移动，新的供给曲线为 S^1，S^1 与 D 相交于 O^1，社会对环保产业的产品需求量为 Q^1，大于原来的数量 Q，且均衡价格也较原来更低，如图 4.4 所示。环保产业产品供给增加、价格降低，减少了社会环境保护的成本，有利于环境保护效率的提高。另外，社会公众对环保产业产品需求的增加会压缩部分污染产业产品的市场空间，因为部分环保产业产品与部分污染产业产品为替代品，如图 4.5 所示当环保产业产品的供给增加后，消费者可以选择环保产业产品替代污染产业的产品，因此污染产业产品的市场需求曲线将向左移动，最终新的需求曲线 D^1 与供给曲线 S 交于 O^1，均衡产量为 Q^1，小于原来的均衡产量 Q，故而环境间接得到保护。

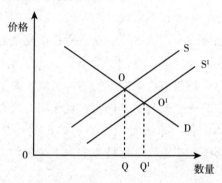

图 4.4　绿色信贷对环保型产业的影响

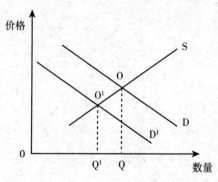

图 4.5　环保产业发展对污染产业的影响

（3）绿色信贷微观层面的环境保护机理。

同中观层面的分析类似，银行对单个企业的信贷供给将影响单个企业资源的需求与产品的供给，从而对企业的环境污染或环境保护行为发生作用，但是由于企业之间存在较显著的个体差异，所以银行信贷对其影响力存在区别，为进一步研究绿色信贷环境保护的作用机理，我们借用物理学中的小车坡道模型来模拟绿色信贷对单个企业的作用。

① 模型构建。现实中的企业总会面对各式各样的阻力，如果不能克服阻力，企业的发展就会受限甚至出现衰退，并且这种初始的衰退可能引起连锁反应，让企业经营更加举步维艰。我们将企业所面临的各种阻力抽象为一种阻力，那么企业的经营特征就如图 4.6 所示的小车，在光滑的坡道上，小车受到重力沿坡道方向分力的影响，则小车将会向下方滑去（即便小车具备向上的初始速度，最终也会下滑），并且由于加速度的存在，下滑的速度将越来越快。若企业要继续发展，就必须找到解决困难的方法，企业面临的困难会有很多，不同的困难有不同的解决方式，但是为便于研究，我们将不同的解决方式都抽象为货币资金，即企业只要具备充足的货币资金就能解决相应的问题，对企业而言，货币资金就像小车沿坡道向上的拉力，在物理学模型中，若小车静止或具备沿坡道向上的初始速度，要沿坡道向上运动，则必须存在沿坡道向上的一个或数个作用力，且作用力之和至少应等于重力在沿坡道方向上的分力；若小车具备向下的初始速度，要改变小车的运动方向，则作用力之和必须大于重力在沿坡道方向上的分力。

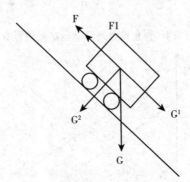

图 4.6 坡道上小车作用力示意

各个企业在所处行业、所有制性质、管理制度、技术、销售模式、自有资金等方面会有所不同，即每个企业都有自身的特点，这可视为企业的自身要素，而这里面的某些要素可能会影响企业的发展。由于这些要素是企业自身的，因此它们与小车的质量 M 比较类似，因为每个小车有都有自身的重量，所以可用小车的质量 M 代表影响企业发展的自身要素的集合。M 越大表示企业的发展受自身要素的影响越大。

g 表示企业所处的社会背景。企业的社会背景与企业所处的历史时期、地域发展历史、经济水平、文化理念等有关，敏感性事件也是社会背景的构成要素，社会背景是企业无法控制和改变的，企业只能主动地去适应，[①] 即可认为社会背景是常量，这与重力常数 g 具备相似之处。

我们用 G^1 代表企业发展受到的阻力，因为企业发展所受到的阻力不仅与企业自身要素相关，还与社会背景相关，而在小车坡道模型中，小车受到的下滑力与小车重量 M、重力常数 g 相关（M 与 g 相乘之积即为小车所受到的重力 G），所以两者仍然具备可比性，同时为方便讨论我们假设坡道的角度为 45 度，那么则有：$G^1 = \sqrt{2} M * g / 2$。我们将企业自身能够筹措的资金比拟为小车受到的拉力 F^1，银行贷款给企业的资金比拟为小车受到的拉力 F。

针对污染企业，假设小车的初始速度为 V_0，沿斜坡向上，即企业的初始发展速度为 V_0。当小车的速度方向沿斜坡向上时，小车的动能 E 则代表企业的产量规模，动能 $E = MV^2/2$。企业产量越大，则对环境破坏越大产生的环境负外部性越大，假设企业对环境的污染度与企业产量规模呈线性关系，相关系数为 μ，设企业对环境的污染为 ω，则 $ω = E * μ$。当小车速度为零或沿斜坡向下时代表企业停工或破产，因此不再对环境造成污染，即 $ω = 0$。

针对环保型企业，假设小车的初始速度为 V_1，沿斜坡向下，即假设企业的初始发展并不顺利，当速度向下时，企业不向社会提供环保产品，当具备沿斜坡向上的速度后，企业提供的环保产品 η 与小车的动能成正比，相关系数为 φ，$η = φ * E$。

② 机理分析。

第一，污染型企业。当企业自有资金较充裕，即 $F^1 > G^1$ 时，若银行再

---

① 许正良，刘娜. 企业社会责任弹簧模型及其作用机理研究 [J]. 中国工业经济，2009 (11).

提供贷款，则企业受到的合力 $F_{合} = F + F^1 - G^1$，企业发展具备正加速度，加速度为：

$$a = F_{合}/M = (F + F^1 - G^1)/M,$$

经过时间 t 后：

企业的发展速度：$V = V_0 + at = V_0 + (F + F^1 - G^1)t/M$；

企业的产量规模：$E = M[V_0 + (F + F^1 - G^1)t/M]^2/2$；

企业对环境的污染：$\omega = M\mu[V_0 + (F + F^1 - G^1)t/M]^2/2$；

为研究银行信贷与环境污染的关系，将 ω 关于 F 求导，得：

$$\frac{\partial\omega}{\partial F} = \mu t[V_0 + (F + F^1 - G^1)t/M]$$

由于 $(F + F^1 - G^1) > 0$，所以 $\frac{\partial\omega}{\partial F} > 0$，即银行对企业发放的贷款越多，企业对环境污染越大，因此为减少环境污染，商业银行应该减少对污染型企业的贷款。但是商业银行减少贷款后，是否就能阻止企业的环境污染行为了？

现将 ω 关于 t 求导，得：

$$\frac{\partial\omega}{\partial t} = \mu(F + F^1 - G^1)[V_0 + (F + F^1 - G^1)t/M]$$

即使银行停止对企业贷款，即 $F = 0$，但由于 $F^1 > G^1$，所以仍然有 $\frac{\partial\omega}{\partial t} > 0$，说明即便银行停止对企业贷款，企业对环境的污染仍会随着时间的增长而严重。这样的结果表明，当企业的自有资金充足时，银行减少贷款或停止贷款能减缓企业对环境的污染，但是不能从根本上阻止企业对环境的污染。面对这类型的企业，绿色信贷的作用有限，要有效遏制企业的环境污染等行为，还需要法律手段、行政手段、排污税等多种手段予以配合使用。

当企业自有资金不充裕，即 $F^1 < G^1$，企业要发展，则银行提供贷款后，企业受到的合力应有 $F_{合} = F + F^1 - G^1 \geq 0$。

当 $F_{合} = F + F^1 - G^1 \geq 0$ 时，银行的贷款拉动了企业的发展，并且企业具有不为负的加速度，企业对环境的污染：

$$\omega = M\mu[V_0 + (F + F^1 - G^1)t/M]^2/2$$

将 ω 关于 F 求导，有 $\frac{\partial\omega}{\partial F} = \mu t[V_0 + (F + F^1 - G^1)t/M]$，此时 $\frac{\partial\omega}{\partial F} \geq 0$ 银行

信贷不但没有起到保护环境的作用，反而加剧了环境污染。

但是在这种情况下，如果银行推行绿色信贷对企业拒贷或压缩贷款，企业缺少资金，发展将陷入困境，即当 $F + F^1 - G^1 < 0$ 时，企业的自有资金投入与银行的贷款都无法解决企业所面临的困难。

企业的发展速度：$V = V_0 - at = V_0 - (G^1 - F - F^1)t/M$

从上式可知，企业发展越来越慢，随着时间的推移，企业发展速度将变为 0，接着变为负，并且负向速度越来越大，即企业越来越衰败。

企业对环境的污染：$\omega = M\mu\left[V_0 - (G^1 - F - F^1)t/M\right]^2/2$

ω 关于 t 求导，得：$\dfrac{\partial\omega}{\partial t} = -\mu(G^1 - F - F^1)\left[V_0 - (G^1 - F - F^1)t/M\right]$

结合模型假设可知 $\dfrac{\partial\omega}{\partial t} < 0$，随着时间的变化，企业对环境污染的破坏逐渐减小。并且在企业能够提供的自有资金一定的情况下，银行贷款资金的多寡，将决定企业对环境污染的时长。

从上述分析可知，银行资金对自有资金不足的污染型企业的发展具有举足轻重的作用，所以理性的企业为争取银行的支持以避免衰败，应按照环保要求进行整改，当企业整改后，企业对环境的污染将减少。即绿色信贷通过控制对企业的资金供给以促使企业加强环境保护达到环境保护的目的。

第二，环保型企业。与污染型企业一样，环保型企业受到的合力 $F_{合} = F + F^1 - G^1$，合力存在两种情况：沿斜坡向上、沿斜坡向下。但当合力为 0 时，小车的速度方向仍然沿斜坡向下，企业不向社会提供任何环保产品，与合力向下时的情形一样，故将合力为 0 的情况归入合力沿斜坡向下的情况分析。

当 $(F + F^1 - G^1) \leqslant 0$ 时，小车的加速度 $a = (F + F^1 - G^1)/M \leqslant 0$，即加速度方向与初始速度方向相同，说明在企业自有资金一定的情况下，银行提供的信贷支持不能够解决企业发展所面临的困难，企业仍将衰退，但从 $V = V_1 + (G^1 - F - F^1)t/M$ 可知，银行提供的资金支持越多，企业衰退的速度越慢，反之，银行提供的资金越少，企业衰退的速度越快。在此种情况下，由于企业经营仍未摆脱困境，所以不能有效地为社会提供环保产品。

当 $(F + F^1 - G^1) > 0$ 时，小车的加速度 $a = (F + F^1 - G^1)/M > 0$，加速度

方向与初始速度方向相反，在企业自有资金及银行信贷支持合力的作用下，企业经营将止滑上升，但是此时必须辩证看待银行信贷资金所发挥的作用，因为$(F + F^1 - G^1) > 0$时，存在$F^1 > G^1$；$F^1 < G^1$，$F + F^1 > G^1$两种情形，以下我们将分析两种情况下，银行信贷资金所起的作用：

当$F^1 > G^1$时，在没有银行信贷支持下，企业的加速度为$a = (F^1 - G^1)/M > 0$，企业发展的速度为$V = at - V_1 = (F^1 - G^1)t/M - V_1$。

在经过时间t_0后，V的方向开始沿斜坡向上，企业开始进入正常发展轨道，企业开始为社会提供环保产品，环保产品的产量：

$$\eta = \varphi MV^2/2 = \varphi M[(F^1 - G^1)t/M - V_1]^2/2$$

在有银行信贷支持的情况下，企业的加速度$a^1 = (F + F^1 - G^1)/M > a$，即企业发展要达到预定的速度，有银行信贷支持比没有银行信贷支持的情况下，所耗时间更短，在相同时间内，有银行信贷支持的情况下将比无银行信贷支持的情况下提供更多的环保产品。商业银行的绿色信贷对企业发展及环境保护起到了"锦上添花"的作用。

当$F^1 < G^1$，$F + F^1 > G^1$时，若没有银行的信贷支持，企业的加速度为$a = (G^1 - F^1)/M$，方向沿斜坡向下，即企业依靠自身实力无法解决所面临的困难，当银行为企业提供足够的贷款后，$F + F^1 > G^1$，企业的加速度为$a^1 = (F + F^1 - G^1)/M$，方向沿斜坡向上。企业发展的速度$V = at - V_1 = (F + F^1 - G^1)t/M - V_1$，即在银行的支持下，经过一段时间后，企业将止住下滑的趋势，向好发展，商业银行的绿色信贷对企业发展及环境保护起到了"雪中送炭"的作用。企业提供的环保产品的量：

$$\eta = \varphi MV^2/2 = \varphi M[(F + F^1 - G^1)t/M - V_1]^2/2$$

（4）绿色信贷保护环境的典型案例。

××水泥厂前身是创建于1969的国营××水泥厂，于2008年被祝某、张某全资收购，旧厂区地址位于××老县城城郊，占地54亩，土地性质为工业，公司拥有三条生产线，分别建于2000年、2003年、2005年，产能分别为30万吨/年、50万吨/年、65万吨/年。截至2010年末公司年水泥销量约4.2亿元。2009年××县城调整城市规划，水泥厂所在地被规划为商住用地，用于建设新县城，该水泥厂的厂址恰好位于新县城的中心地段，开发房地产将具有较好的预期收益。该水泥厂的实际控制人出资6000万元将工业用地变性为商住用地，持有以待后期进行房地产开发。该块土地经具有一级评估资质的评估公司评估后，市场价值高达 1.7 亿元。在新县城开始建设时，该水泥厂于 2010 年底在××县城与另一县城的交界处购买了 174 亩的工业用地，由于该水泥厂积极配合政府拆迁，政府出售给该水泥厂的工业用地仅 5 万元/亩，2011 年公司在该块地上基建上花费了近 5000 万元，并于 2012 年 1 月将三条生产线搬迁至新厂区。水泥生产的主要原材料是石灰石、粉煤灰、砂岩等，各个环节都会产生粉尘，尤其是生料煅烧成熟料时，产生的污染物最大。三条生产线修建时间较长，再加上搬迁过程中的磨损，吸尘能力大大下降。2012 年重新投产后，产生粉尘较搬迁前大为增加，新厂周围的居民与企业进行了交涉，并到政府进行了投诉，但由于企业与政府关系密切，企业并未采取得力措施控制污染。

在企业投入了大量资金于固定资产后，挤占了很多流动资金，恰××高速开始建设，该水泥厂中标成为供应商，需要大量垫款供货，故向中国××银行申请流动资金贷款 8000 万元，抵押物为老厂的土地，银行调查人员到达企业厂区后，发现粉尘特别重，但企业仍能提供政府出具的环评达标书。银行调查人员调查完企业后，又找机会从周边居民中了解了居民对该水泥厂的意见，并将厂区所见及周边居民的意见形成书面文本如实反映给了审批人，银行最终作出了拒贷的决定。后企业意识到污染对企业发展的影响，向中联××融资租赁 1.7 亿元新建了一条日产 5000 吨的新型干法窑生产线，并淘汰了三条旧的生产线，有效地控制了粉尘污染。

在此案例中，银行若基于抵押物容易变现，不考虑水泥厂对环境的影响，贷款给企业，那么企业还将造成更多的污染。同时从这个案例可知，在政府失职的情况下，银行开展绿色信贷对污染型企业拒贷涉及企业的长足发展，让企业意识到了环保的重要性，这样企业有动力去降低、减少污染，绿色信贷发挥出了环境保护的作用。

（5）绿色信贷环境保护的比较优势。

面对严峻的环境问题，党的十八届三中全会指出，建设生态文明，必须建立系统完整的生态文明制度体系，实行最严格的源头保护制度、损害赔偿制度、责任追究制度，完善环境治理和生态修复制度，用制度保护生态环境。绿色信贷等市场化手段的运用在保护环境方面将起到越来越显著的作用。综合而言，开展绿色信贷，对我国环境保护的比较优势主要体现在四个方面。

① 从资金源头上限制污染企业。行政手段、法律手段作为权威的、强制性的手段体现出了高效性，在我国环境保护中起到了功不可没的作用。排污费、排污税等经济手段的应用对主体不良环境行为的规制也起到了积极作用。但是无论是行政手段、法律手段还是排污费、排污税等经济手段，其作用的过程是在环境污染、破坏发生后，即是环境负面影响已形成，并且不管是行政手段、法律手段对行为主体的关、停、罚、没，还是通过经济手段收取的排污费、排污税也不一定能弥补造成的环境损失。而绿色信贷则是通过对资金的控制从源头约束行为主体的环境行为，因为一般是贷款在前，而扩大生产或生产在后，部分行为主体由于缺少资金对环境的破坏量将相对减少，而一部分行为主体则由于缺少资金支持而不能开工生产，不会对环境形成不利影响。

② 发挥环境保护的经济杠杆作用。商业银行与借款人均是市场主体，其与借款人的关系是通过经济契约建立的，因此这种特性注定了商业银行不可能向政府机关一样具备公权力，对借款人直接发号施令要求其履行环境保护责任。绿色信贷能起到环境保护的作用，完全依赖于经济杠杆的引导。当商业银行开展绿色信贷限制环境非好型借款主体的融资需求或提高借款主体的融资成本时，实际上是将借款主体的环境行为与借款主体自身的经济利益紧密联系到一起，迫使借款人在开展经营时将环境成本纳入经营决策，采取最优的方式降低污染，并致力于对污染的处理，以获得银行的支持从而赚取更多的经济利益。否则，一旦银行收缩贷款或提高贷款成本，借款主体承受很大的经济压力。作为贷款人的商业银行，由于借款人发生环境风险，其贷款会发生损失，因此在经济利益的驱使下，商业银行有动力去关注、监督借款人的环境行为，从而间接地保护了环境。

③ 引导资金流向促进产业"绿色"发展。产业的发展需要资金的支持，尤其是银行资金的支持，银行除自身能提供产业发展所需的资金外，还能对其他资金进入相关产业进行投资引导，因为社会资金往往以银行资金为导向标，当银行资金撤出某一产业时，社会资金往往也会跟随银行资金同时撤出，而当银行资金大量进入某一产业时，社会资金也会齐聚。银行开展绿色信贷提高"两高一剩"产业的资金成本，压缩信贷规模，一方面提高了资金的运用成本，另一方面银行资金在退出，其他资金也在跟随银行退出，多方面作用迫使这类产业结构发生松动、淘汰、改组与发展，为结构调整创造

了先决条件。① 而加大对节能环保产业的支持力度，能够短时间内实现资金在节能环保产业的集中，形成产业资本，加速节能环保产业的发展，当银行资金进入时，其他投资资金也不局限于具有现时收益的产业，也会陆续选择具有超前性、广泛扩散效应的绿色产业，加速产业结构的构建、升级、更迭。

④ 丰富环境管理的手段。尽管在环境保护方面采用了行政手段、法律手段，排污费、排污税、排污权交易等经济手段，但是由于多方面原因，环境保护的效果与预期相比还有不小的差距，一方面需要找出症结，并因病施药对原有的行政、法律、经济手段进行完善，另一方面推动商业银行绿色信贷的发展可以进一步丰富环境管理的手段。因为目前任何一种环境保护手段都不能对所有的环境不友好行为进行有效规制，在原有手段未发挥作用或未起到较好作用的时候，绿色信贷作为一种新的环境保护手段在主体有融资需求时能对主体进行有效约束，弥补原有环境管理手段管理的不足；在原有手段发挥作用的时候，绿色信贷可以进一步约束主体的不良环境行为，在原有环境管理手段的基础上起到锦上添花的作用。总之，绿色信贷的推出使环境管理的手段进一步丰富，对环境保护更加有利。

4.2　商业银行开展绿色信贷的行为动因

商业银行开展信贷，既是经济社会可持续发展的一种客观诉求，又是商业银行基于自身利益考虑的一种经济行为。

4.2.1　商业银行是生态环境变化的利益相关者

尽管我国政府一直在积极地运用财政、行政等手段改善我国的环境状况，但我国的环境形势仍然非常严峻。例如，在空气污染方面，世界上污染最严重的 10 个城市之中，有 7 个位于中国，中国 500 个大中型城市中，只

---

① 陈伟光，胡当. 绿色信贷对产业升级的作用机理与效应分析 [J]. 江西财经大学学报，2011 (4).

有不到1%达到世界卫生组织空气质量标准，[①] 中央电视台《新闻1+1》2013年1月15日报道，截至14日零时，在全国74个监测城市中，有33个城市的部分监测站点，检测数据都超过了300，这意味着这些城市的空气质量，已经达到了严重污染，严重影响了生产、生活，出现道路管制、机场关闭、企业停工，患病的人大幅增加等情况；在水资源方面，《2011年中国环境状况公报》显示，在淡水资源方面，全国地表水总体为轻度污染，在海洋环境方面，全国近岸海域水质总体一般，但是据媒体报道，在多种污染源作用下，我国浅层地下水污染严重且污染速度快，10年前国土资源部作出了37%的地下水已不能饮用的评价，2011年，全国共200个城市开展了地下水质监测，其中"较差—极差"水质监测点比例为55%。与2010年相比，15.2%的监测点水质在变差。[②]

在资源方面，我国面临着资源匮乏问题。我国的能源资源总量较丰富，石油275856.75万吨，天然气30009.24亿立方米，煤炭3334.8亿吨[③]，位居世界前列，水力资源则居世界第一位。但我国能源资源分布不均衡，石油、天然气资源主要分布在西部、中部、东部地区及海域；煤炭资源主要分布在西北、华北地区；水资源主要分布在西南地区。并且我国能源资源开发难度较大，石油天然气资源埋藏深，地质条件复杂，勘探开发技术要求高；煤炭资源只有少部分可露天开采，大部分储量需要井工开采；未开发的水资源多分布于我国西南部的高山深谷，开发难度大。此外，由于我国人口基数大，人均占有量偏低，我国人均水资源占有量约为世界人均占有量的1/4，煤炭人均可采储量只相当于世界平均水平的55.26%；石油资源人均可采储量，相当于世界平均水平的11.06%；天然气人均可采储量只相当于世界平均水平的4.33%。[④] 我国石油、天然气的需求满足越来越依赖进口。

于商业银行而言，环境资源危机对商业银行的影响主要表现在两个方面。一方面，环境资源危机将直接影响商业银行的日常经营。环境的恶化将影响商业银行员工的健康水平，员工的身体健康水平将影响工作效率，

① 张庆丰. 迈向环境可持续的未来—中华人民共和国国家环境分析 [M]. 北京：中国财政经济出版社，2012：11.
② 新华社. 地下水失守：200城市逾半水质差，出现癌症村[EB/OL]. http://roll.sohu.com.
③ 中华人民共和国国家统计局. 中国统计年鉴2007 [M]. 北京：中国统计出版社，2007.
④ 华北电力技术编辑部. 中国能源现状与展望 [J]. 华北电力技术，2008（2）.

而员工的工作效率将直接影响作为企业组织的商业银行的效率；资源的短缺将影响商业银行日常经营所需的电、水、燃油等能源以及办公用品等材料的供给量与供给价格，从而导致商业银行的运营成本增加。另一方面，更重要的是环境资源危机将影响商业银行的运营收入。例如，在环境危机中，社会公众的身体健康水平下降，医疗等支出将增大，储蓄在商业银行的资金将减少，即商业银行用于放贷获取收益的可用资金将减少；在资源危机中，即使不考虑政府对贷款企业的规制，贷款企业也无法再维系原来靠低成本获取资源的运营模式，市场将对资源进行重新配置，在贷款企业资源使用效率没有提高的情况下，生产同样的产品，企业将付出更高的生产成本，企业的市场竞争力被削弱，企业能够接受的融资成本以及企业的偿债能力都将下降。因此，在环境资源危机加剧的背景下，由于环境资源危机影响到商业银行的切身利益，所以商业银行应开展绿色信贷加强环境资源的保护以保护自身的利益。

4.2.2 商业银行开展绿色信贷以响应公众与政府要求

（1）公众对商业银行绿色信贷的驱动。

中国经济以令世人瞩目的速度快速增长，社会公众的生活水平有了质的提高，但在切身感受到经济发展带来的环境污染、破坏对生活质量的影响后，中国社会公众环保意识显著增强，对环境质量的要求显著提高。根据零点研究咨询集团与新浪环保联合发布的 2010 中国公众环保指数报告显示：73.2% 的公众在经济发展和环境保护中会优先选择环境保护，环保选择具有压倒性优势，另外认为我国环保已经紧迫的公众比例将近九成（86.8%），[①]并且随着公众意识到环境问题的重要性，对环保问题的关注，出现了大量的民间环保组织。这些民间环保组织在环保事业方面发挥的作用和影响力不容忽视。仅截至 2005 年底，我国共有各类环保民间组织 2768 家，其中，政府部门发起成立的环保民间组织 1382 家，占 49.9%；民间自发组成的环保民

---

① 2010 中国公众环保指数发布公众环保行为无突破 [EB/OL]. http：//green. sina. com. cn/2010 - 10 - 12/144521259694. shtml.

间组织 202 家，占 7.2%；学生环保社团及其联合体共 1116 家，占 40.3%。[①]

近年来，社会公众、民间组织抵制污染企业及污染企业的产品在当今中国已非罕事。公众对环境非友好型企业的抵制导致了环境非友好型企业的信贷风险增大。尽管目前社会公众关注更多的是直接造成污染与环境破坏的企业，但是在新闻媒体的宣传及舆论的引导下，社会公众已开始逐渐关注为污染企业提供支持的背后力量，公众可以通过"用脚投票"的方式影响商业银行整体业务的发展，因此作为面向社会公众的商业银行，需要认真考虑自己的行为对社会的影响及对自己未来收益的影响。同时社会公众也要求政府加大对环境违法行为的处罚力度，要求政府营造出一个适居的生活环境。作为由公众供养的政府，政府环境保护的压力也进一步增大。

（2）政府对商业银行开展绿色信贷的驱动。

改革开放后，我国年均经济增长率持续保持在高位，社会面貌发生了翻天覆地的变化，创造了一个令世界瞩目的"中国奇迹"。世界著名经济学家约瑟夫·斯蒂格利茨说"中国经济发展的巨大成功，对整个世界经济产生了重要作用，可以称为世界经济发展的一个模式或者是范例。"[②] 但是我们必须正视的是，我国经济的发展依然没有摆脱高污染、高耗能的粗放型的发展模式，我国经济的飞速发展是以自然资源等生产要素高投入、高消耗为代价的。据统计，中国用占世界 17.15% 的能耗，生产了世界 9.3% 的产值，中国每万美元国内生产总值耗 7.86 吨标准油，而日本为 0.96 吨标准油，德国为 1.6 吨标准油，意大利 1.5 吨标准油，英国 1.18 吨标准油，美国 1.96 吨标准油，甚至墨西哥、巴西、委内瑞拉等国家每万美元国内生产总值的能耗也低于中国。[③] 如果中国继续按粗放型的模式发展下去，美国地球政策研究所所长、联合国环境奖得主莱斯特·布朗预计，尽管到 2031 年中国将和美国一样繁荣，但是中国每天要消耗掉 9900 万桶石油，比 2006 年全球总产量还要多 18%，用纸量也将是 2006 年全球总产量的两倍之多。[④] 中国经济发展将对全世界造成压力。

---

① 中华环保联合会. 中国环保民间组织发展状况报告. 2006（4）.

② 季明. 中国打造世界经济新引擎 [N]. 经济参考报, 2003 - 9 - 23.

③ 数据来源：《国际统计年鉴 2011》或由该年鉴整理所得。

④ 外界评说中国实力和影响：亟待发展"高端"实力 [EB/OL]. http://finance. people. com. cn.

　　中国经济可持续发展面临的资源和环境压力日趋严峻，粗放型模式已经越来越难以为继。中国政府开始谋求经济发展方式的转变，21世纪初，党的十六大提出了走"科技含量高、经济效益好、资源消耗低、环境污染少、人力资源优势充分发挥"新型工业化道路，强调实现工业化的过程中处理好经济发展与人口、资源、环境之间的关系。"十一五"规划提出必须加快转变经济增长方式，"建设低投入、高产出，低消耗、少排放，能循环、可持续的国民经济体系和资源节约型、环境友好型社会。"党的十七大提出要"加快转变经济发展方式，要坚持走中国特色新型工业化道路，经济增长由主要依靠增加物资资源消耗向主要依靠科技进步、劳动等素质提高、管理创新转变。"党的十八大报告肯定了要继续加快转变经济发展方式，使经济发展更多依靠节约资源和循环经济推动。

　　围绕经济发展方式的转变，面对社会公众对环保的需求，政府对环境管理体制不断进行完善。在法律手段方面，目前我国已经形成了以宪法为核心，以环境保护法为基本法，以环境有关法律、法规为主要内容，以我国缔结参加有关国际环境的公约、条约、协定为补充的多角度、多层次的环境保护法律体系；为降低执法成本，在机构设置方面，在2008年，国家环境保护局升格为国家环境保护部，并成了国务院的组成部门，在国家环境保护部成立后，地方上也随即进行了机构调整，2009年黑龙江、山西、甘肃、福建、新疆、西藏等省（区）的环境保护厅相继揭牌成立，目前各省级政府均有环保局（厅）专门负责环境保护行政管理工作，有条件的地市级（含）以下的政府也逐步成立了环保部门或将原有的环保部门列入了政府的组成部门；在环境执法方面，执法能力建设效能显著，在"十一五"期间国家、省、市、县4级环境监察机构网络得到进一步完善，全国已建立3157个环境监察机构，2010年，全国环境监管对象总数和出动监察人员总次数分别比2005年增加37.7%和46.8%；日均检查企业和人均检查企业家（次）分别比2005年增加47%、13.7%；全国重点污染源申报数据库基本建立，排污申报企业数增加13.7%；"十一五"期间全国征收排污费847亿元，比"十五"期间增长103%。① 除法律手段外，我国政府还采用了排污费、污染物排放许可证制度、财政补贴、财政转移支付、排污权交易等经济手段；

---

① 文雯. 全国环境执法能力建设取得突破性进展［N］. 中国环境报，2011-11-30.

采取了环境影响评价、"三同时"、区域限批、流域限批等行政手段。政府环境管理体制的逐步完善，增大了环境非友好型企业的经营风险，环境非友好型企业的经营风险将传递给为其办理信贷业务的银行。

但是现行的行政、法律手段存在直接管理成本高、政策时滞以及依赖各级执行者的个人意志等问题；环境经济手段也存在较大缺陷，其制度设计和决策执行体系仍主要依附于旧的行政管理体系，存在既有经济手段的敛资目的大于激励环保目的、经济手段应用面窄，缺乏深度及改革难度大等诸多问题。[①] 因而在现有经济手段之外，人民银行、银监局等政府组织要求银行业金融机构开展绿色信贷，通过在金融领域设置门槛、建立环境标准，切断违规企业的经济命脉，从源头上控制环境污染与破坏，以配合其他环境手段、政策形成有利于环境保护强大合力，实现经济与环境之间的协调发展。

商业银行开展绿色信贷以响应公众与政府要求的机制传导如图 4.7 所示。

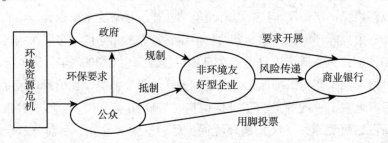

图 4.7　公众、政府共同驱动商业银行绿色信贷

---

① 陈好孟. 基于环境保护的我国绿色信贷制度研究 ［D］. 中国海洋大学, 2010.

第5章

商业银行绿色信贷行为的机理一：
控制非环境友好型信贷的行为分析

　　商业银行绿色信贷既包括控制非环境友好型信贷，又包括支持环境友好型信贷。但非环境友好型信贷与环境友好型信贷面临着不同的现实条件，具有不同的运行规律。为系统性地研究商业银行绿色信贷，应分别对商业银行控制非环境友好型信贷与支持环境友好型信贷进行研究。本章研究商业银行控制非环境友好型信贷的行为机理，从理论上寻求推动商业银行控制非环境友好型信贷的内生动力与关键因素。

5.1　有限理性下的信贷行为选择：
从预期效用理论到行为经济学

　　现实中的商业银行是有限理性的，而且面临着信息不对称的客观情况。在这种情况下商业银行将会做出怎样的信贷行为选择？本节将在学者们研究的基础上进一步用行为经济学分析商业银行的信贷行为。

5.1.1　典型案例

　　虽然不少银行对外公布退出了部分"两高一剩"非环境友好型行业贷款，然而"两高一剩"行业总的贷款余额仍然很大，"两高一剩"行业的贷款总额仍在增长。① 下面用两个案例对比说明，现实中商业银行有时会愿意选择非环境友好型贷款。

成都有一户采用食用废油及其他废弃油脂作原材料生产生物柴油的企业，可核实的资产规模为 4087 万元，负债为 1830 万元，其中银行贷款为 0 元，年销售额 5182 万元，具有一定的市场发展前景。该企业拟在 2014 年扩大生产规模，因此在 2013 年 11 月向某股份制银行申请贷款 400 万元，担保方式为成都高新西区的工业厂房抵押，综合成本 13%，但是至 2014 年 2 月下旬，该股份制银行仍未进行尽职调查，该股份制银行告诉企业年初先要确保大企业、大型项目信贷投放。

同是该家股份制银行，乐山一个生产建筑陶瓷的企业集团于 2013 年 12 月中旬递交了申贷资料，该企业集团资产规模约 8 亿元，负债约 4.2 亿元，其中银行借款为 2.3 亿元，年销售额 9.5 亿元，申请融资规模为 7000 万元，担保方式为乐山下属县的工业厂房抵押，综合成本 9.5%，我们了解到该企业生产要耗费大量的天然气和电，而且整个生产将产生大量的烟尘和粉尘，但该股份制银行 2014 年 1 月 10 日完成了放款操作。

同样的一家银行，属于"两高一剩"非环境友好型行业的陶瓷企业资产规模、销售额、融资额度大，银行迅速完成了贷款业务，而节能减排的环境友好型企业由于规模小，融资小，贷款迟迟未被批复。那么从企业规模的角度看，基于收益与成本，商业银行为什么愿意选择非环境友好型信贷？我们将进行以下经济学分析。

5.1.2　传统预期效用理论框架下信贷行为的选择

20 世纪 50 年代，在公理化假设的基础上，数学家冯·诺伊曼（Von Neumann）和经济学家摩根斯坦（Morgenstern）运用逻辑与数学工具，建立了分析理性人在不确定性条件下进行选择的框架，该理论给出了风险环境下行为决策的简单精确描述，是行为主体行为决策的重要理论支撑，所以采用该理论分析商业银行绿色信贷业务的选择具有重要的理论与现实意义，那么

---

① 2011 年末全国 19 家主要银行业金融机构"两高一剩"行业贷款增速比全部贷款平均增速低 3.3 个百分点，说明"两高一剩"行业贷款仍在持续增长。

在该理论框架下，商业银行应该有怎么样的行为选择？

钢铁、铜、铝、铅锌、水泥、电力、电石、焦炭、铁合金等行业是典型的高污染、高耗能的非环境友好型行业，但对银行来说，这些行业具备单户企业资金需求量大的特点，数据显示，农业银行 2011 年退出的"两高一剩"行业客户户均贷款余额为 4042 万元。① 在环境友好型贷款方面，中信银行 2009 年共支持 208 个节能环保贷款客户，贷款余额 125.21 亿元，户均6019 万元。华夏银行 2009 年为 78 家企业发放节能减排贷款，贷款余额58.58 亿元，户均 7510 万元。② 被誉为中国首家赤道银行的兴业银行 2010年累计发放节能减排贷款 1012 笔，金额 478.68 亿元，户均贷款余额为4730 万元。上述户均贷款数据说明目前规模较大的节能减排项目更受商业银行的青睐。但实际上，中小型的节能减排项目也需要商业银行的支持。中小型节能减排项目的数量众多，因为中小型的节能减排项目的主体主要是中小企业③，据相关统计，我国中小企业数量占企业总数比例高达89%，并且进入 21 世纪以来，我国中小企业的能源消耗量约占全部工业能源消耗量的 50%，与大型企业能源消耗量基本持平④。尽管节能减排的压力日渐增大，但这些数量众多的中小节能减排项目却面临银行融资难问题，而且从某种程度上讲，目前银行已经支持的节能减排项目仅占有融资需求的节能项目的很小比重。

因此，为方便讨论，我们假设银行的贷款额度为 1 亿元，银行贷款只有两种选择：一种选择是贷款给"两高一剩"非环境友好型行业，并只能一次性贷给一户企业；另一种是贷款给节能减排的环境友好型项目，总计贷给10 个节能减排项目，每个节能减排项目的贷款额度为 1000 万元，且每个节能减排项目的主体方互不关联，即风险独立。由于"两高一剩"企业资金需求量大，容易受到众多银行的追捧，因此我们假设银行与该企业的议价能力较弱，银行的贷款利率为人民银行公布的贷款基准利率，基准利率假设为

---

① 农业银行从"两高一剩"行业退出信贷 444.27 亿元［EB/OL］. http://www.microbell. com/ecodetail_196480.html.

② 于晓刚. 中国银行业环境记录 (2010)［M］. 云南：云南科技出版社，2011：20.

③ 国际金融公司根据中国财政部的要求，针对国内工商企业及事业单位提高能源效率，利用洁净能源及开发可再生能源项目而设计的中国节能减排融资项目提供的单笔贷款金额原则上不超过1600 万元。

④ 张静，曾金玲等. 中国私营中小企业成长的现实障碍［J］. 宏观经济研究，2008 (5).

6%。节能减排项目贷款额度较小且银行对该领域不熟悉，银行议价能力较强，综合存款回报等因素后，假设贷款利率上浮比例为50%。由于节能减排项目的主体是中小企业，实力较弱，违约概率相对较高，因而假设节能减排项目贷款的违约概率为3%，而"两高一剩"行业的企业规模较大，实力较强，假设贷款违约概率为0.5%。无论何种贷款主体违约，银行最终损失贷款本金的50%，且不管金额大小，银行完成任何一笔贷款需要耗费的固定成本为5万元，并不再考虑资金成本等因素，所有贷款的贷款期限均为1年。

传统预期效用理论的分析结果：

假设银行对"两高一剩"企业发放贷款的预期收益为 E_1，方差为 σ_1，对10户节能减排项目发放贷款的预期收益为 E_2，方差为 σ_2

对"两高一剩"企业发放贷款的预期收益：

$$E_1 = 99.5\% \times (10000 \times 6\% - 5) - 0.5\% \times (10000 \times 50\% + 5)$$
$$= 592 - 25 = 567$$

对"两高一剩"企业发放贷款的方差：

$$\sigma_1 = 99.5\% \times (10000 \times 6\% - 5 - 567)^2 + 0.5\% \times (-10000 \times 50\%$$
$$- 5 - 567)^2 = 780 + 155236 = 156016$$

对节能减排项目发放贷款的预期收益：

$$E_2 = 10 \times [97\% \times (1000 \times 9\% - 5) - 3\% \times (1000 \times 50\% + 5)]$$
$$= 10 \times [82.45 - 15.15] = 673$$

由于各节能减排项目风险相互独立，所以：

$$\sigma_2 = 10 \times [97\% \times (1000 \times 9\% - 5 - 67.3)^2 + 3\% \times (-1000 \times 50\%$$
$$- 5 - 67.3)^2] = 10 \times (303.89 + 9825.82) = 101297$$

从上述计算结果可以看出银行将同样金额的款项，贷给属于"两高一剩"的非环境友好型企业获得的收益不如贷给节能减排的环境友好型项目获得的收益。而且由 $\sigma_1 > \sigma_2$ 可知，贷款给10个节能减排项目，由于分散了风险，反而有利于保护商业银行的债权。那么按照传统预期效用理论的解释，作为理性经济人的商业银行在追求自身利益最大化的过程中应主动为节能减排的环境友好型项目提供贷款，并减少对属于"两高一剩"的非环境友好型企业的贷款，即绿色信贷是商业银行的必然选择，但显然这与现实情况是悖反的。

5.1.3　行为经济学分析框架下信贷行为的选择

行为经济学作为现代经济学的一个新兴领域正在快速发展，它以决策人的有限理性为前提，着重研究决策人的心理与行为决策。它运用心理学的理论与方法，回答了标准经济理论无法解释的市场异象，促进了现代经济理论研究的发展。本节尝试用行为经济学的前景理论及羊群行为理论分析商业银行开展绿色信贷的相关决策，回答预期效用理论无法解释的悖论。

（1）基于前景理论的分析。

1979 年，基于心理学关于人们偏好的研究，克赫曼、特沃斯基在西蒙"有限理性"的基础上提出了"前景理论"，该理论详细描述了人们风险决策的心理过程，它采用两种函数来描述人的选择行为：一种是价值函数，替代期望效用理论中的效用函数；另一种是决策权重函数，用决策权重替代了期望效用函数中的概率。[①] 价值函数是主观的，人们考虑的不是财富的最终状况，而是财富的变化情况，它有一个财富增加或减少的参照点，为便于讨论，本书假设商业银行发放贷款的参照点为未发放贷款前的资产情况。决策权重并不是概率，但它与客观概率相联系，在低概率区域决策权重函数是次可加函数，即决策权重大于客观概率，因此按照该理论，商业银行往往高估节能减排项目的违约概率，假设节能减排项目违约概率由 3% 被夸大为 8%。当概率非常接近于 0 或 1 时，个人对概率的评价处于不稳定的突变状态，此时权重常常被无端忽视或者突然放大。[②] 由于"两高一剩"企业的违约概率 0.5% 非常接近 0，所以商业银行在发放贷款时将其视为不可能事件，违约的权重被忽视，归还贷款的权重放大为 1。

对"两高一剩"企业发放贷款的总效用：

$$U_1 = 100\% \times (10000 \times 6\% - 5) = 595$$

对"两高一剩"企业发放贷款的风险：$\sigma_1^* = 0$

---

① 董志勇. 行为经济学 [M]. 北京：北京大学出版社，2005：77.
② 陆剑清. 行为金融学 [M]. 上海：立信会计出版社，2009：129.

对节能减排项目发放贷款的总效用：

$$U_2 = 10 \times [\,92\% \times (1000 \times 9\% - 5) - 8\% \times (1000 \times 50\% + 5)\,]$$
$$= 10 \times (78.2 - 40.4) = 378$$

对节能减排项目发放贷款的风险：

$$\sigma_2^* = 10 \times [\,92\% \times (1000 \times 9\% - 5 - 37.8)^2 + 8\% \times (-1000 \times 50\%$$
$$-5 - 37.8)^2\,] = 10 \times (1502 + 23571) = 250730$$

从上述算式可以看到，对"两高一剩"企业发放贷款的收益大于对节能减排项目发放贷款的收益，而且对"两高一剩"企业发放贷款的风险远低于对节能减排项目发放贷款的风险。因此按照"前景理论"，商业银行的最优选择是向"两高一剩"非环境友好型企业发放贷款，而拒绝节能减排环境友好型项目的贷款需求。这似乎正切合现实情况。

在实际信贷业务中，尽管进行尽职调查是银行贷款发放前的必备工作，但由于受制于成本等因素的限制，银行无法从根本上解决信息不对称的问题，因而很难准确把握一家企业或一个项目未来的还款概率。而且在我国商业银行发展历史上，不良贷款中很多是中小企业贷款，因此现有银行信贷工作人员就具有了"锚定心理"，在对节能减排项目违约概率进行估计时，常常过于看重过去那些显著的违约历史，也就是说银行信贷工作人员容易把过去那些中小企业的违约历史当作现在节能减排贷款的参照系，主观上夸大、歪曲了这些节能减排项目的违约概率，过分突出了节能减排项目信贷存在的风险，而将"两高一剩"企业不能还款的小概率事件视为不可能事件，因此商业银行的信贷资源不自觉地向"两高一剩"企业配置。

值得关注的是，信贷工作人员的"寻租"是造成商业银行历史坏账的一个重要原因，随着银行业的规范发展，商业银行逐渐建立起了信贷追责制度，对于出现信贷风险的信贷工作人员，商业银行将责成其追回银行受到的损失，并且其收入、职业升迁的途径也将因为贷款出现风险受到影响。但在现有的银行业竞争环境中，贷向"两高一剩"企业的贷款出现风险对信贷工作人员个人的影响远小于节能减排项目贷款的出现风险对信贷工作人员个人的影响，因为银行实际上将"两高一剩"企业出现的风险与节能减排项目出现的风险分成两个部分看待，也就是说分成两个心理账户，并且对这两个不同的心理账户有不同的对应思路。原因是"两高一剩"企业规模大，其一般与多家银行建立了信贷关系，而且由于"两高一剩"企业资金需求量大，对银行综合回报较高，银行对"两高一剩"企业的营销往往是"至上而下"的营销，即由银行中高层与"两高一剩"企业的中高层谈妥相关信贷事宜后，再交由信贷工作人员处理后续事宜，若"两高一剩"企业出现风险银行实行追责，由于受损的不止一家银行而且涉及银行中高层管理人员，因此商业银行在追责时的参照点是众人都犯错，所以不再过多纠结于具体信贷工作人员的过失。但若节能减排项目贷款出现风险，银行的追责工作就将从具体信贷工作人员的主观上找问题。在这种体系下，由于损失厌恶的存在，信贷工作人员将采取措施使自身损失尽量不再发生，所以选择不开展绿色信贷业务就成为其占优策略。

（2）基于"羊群行为"的分析。

"羊群行为"是一种受群体压力影响下的特殊的非理性行为，它是指决策者行为受到其他人的影响，模仿其他人的决策，或不基于自己挖掘的信息，过度依靠舆论信息（即市场中的压倒多数的观念）的行为。商业银行不愿开展绿色信贷就是"羊群行为"在银行经营管理领域的具体表现。

在一项投资决策中，如果投资人能掌握被投资主体所有的有用信息，那么它即使不观察他人的行为，也能保证决策效果的最优。但这只是理想中的情况，实际上投资人与被投资主体之间存在信息不对称，许多有价值的信息并未被投资人所获悉，而且各投资人获得或处理信息的能力存在不小的差距。在这种信息不对称的情况下，投资人没有关于是否该投资的充分信息，对通过自身拥有的私人信息做出理性判断也缺乏信心，但他可以通过观察其他投资主体的投资行为来推测其他主体拥有的私有信息，这时就容易形成从众行为，但这种随大流的投资行为，也算是符合最大化效用原则的投资决策。具体来说，四大国有银行是我国商业银行的龙头，在信息获取、信息处理、技术手段、风险控制等方面，是其他商业银行所不及的，多年来，四大国有银行投向"两高一剩"的非环境友好型贷款获取了较高的收益，并且违约率相对较低。他们将贷款投向"两高一剩"企业，就会对其他中小商业银行形成群体压力，中小商业银行在无法掌握充分的信息做出理性决策的情况下，趋向于认为大银行在贷款决策时拥有比自己更充分的信息，因此中小银行在贷款决策时，就忽视了自己拥有的有价值的私人信息，而屈从于群体压力，选择跟随大银行的贷款投向，将贷款贷给"两高一剩"企业。同理，当四大国有银行不愿意给众多的节能减排项目贷款时，中小商业银行也就跟随四大国有银行的抉择。

另外基于声誉的考虑，也是商业银行"羊群行为"的重要原因。对商业银行来说，如果它怀疑自身对贷款对象的选择能力，那么与其他银行的选择保持一致将是理性的行为，这样至少可以保持平均的经营业绩而不至于损害自己的品牌形象。因为如果个别商业银行将贷款用于支持节能减排项目，而其他商业银行的贷款却投向"两高一剩"企业，若支持节能减排项目的贷款出现风险，政府、公众关注的焦点将集中于这家银行，银行的经营能力将遭受质疑，一系列负面效应将接踵而来，因此对银行的外部损害较大；但若从众，将贷款发放给"两高一剩"企业，若贷款正常归还，那么所有的银行都是明智的，若贷款发生违约，即使事实已经证明商业银行的决策有问题，但因为出现问题的银行数量多，银行的绝对声誉受损，但是其相对声誉并未发生任何变化。

5.2　控制非环境友好型信贷的动机、成本、临界点与行为过程

5.2.1　非环境友好型信贷面临的环境风险

（1）对公融资的种类及区别。

商业银行对公信贷融资主要分为两类：公司融资与项目融资。公司融资是指由现有企业作为主体筹措资金，完成项目投资建设并偿还债务的融资形式。而项目融资是指贷款资金用于建设特定项目，还款资金来源于该项目的收益的融资形式。对商业银行而言，两种融资方式的区别主要在于以下几个方面。

第一，贷款对象不同。在公司融资形式下，贷款的主体是已经存在的公司，该公司在贷款之前应该具备一定的经营业绩、信用水平与相应的还款能力，而项目融资的贷款主体是为该项目运营而设立的组织，一般无过往经营记录，或者即使不是新设立的组织，但是其已有的经营无法支撑贷款需求，若项目投资失败，该组织可能并不具备相应的还款能力。

第二，考察的重点不同。公司融资中，公司未来的现金流及资产是偿还

贷款的主要来源，因此商业银行除关注具体贷款项目的投资前景外还将重点评估该借款人的合法性、生产经营状况、信用记录、持续经营能力等；在项目贷款中，由于项目公司的特殊性，因此项目公司本身并不是商业银行重点考察的对象，商业银行围绕偿债能力，关注的是项目可行性、财务可行性及还款来源可靠性等方面的内容，项目融资的额度、融资成本等贷款要素与项目建成后未来产生的现金流量和资产价值高度相关。

第三，还款来源不同。公司融资中，借款人的还款来源除贷款资金投入项目产生的收益还有公司其他项目产生的收益，并且借款人的资产还将作为第二还款来源被商业银行锁定；而项目融资的还款资金来源主要是项目建成后投入运营产生的收益及项目本身的资产，即项目融资的还款来源主要是限制在所融资项目的收益和资产范围内。

第四，追索性质不同。公司融资中，商业银行的追索权具有完全性，因为一旦借款人违约未偿还商业银行的贷款，借款人的整个资产都可能用于偿还债务；而项目融资方式如前所述，是就项目论项目，债权人除和签约方另有特别约定外，不能追索项目自身以外的任何形式的资产，也就是说项目融资完全依赖项目未来的经济强度。①

（2）需要重视的环境风险。

长久以来，环境问题一直被认为是企业面临的风险，但从 20 世纪 70 年代以来，环境问题对银行信贷业务的影响开始凸显，很多银行因此遭受大额损失，显然作为与企业经营活动密切联系的银行业为了保证信贷投资活动的效益和资金安全，对投资企业和投资项目的环境问题和环境风险的重视是必然的战略选择。②

① 公司融资与项目融资共同的环境风险。尽管公司融资与项目融资在贷款对象、考察重点、还款来源、追索性质等方面存在差异，但他们存在共同的环境风险：

第一，公司（项目）运营产生的环境风险影响贷款资产质量。贷款的偿还需要借款主体有充足的现金流，现金流的充裕程度将直接商业银行贷款资产的质量。环境问题对借款主体现金流的影响主要有几种：其一，当借款

---

① 于淑娟．简析项目融资的运作 ［J］．金融理论与实践，2001（12）.

② 原庆丹，沈晓悦等．绿色信贷与环境责任保险 ［M］．北京：中国环境科学出版社，2012：14.

主体的产品、服务销售因环境问题而遭到消费者的抵制时，产品等存货无法转换为货币，因此借款主体可能采取低价、折价销售策略或赊销策略，低价销售策略导致企业盈利能力降低，回笼的现金流减少，赊销策略则导致企业应收账款的增大，财务风险上升。其二，如果造成环境问题，借款人产生污染或者高能耗的机器设备的使用将会受到限制，借款人必须投入资金对生产设备进行升级或更换。其三，环境法律法规的执行必然会增加借款人的支出，例如，借款人的行为对周边环境、居民生活造成了严重影响，政府要求借款人必须对造成的损失进行补偿，如果补偿金额较大，借款人的偿债能力肯定会受到影响。其四，当借款人的交易对手造成环境问题以致出现产品滞销、进行大规模技术改造、被政府部门关停整改等情况时，借款人的债权必然受到影响。

第二，环境污染造成抵（质）押品贬值或毁损。在借款人违约或破产无法偿还贷款时，银行将处置抵（质）押品，但某些行业，环境事故将污染抵（质）押物，如化工、油漆等行业，污染物的泄漏引发的环境事故将直接污染作为抵押物的生产用地。被污染的抵（质）押物在处置时因为存在重大瑕疵，将出现变现困难或大幅贬值的情况，为处置被污染的抵（质）押物，银行需要投入人力、物力、财力等成本对污染进行处理，但是抵（质）押物的变现价值可能低于银行的贷款资金与污染处理成本之和，银行的贷款债权的终极风险无法被覆盖，银行将遭受损失，甚至在极端情况下，由于污染处理成本过高，银行将会直接放弃处置抵（质）押物的权利。

第三，声誉风险。商业银行是高度依赖商业信誉进行经营的机构，构建良好的商业声誉需要商业银行多年的积累。不良的声誉则会影响商业银行的客户基础，从而影响其盈利能力。巴塞尔新资本协议将声誉风险列为商业银行面临的几大风险之一。随着信息技术的进步，网络等新媒体的飞速发展，负面消息传播的速度更快、广度更大，因此若商业银行与发生环境风险的借款人相关联就会形成声誉风险，尤其是在我国商业银行暴利、垄断、乱收费等已饱受社会诟病的情况下，商业银行在贷款项目风险审查上有失谨慎而导致的环境及社会的任何不良影响都可能会引起社会各界的关注，并遭到严厉的抨击。

② 项目融资独有的环境风险。由于项目融资中借款人对银行贷款的偿还是在项目建成投入运营后才开始的，若项目造成的环境污染或环境破坏触

及了利益相关者的利益，遭到了他们的强烈抵制，而项目公司等又未能处理好存在的矛盾，导致项目被迫迁移或停止，银行信贷将面临风险。比较典型的例子如俄罗斯的萨哈林 2 号油气项目，该项目包括海上石油平台、海上和陆地输油管道、陆地炼油工厂、液化天然气厂和石油天然气出口设施等众多子项目，该项目的建成将影响濒危西部灰鲸、大马哈鱼的生存，并将向 Aniva 湾排放 100 万吨的废水，威胁渔民的生活，该项目的开工遭到众多利益相关者的抗议，最终已经完成 80% 工作量的萨哈林项目被停止建设，而为该项目的提供贷款的欧洲复兴开发银行、瑞士信贷银行、摩根大通银行、瑞穗银行和荷兰银行等六家银行都遭受了不同程度的损失。

5.2.2 控制非环境友好型信贷的动机

商业银行是为了获得利润而经营风险的企业组织，所以必须把握风险在商业银行经营中的特点。在经济发展的初期，社会关注的焦点是如何摆脱贫困以及获得快速的经济增长，初期的环境污染程度尚轻再加上整个社会的环境保护意识较淡薄，从而政府、公众都不重视环境保护，即使是过度消耗资源、能源以及排放危险物质较多的企业也不易引起关注，更不用说只直接用电、消耗办公耗材的商业银行了。粗放型的经济增长方式在一定历史时期具有一定的合理性，但在资源稀缺性更加凸显的时代背景下，粗放型增长方式高昂的边际成本导致资源配置效率的低下。在新时期，中国政府已明确提出要加快产业结构调整，转变经济增长方式，并出台了相关政策、措施予以落实。因此传统的高污染、高耗能及产能过剩企业面临着关停、改造、升级等问题。商业银行若与该类企业继续发生信贷关系，直接面临着信贷资产质量下降的风险甚至可能还会有连带赔偿责任的风险，此外因对环境污染、破坏型企业发放贷款而形成的负面影响一旦被舆论爆出，还会间接影响商业银行与其他客户的业务交集，以及被监管机构处罚。出于规避风险的目的，商业银行有了控制非环境友好型信贷的动机。

5.2.3 控制非环境友好型信贷的成本

一笔信贷业务的成功需要商业银行对融资主体进行详尽调查以了解融资

主体的必要信息，商业银行为此至少需要付出人力成本、时间成本等，即信息的获取是需要成本的。而对规模较大的融资主体，在竞争环境下商业银行在调查之前还可能需要付出营销成本。如果商业银行与融资主体之间有持续的信贷交易，商业银行在与融资主体反复信贷交易过程中，双方之间的关系会更密切，信息的不对称程度将进一步降低，商业银行对融资主体的监督成本也会进一步下降。并且商业银行还能形成对融资主体的信息垄断，提高竞争者的竞争成本，从而减少竞争者的数量。绿色信贷要求商业银行对非环境友好型融资主体进行拒贷、限贷或提高贷款利率，但是当商业银行直接拒绝为原有非环境友好型融资主体办理信贷业务或压缩信贷额度，或因惩罚性高利率导致非环境友好型融资主体主动或被动解除与商业银行的合作关系，这对商业银行而言，都是一种直接损失。因为，商业银行损失掉了一批客户群体，而且商业银行为与这些企业合作产生的一系列成本、建立的良好关系等都将成为沉没成本。即使商业银行与非环境友好型的融资主体没有完全解除融资关系，限贷造成非环境友好型融资主体资金链紧张，高利率激励融资主体改变资金用途，有可能使银行信贷资金面临更大的风险，让银行的贷款本金也成为沉没成本。

5.2.4 控制非环境友好型信贷的临界点

如上面所述，商业银行开展非环境友好型信贷面临一系列的环境风险。商业银行是理性的经济人，商业银行开展非环境友好型信贷必定会衡量其收益与风险，商业银行有规避风险的动机不等于商业银行会规避风险，若商业银行面临的风险在能承受的范围内，商业银行仍然将开展非环境友好型信贷。但若环境风险不可控，则会在一定条件下造成商业银行的损失。我们将非环境友好型信贷面临的环境风险对商业银行造成的损失记为 A。商业银行停止非环境友好型信贷，此前的投入就将成为沉没成本，这对商业银行而言仍然意味着损失，我们停止非环境友好型信贷形成的沉没成本记为 B。现在存在三种情况。

第一种情况是 A > B，即开展环境非友好型信贷对商业银行造成的损失大于停止非环境友好型信贷形成的沉没成本，为避免更大的损失，理性的商业银行应该停止发放非环境友好型信贷。

第二种情况是 A = B，即开展环境非友好型信贷对商业银行造成的损失等于停止非环境友好型信贷形成的沉没成本，此时开展非环境友好型信贷与停止非环境友好型信贷对商业银行而言将具有相同的损失，商业银行既可以选择开展非环境友好型信贷也可选择停止非环境友好型信贷。

第三种情况是 A < B，即开展环境非友好型信贷对商业银行造成的损失小于停止非环境友好型信贷形成的沉没成本，理性的商业银行肯定会选择开展非环境友好型信贷。

从上述分析可以知道，当非环境友好型信贷对商业银行造成的损失与停止非环境友好型信贷形成的沉没成本相等时即是商业银行控制非环境友好型信贷的临界点。要控制非环境友好型信贷就必须应使商业银行因环境风险造成的损失大于商业银行的沉没成本。而商业银行面临的环境风险要转化为商业银行的实际损失，非环境友好型借款人的违约率则是关键变量，因为只有借款人实际违约了才会对商业银行造成损失，因此如何提升非环境友好型借款人的违约率对推动商业银行控制非环境友好型信贷将具有决定性的意义。

5.2.5 控制非环境友好型信贷的行为过程

商业银行对非环境友好型信贷的控制受制于多种因素，因此不可能一蹴而就。总结发达国家商业银行的实践经验，商业银行对非环境友好型信贷的控制可以分为四个阶段，如图 5.1 所示。

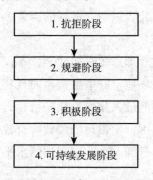

图 5.1 商业银行"两高一剩"信贷行为发展

（1）抗拒阶段。

在这一阶段，商业银行没有主动控制非环境友好型信贷承担环境责任的意识，认为只要自己没有直接破坏环境就是友好的企业公民，对其贷款户的环境破坏行为"视而不见"，即使认识到信贷与环境污染、破坏间的逻辑联系，在利益驱动下，也会选择保持沉默。对于政府的环境法律、法规及相关政策，商业银行选择消极应对的态度，甚至可能尝试抵制，因为银行认为若不这样，一方面会丧失掉部分信贷客户，另一方面部分客户应对环境管理将增大支出，效益下降，增大了银行贷款的风险。另外，银行建立系统的绿色信贷管理体系也需要付出成本。

（2）规避阶段。

随着环境的不断恶化，有关环境的法律、法规越来越多，执法部门的执法也越来越严格，企业经营受到更多制约。一些银行因企业造成的环境污染或环境破坏而遭受了直接或间接的损失，因此控制非环境友好型信贷，进行环境风险管理成为商业银行开展信贷业务不得不正视的问题。商业银行在信贷分析中加入了企业经营对环境影响的考察，逐步形成了比较系统的环境风险管理方法，采用比较专业化的分析工具，并开始拒绝出现或会出现环境问题的企业的贷款申请。但银行依旧把环境风险当成一种"负担"，只是想着如何更加完善环境风险系统，以尽可能有效地规避这一风险。[①]

（3）积极阶段。

商业银行对非环境友好型企业环境危害及造成的信贷风险的认识更加深刻。基于履行环境责任加强环境保护的目的，商业银行开始采取积极措施控制非环境友好型企业的融资需求，并将环境成本纳入其价格体系。商业银行还就其环境行为主动发布公告以树立良好的声誉。

（4）可持续发展阶段。

商业银行的绿色信贷管理系统更加健全，不仅设置了专门的绿色信贷管理机构与人员专门管控非环境友好型融资，而且建立了独立的环境风险评估体系。商业银行不再以利润最大化作为战略目标，而把当代人与子孙后代的权益纳入其经营的考量范围，使银行的经营符合社会的可持续发展要求。此时，整个经济系统已经上升到一个非常理想的水平，社会、经济与自然环境保持了和谐关系。

---

① 刘勇. 商业银行环境风险管理：动因与演进分析 [J]. 金融理论与实践，2008（5）.

5.3　法制与市场条件对非环境友好型信贷的影响

从 5.1 节的分析可知，商业银行主观看低非环境友好型融资主体的违约率，是影响信贷投放的重要原因。违约率又是影响商业银行控制非环境友好型信贷的关键变量。并且从成本、收益看，商业银行控制非环境友好型信贷的在短期内很难对商业银行的发展有正效应，要求商业银行控制"两高一剩"信贷投放存在逻辑上的障碍。因此，要求商业银行控制非环境友好型信贷仅依赖于商业银行的自律难以取得良好的效果。为促进商业银行控制非环境友好型信贷，建立主动承担环境责任的长效机制，需有构建约束型的市场条件以提高非环境友好型融资主体的违约率从而增大商业银行因环境风险造成的损失，因此本节将分析市场条件对商业银行环境友好型信贷的行为影响。

5.3.1　法制环境的影响

在市场经济条件下，法无禁止即可为，即只要法律没有禁止，市场主体就可以采取相应的行动。市场主体的环境污染、环境破坏行为破坏了生态系统的稳定性，扰乱了人类的正常生活条件，造成了社会福利的损失。因此为约束市场主体的这种造成负外部性的行为，首先，法律应将环境污染、环境破坏等规定为违法行为，从法律上禁止主体采取该类型的行为，并根据主观性、严重程度等对造成的环境污染、环境破坏行为规定主体应当承担的经济、刑事法律责任即明确违法主体的违法成本，让对环境污染、破坏行为的惩治有章可循。其次，徒法不足以自行，要对环境违法主体起到威慑、惩戒作用，必须有强有力的执行力为保障，以此提高行为主体遵纪守法的自觉性。

就商业银行控制非环境友好型主体的信贷融资而言，在良好的法制环境下，借款主体的不良环境行为若触碰了法律的红线，将受到法律的严惩，承担相应的违法成本，当违法成本达到一定程度，借款主体承担的违法成本会转化为商业银行的信贷风险乃至信贷损失。因此，商业银行基于自身风险控制的考虑，对环境污染、环境破坏严重或较严重的融资主体从申贷开始就会拒绝，对有一定环境污染、环境破坏的融资主体的额度申请不会全额满足或提高贷款利率以覆盖风险，在贷后也会关注融资主体的环境行为，防止融资主体有过于出格的不良环境行为。但是若缺乏法律对环境违法行为的严格规制、约束，借款主体面临的风险降低，传导给银行的风险就会降低，银行就可能做出发放非环境友好型信贷的行为决策。

5.3.2 公众环保意识的影响

法制的健全、完善不是一蹴而就的事，需要时间的积淀。当法律受制于某些因素不能有效惩戒环境污染、破坏的行为人，以致无法影响商业银行信贷投放时或当政府不合理的产业发展导向误导银行信贷投放时，公众对非环境友好型企业的态度将影响商业银行在控制非环境友好型信贷方面的表现。首先，公众环保意识增强后会抵制环境不友好型企业的产品，而这将影响银行的信贷投放。因为只有借款人的产品能够实现有效销售，借款人的第一还款来源才有保障，当公众抵制环境不友好型企业的产品时，企业产品销量会下降，这直接意味着借款人偿债能力的下降，商业银行出于自身风险控制的诉求，有主动拒绝借款人融资申请或压缩借款人的信贷额度的意愿。这种通过市场方式促进商业银行控制非环境友好型信贷的方式更能实现商业银行信贷资源的有效配置。其次，随着公众环境意识的增强，公众会关心商业银行在环境保护方面的表现。信息社会的发展让商业银行在环境方面的表现越来越透明，社会公众的看法会对商业银行形成舆论压力，如紫金矿业污染事件就将为其贷款的银行推向了风口浪尖，由于任何一个社会公众都可能成为商业银行的客户，在数量众多的商业银行中，社会公众可以选择声誉较好的商业银行接受服务，因此商业银行不得不考虑其作为其利益相关者的社会公众的看法。

5.3.3 政府产业发展导向的影响

商业银行面对着不同产业的客户。为防范信贷风险，商业银行在信贷业务的开展中一般是先选择产业再选择企业。但商业银行若要深入剖析每个产业才做出客户群体选择具有较高的成本。为降低选择成本，商业银行在选择产业群体方面的捷径是依赖于政府的产业发展导向，因为商业银行认为政府比商业银行拥有更多的产业发展信息，而且政府具有主导产业发展的天然优势。对政府鼓励、支持类的产业，商业银行愿意匹配更多的信贷资源，即政府的产业发展导向对商业银行的信贷资金具有导向作用。

因此，政府的产业发展导向对商业银行控制非环境友好型信贷具有重要的影响作用。尤其是地方政府的产业发展导向，其作用在某种程度上对商业银行信贷投向的影响表现得更为突出。因为商业银行的信贷业务一般都是属地化发展，即商业银行在某一地区的分支行的信贷业务主要集中在该地区，受制于人才、视野、信息的限制，商业银行的分支机构更难把握产业发展的趋势，只能更多地依赖于地方政府的产业发展信息，如果在该地区，政府的产业发展导向有非环境友好型产业，商业银行基于政府具有较强的把控经济走势能力，保护当地优势产业，给予优惠政策等利好的判断，就会降低该类产业中企业违约概率的估计，为这些企业办理信贷业务。例如，前几年，在产能过剩的情况下，不少地方政府还大力鼓励发展光伏产业的导向就让不少商业银行的信贷资金集中进入该产业，最终陷入了困境。所以政府正确的产业发展导向对引导商业银行控制非环境友好型信贷具有重要的作用。

5.4 政府监管对银行控制非环境友好型信贷的影响

绿色信贷自提出以来未取得预期效果的一个非常重要的原因是：绿色信贷利益主体之间的行为特征及其利益关系影响了商业银行绿色信贷的开展。因为绿色信贷的开展涉及银行、企业、地方政府、中央政府、社会公众等多方面的利益，在存在利益冲突的情况下，由于目标函数的不同，各理性的主体将从自身利益最大化的角度选择最优策略，但是个人利益的最优并不等于整体福利的最大化，外部性的存在降低了整体福利水平。针对利益主体之间错综复杂的关系，学者们构建博弈模型将主体之间的利益关系理性化、抽象化，以研究利益主体行为发展变化的逻辑，如李新（2008）构建模型研究政府与银行、企业与银行的行为关系；曹洪军（2010）研究了污染企业与银行之间的博弈关系；林心颖（2011）讨论了银行、企业、地方政府和中央政府四方的博弈行为；学者们的研究为优化绿色信贷机制提供了理论依据及现实参考。

但通过梳理文献，我们发现鲜有文献研究商业银行与其监管机构之间的博弈关系。在绿色信贷的开展中，在市场不完善，市场不能有效地配置资源的情况下，需要政府干预的存在，而且即使有健全的约束型的市场环境，若是面对借款人存单质押贷款等低风险业务的需求，商业银行难免有对非环境友好型借款人发放贷款的冲动，因此研究政府监管机构的监管对商业银行控制非环境友好型信贷的影响就非常有必要。

学者们在已有的绿色信贷博弈研究中应用的经典博弈论以参与人完全理性为前提条件，实际上这在现实中很难成立，而演化博弈论认为博弈的参与方是有限理性，博弈方对策略的选择是不断学习、模仿、调整的结果，这与现实更切合，因此本节将应用演化博弈论从演化博弈角度研究无监管机构监管条件下商业银行与商业银行之间对非环境友好型企业发放贷款的博弈选择，以及商业银行对非环境友好型企业发放贷款与监管机构监管之间的博弈关系，试图找到降低商业银行对非环境友好型企业发放贷款的动机以及加强监管机构监管商业银行对非环境友好型企业发放贷款的关键政策要素，以利于推动绿色信贷的发展。

5.4.1　演化博弈理论概述

演化博弈论是将博弈理论分析与动态演化过程分析结合起来的一种新理论，它源自生物进化论，成功地解释了物种进化过程中的某些现象，并在分析社会习惯、规范、制度或体制的自发形成及其影响方面取得了令人瞩目的成绩[1]。演化博弈论从有限理性的个体出发，以群体行为为研究对象，基本思路是：在具有一定规模的博弈群体中，博弈方进行着不断反复的博弈活动。由于博弈方只具有有限理性，因此不可能在每次博弈中都找到最优的均衡点，其最佳策略就是模仿和改进过去最有利的策略。[2] 经过这种长期的模

---

[1] Friedman D. Evolutionary games in economics [J]. Econometrica, 1991 (59).
[2] 罗建原. 企业合作创新博弈中复杂性与演化均衡稳定性分析 [J]. 当代经济管理, 2009 (11).

仿和改进，参与者全部都趋于某个稳定的策略即演化稳定策略 ESS。ESS 是演化博弈的一个核心概念，表示一个种群抵抗变异策略侵入的一种稳定状态。梅纳德史密斯和普里斯（Maynard Smith and Price）将 ESS 定义为：对于非常小的正数 ε，所有的 $\sigma \neq \sigma^*$，满足：$u[\sigma^*, (1 - \varepsilon)\sigma^* + \varepsilon\sigma] > u[\sigma, (1 - \varepsilon)\sigma + \varepsilon\sigma]$，即对于群体中很小比例 ε 的突变行为 σ，采取 σ^* 策略将获得更高收益，σ^* 策略即为演化稳定策略。演化博弈另外一个核心概念是"复制动态方程"，演化博弈中的复制动态方程实际是描述了一个特定策略在一个种群中被采用的比例的变化速度，是该策略被采用的频数的微分方程[①]，根据演化的原理，一种策略的使用度或支付比种群的平均适应度高，那么，这种策略就会在种群中得到发展。

5.4.2　商业银行之间的对称博弈模型分析

（1）模型假设。

市场上一大群商业银行，商业银行之间的博弈由群体成员随机配对进行，每一成员都有两个纯策略选择，即可选择向"两高一剩"企业发放贷款（简称为"非环境友好型贷款"，记为 h）与向普通企业发放贷款（简称为"正常贷款"，记为 n）。在这里为了研究方便，我们把商业银行的群体抽象为两个个体，同时我们不考虑商业银行发放非环境友好型贷款形成的固体污染物、液体污染物及其他任何污染物的区别，我们都统称为污染物。博弈方采取非环境友好型贷款与正常贷款的比例分别为 x，1 - x。假定发放单位非环境友好型贷款的直接收益为 α，发放单位非环境友好型贷款需要支出的成本为 β，商业银行发放非环境友好型贷款的间接收益依赖于环境对污染物的最大容量与博弈双方非环境友好型贷款造成的污染量，环境对污染物的最大容量不受其他区域及其他任何因素的外部效应影响，设为 R，ω 为常数，表示剩余环境容量对商业银行间接收益的边际影响，商业银行非环境友好型贷款的间接收益可表示为：$\omega(R - a_1 - a_2)$，其中 a_1 表示博弈方商业银行 1 的非环境友好型贷款造成的污染量，a_2 表示博弈方商业银行 1 的非环境友好型贷款造成的污染量。银行的收益与贷款量成正比，而贷款量与贷款形成的污染物成正

---

① 明海祥，郭峰. 铁路建设项目质量监管进化博弈分析 [J]. 中外建筑，2009 (5).

比，即银行的收益与贷款形成的污染物成正比，为便于讨论，在文中我们将博弈方非环境友好型贷款的收益函数表示为：$U_1 = [\alpha + \omega(R - a_1 - a_2) - \beta]$ $a_i, i = 1, 2$。该博弈是对称博弈，因此任意一方非环境友好型贷款造成的污染物排污量均为 α，不发放非环境友好型贷款污染物排放量则为 0。

商业银行非环境友好型贷款之间的演化博弈矩阵如下（如表 5.1 所示）：

表 5.1 　　　　　　　　商业银行非环境友好型贷款博弈的收益矩阵

商业银行 1				商业银行 2			
非环境友好型贷款 x		正常贷款 1 − x		非环境友好型贷款 x		正常贷款 1 − x	
U_1^{hh},	U_2^{hh}	U_1^{nh},	U_2^{nh}	U_1^{hn},	U_2^{hn}	U_1^{nn},	U_2^{nn}

$U_1^{hn} = [\alpha + \omega(R - a) - \beta]a, U_1^{hh} = [\alpha + \omega(R - 2a) - \beta]a, U_1^{nn} = 0, U_1^{nh} = 0$

根据对称博弈的特点，我们可知 $U_1^{hh} = U_2^{hh}$，$U_1^{nn} = U_2^{nn}$，$U_1^{nh} = U_2^{hn}$，$U_1^{hn} = U_2^{nh}$。

（2）演化博弈模型分析。

博弈方采取非环境友好型贷款、正常贷款及群体平均期望收益如下：

$$U_1^h = xU_1^{hh} + (1 - x)U_1^{hn} \tag{5.1}$$

$$U_1^n = xU_1^{nh} + (1 - x)U_1^{nn} \tag{5.2}$$

$$\overline{U}_1 = xU_1^h + (1 - x)U_1^n \tag{5.3}$$

由式（5.1）、式（5.2）、式（5.3）可得商业银行非环境友好型贷款的复制动态方程为：

$$\frac{dx}{dt} = x(U_1^h - \overline{U}_1) = x(1 - x)(U_1^h - U_1^n)$$

$$= x(1 - x)[U_1^{hn} - U_1^{nn} + x(U_1^{hh} - U_1^{hn} - U_1^{nh} + U_1^{nn})] \tag{5.4}$$

将 U_1^{hh}，U_1^{hn}，U_1^{nh}，U_1^{nn} 代入（4）得：

$$\frac{dx}{dt} = x(1 - x)\{[\alpha + \omega R - \beta - \omega a]a - x\omega a^2\} \tag{5.5}$$

要研究演化稳定策略，须找出复制动态可能的稳定状态点，令 $f(x) = \frac{dx}{dt}$，当 $f(x) = 0$，根据式（5）求解得 $x_1^* = 1$，$x_2^* = 0$，$x_3^* = \frac{\alpha + \omega R - \beta - \omega a}{\omega a}$。

当 $0 < x_3^* = \frac{\alpha + \omega R - \beta - \omega a}{\omega a} < 1$ 时，上述复制动态的三个稳定状态都是合理的。

根据演化稳定策略的性质，一个稳定状态必须对微小扰动具有稳定性，因此当 $f'(x^*) < 0$ 时，x^* 为复制动态的演化稳定策略（ESS）。

求解 f（x）关于 x 的一阶导数，得：

$$f'(x) = [\alpha + \omega R - \beta - \omega a](1-2x)a - (2x-3x^2)\omega a^2 \qquad (5.6)$$

将 $x_1^* = 1$，$x_2^* = 0$，$x_3^* = \dfrac{\alpha + \omega R - \beta - \omega a}{\omega a}$ 代入（5.6）式，得：

$$f'(1) = -[\alpha + \omega R - \beta - 2\omega a]a$$

$$f'(0) = [\alpha + \omega R - \beta - \omega a]a$$

$$f'(x_3^*) = \frac{1}{\omega}(\alpha + \omega R - \beta - \omega a)(\alpha + \omega R - \beta - 2\omega a)$$

当 $0 < x_3^* = \dfrac{\alpha + \omega R - \beta - \omega a}{\omega a} < 1$ 时，有 $\alpha + \omega R - \beta - \omega a > 0$ 且 $\alpha + \omega R - \beta - 2\omega a < 0$，由此可知：$f'(1) > 0$，$f'(0) > 0$，$f'(x_3^*) < 0$，因此 $x_1^* = 1$，$x_2^* = 0$ 都不是演化稳定策略，而 x_3^* 是该博弈的演化稳定策略。博弈的结果为：有限理性的商业银行经过长期反复博弈趋向于以 $\dfrac{\alpha + \omega R - \beta - \omega a}{\omega a}$ 比例采取非环境友好型贷款的策略。

当 $x_3^* = \dfrac{\alpha + \omega R - \beta - \omega a}{\omega a} < 0$ 时，$x_1^* = 1$，$x_2^* = 0$ 是可能的稳定状态点，此时 $f'(1) > 0$，$f'(0) < 0$，因此 $x_2^* = 0$ 是演化稳定策略。博弈的结果为：有限理性的商业银行经过长期反复博弈趋向于采取正常贷款的策略。

当 $x_3^* = \dfrac{\alpha + \omega R - \beta - \omega a}{\omega a} > 1$ 时，$x_1^* = 1$，$x_2^* = 0$ 是可能的稳定状态点，此时 $f'(1) < 0$，$f'(0) > 0$，因此 $x_1^* = 1$ 是演化稳定策略。博弈的结果为：有限理性的商业银行经过长期反复博弈趋向于采取非环境友好型贷款的策略。

（3）结果分析。

就现实情况来看，商业银行非环境友好型贷款的比例越低，越有利于生态环境保护。通过博弈的参数分析可知，商业银行非环境友好型贷款的单位收益越高，非环境友好型贷款的单位成本越低，以及生态环境对污染物的容量越大，商业银行对污染型企业发放贷款的比例越大，发放非环境友好型贷款的策略将被更多的参与者选择。反之，商业银行发放非环境友好型贷款的单位收益越低，发放非环境友好型贷款的单位成本越高，以及生态环境对污染物的容量越小，商业银行对污染型企业发放贷款的比例越小，正常贷款的策略将被更多的参与者选择。

5.4.3 商业银行与监管机构之间的非对称博弈模型分析

（1）模型假设。

研究商业银行与银行业监管机构之间的博弈时，我们假设监管机构的监管策略有严格监管（记为 s）与不严格监管（记为 l）之分，监管机构选择严格监管策略的比例为 y，选择不严格监管的比例为 1－y，当监管机构选择严格监管时，监管机构需要的监管成本为 τ，若商业银行发放非环境友好型贷款，监管机构则根据商业银行贷款造成的污染物对商业银行收取每单位 η 的惩罚费用，同时，若监管机构严格监管，该监管机构将获得上级机构的奖励 κ，当商业银行发放非环境友好型贷款时，该监管机构还将获得上级机构根据商业银行非环境友好型贷款产生的污染物给予的每单位 ϑ 的奖励；若监管机构不严格监管时，监管成本为 0，但是上级机构会对该监管机构进行惩罚，惩罚费用为 υ，并会根据商业银行非环境友好型贷款产生的污染物对监管机构收取每单位 π 的惩罚费用，监管机构的收益记为 W。

商业银行非环境友好型贷款与监管机构之间的演化博弈收益矩阵如下（如表 5.2 所示）：

表 5.2　商业银行非环境友好型贷款与监管机构演化博弈的收益矩阵

商业银行		监管机构	
非环境友好型贷款 x	正常贷款 1－x	严格监管 y	不严格监管 1－y
U^{hs}, W^{hs}	U^{ns}, W^{ns}	U^{hl}, W^{hl}	U^{nl}, W^{nl}

$U^{hs} = [\alpha + \omega(R-a) - \beta]a - \eta a$；　$U^{hl} = [\alpha + \omega(R-a) - \beta]a$；　$U^{ns} = 0$；　$U^{nl} = 0$；

$W^{hs} = \kappa + (\vartheta + \eta)a - \tau$；　$W^{hl} = -\upsilon - \pi a$；　$W^{ns} = \kappa - \tau$；　$W^{nl} = -\upsilon$；

（2）演化博弈模型分析。

商业银行非环境友好型贷款、正常贷款及群体平均期望收益如下：

$$U^h = yU^{hs} + (1-y)U^{hl} \tag{5.7}$$

$$U^n = yU^{ns} + (1-y)U^{nl} \tag{5.8}$$

$$\bar{U} = xU^h + (1-x)U^n \tag{5.9}$$

监管机构严格监管、不严格监管及群体平均期望收益如下：

$$W^s = xW^{hs} + (1-x)W^{ns} \tag{5.10}$$

$$W^l = xW^{hl} + (1-x)W^{nl} \tag{5.11}$$

$$\overline{W} = yW^s + (1-y)W^l \tag{5.12}$$

① 商业银行非环境友好型贷款的演化稳定策略。

由式（5.7）、（5.8）、（5.9）可得商业银行非环境友好型贷款的复制动态方程为：

$$\frac{dx}{dt} = x(U^h - \overline{U}) = x(1-x)(U^h - U^n)$$

$$= x(1-x)[U^{hl} - U^{nl} + y(U^{hs} - U^{hl} - U^{ns} + U^{nl})] \tag{5.13}$$

将 U^{hs}，U^{hl}，U^{ns}，U^{nl} 代入式（13）得：

$$\frac{dx}{dt} = x(1-x)[(\omega R + \alpha - \beta)a - \omega a^2 - y\eta a] \tag{5.14}$$

令 $f(x) = \frac{dx}{dt}$，当 $f(x) = 0$ 时，求得 $x_1^* = 0$，$x_2^* = 1$ 是两个可能的稳定状态点。

求解 $f(x)$ 关于 x 的一阶导数，得：

$$f'(x) = a(1-2x)[\omega R + \alpha - \beta - \omega a - y\eta] \tag{5.15}$$

（Ⅰ）当 $y^* = \dfrac{\omega R + \alpha - \beta - a\omega}{\eta}$（仅当 $0 \leqslant \dfrac{\omega R + \alpha - \beta - a\omega}{\eta} \leqslant 1$ 时），总有 $f(x) = 0$，所有的 x 都是可能的稳定状态点。

（Ⅱ）当 $y > y^*$ 时，$x_1^* = 0$，$x_2^* = 1$ 是两个可能的稳定状态点。由于 $f'(0) < 0$，所以 $x_1^* = 0$ 是演化稳定策略。

（Ⅲ）当 $y < y^*$ 时，$x_1^* = 0$，$x_2^* = 1$ 是两个可能的稳定状态点。由于 $f'(1) < 0$，所以 $x_2^* = 1$ 是演化稳定策略。

（Ⅳ）当 $\omega R + \alpha - \beta - a\omega < 0$ 时，$x_1^* = 0$，$x_2^* = 1$ 是两个可能的稳定状态点。由于 $f'(0) < 0$，所以 $x_1^* = 0$ 是演化稳定策略。

（Ⅴ）当 $\dfrac{\omega R + \alpha - \beta - a\omega}{\eta} > 1$ 时，$x_1^* = 0$，$x_2^* = 1$ 是两个可能的稳定状态点。由于 $f'(1) < 0$，所以 $x_2^* = 1$ 是演化稳定策略。

② 监管机构的演化稳定策略。

由式 (5.10)、(5.11)、(5.12) 可得监管机构采取监管的复制动态方程为：

$$\frac{dy}{dt} = y(W^s - \bar{W}) = y(1-y)(W^s - W^l)$$

$$= y(1-y)\left[W^{ns} - W^{nl} + x(W^{hs} - W^{ns} - W^{hl} + W^{nl})\right] \tag{5.16}$$

将 W^{hs}, W^{hl}, W^{ns}, W^{nl} 代入 (5.16) 式，得：

$$\frac{dy}{dt} = y(1-y)\left[\kappa - \tau + \upsilon + x(\vartheta + \eta + \pi)a\right] \tag{5.17}$$

令 $f(y) = \frac{dy}{dt}$，当 $f(y) = 0$，求得 $y_1^* = 0$，$y_2^* = 1$ 是两个可能的稳定状态点。

求解 $f(y)$ 关于 y 的一阶导数，得：

$$f'(y) = (1-2y)\left[\kappa - \tau + \upsilon + x(\eta + \pi + \vartheta)a\right] \tag{5.18}$$

（Ⅰ）当 $x^* = \frac{\tau - \upsilon - \kappa}{(\vartheta + \eta + \pi)a}$（仅当 $0 \leqslant \frac{\tau - \upsilon - \kappa}{(\vartheta + \eta + \pi)a} \leqslant 1$ 时），总有 $f(y) = 0$，即所有的 y 都是可能的稳定状态点。

（Ⅱ）当 $x > x^*$ 时，$y_1^* = 0$，$y_2^* = 1$ 是两个可能的稳定状态点。由于 $f'(1) < 0$，所以 $y_2^* = 1$ 是演化稳定策略。

（Ⅲ）当 $x < x^*$ 时，$y_1^* = 0$，$y_2^* = 1$ 是两个可能的稳定状态点。由于 $f'(0) < 0$，所以 $y_1^* = 0$ 是演化稳定策略。

（Ⅳ）当 $\tau - \upsilon - \kappa < 0$ 时，$y_1^* = 0$，$y_2^* = 1$ 是两个可能的稳定状态点。由于 $f'(0) < 0$，所以 $y_1^* = 0$ 是演化稳定策略。

（Ⅴ）当 $\frac{\tau - \upsilon - \kappa}{(\vartheta + \eta + \pi)a} > 1$ 时，$y_1^* = 0$，$y_2^* = 1$ 是两个可能的稳定状态点。由于 $f'(1) < 0$，所以 $y_2^* = 1$ 是演化稳定策略。

③ 系统稳定性分析。

商业银行非环境友好型贷款与监管机构监管博弈的演化可以由 $f(x) = \frac{dx}{dt}$，$f(y) = \frac{dy}{dt}$ 组成的系统来描述。根据弗里德曼提出的方法，对于一个由微分方程系统描述的群体动态，其均衡点的稳定性，可由该系统得到的雅可比（Jacobian）矩阵的局部稳定性分析得到。

该系统的雅可比矩阵为：$J = \begin{pmatrix} \dfrac{\partial f(x)}{\partial x} & \dfrac{\partial f(x)}{\partial y} \\ \dfrac{\partial f(y)}{\partial x} & \dfrac{\partial f(y)}{\partial y} \end{pmatrix}$

矩阵 J 的行列式 $\det(J) = \dfrac{\partial f(x)}{\partial x} \times \dfrac{\partial f(y)}{\partial y} - \dfrac{\partial f(x)}{\partial y} \times \dfrac{\partial f(y)}{\partial x}$

矩阵的迹 $\text{tra}(J) = \dfrac{\partial f(x)}{\partial x} + \dfrac{\partial f(y)}{\partial y}$

其中：$\dfrac{\partial f(x)}{\partial x} = a(1 - 2x)[\omega R + \alpha - \beta - \omega a - y\eta]$

$\dfrac{\partial f(y)}{\partial y} = (1 - 2y)[\kappa - \tau + \upsilon + x(\eta + \pi + \vartheta)a]$

$\dfrac{\partial f(x)}{\partial y} = -x(1 - x)\eta a$

$\dfrac{\partial f(y)}{\partial x} = y(1 - y)(\vartheta + \eta + \pi)a$

（Ⅰ）当 $0 \leqslant \dfrac{\omega R + \alpha - \beta - a\omega}{\eta} \leqslant 1$ 且 $0 \leqslant \dfrac{\tau - \upsilon - \kappa}{(\vartheta + \eta + \pi)a} \leqslant 1$ 时，该动态复制系统有 5 个均衡点，分别是：$(0,0)$，$(0,1)$，$(1,0)$，$(1,1)$，(x^*, y^*)，此时没有演化稳定策略。

（Ⅱ）当 $\dfrac{\omega R + \alpha - \beta - a\omega}{\eta} < 1$ 且 $\dfrac{\tau - \upsilon - \kappa}{(\vartheta + \eta + \pi)a} < 0$ 时，该动态复制系统有 4 个均衡点，分别是 $(0,0)$，$(0,1)$，$(1,0)$，$(1,1)$，演化稳定策略为 $(0,1)$，即通过长期反复博弈、学习和模仿，商业银行采取发放正常贷款的策略，监管机构采取监管策略，此时商业银行发放非环境友好型贷款收益很低，但监管机构监管会获取正的收益（考虑机会成本，下同）。

（Ⅲ）当 $\dfrac{\omega R + \alpha - \beta - a\omega}{\eta} > 0$ 且 $\dfrac{\tau - \upsilon - \kappa}{(\vartheta + \eta + \pi)a} > 1$ 时，该动态复制系统有 4 个均衡点，分别是 $(0,0)$，$(0,1)$，$(1,0)$，$(1,1)$，演化稳定策略为 $(1,0)$。即通过长期反复博弈、学习和模仿，商业银行采取发放非环境友好型贷款的策略，监管机构采取不监管策略，此时商业银行发放非环境友好型贷款能获取收益，监管机构监管的收益为负。

（Ⅳ）当 $\dfrac{\omega R + \alpha - \beta - a\omega}{\eta} < 0$ 且 $\dfrac{\tau - \upsilon - \kappa}{(\vartheta + \eta + \pi)a} > 0$ 时，该动态复制系统

有4个均衡点，分别是(0,0)，(0,1)，(1,0)，(1,1)，演化稳定策略为(0,0)，即通过长期反复博弈、学习和模仿，商业银行采取发放正常贷款，监管机构采取不监管策略，此时即使不考虑监管机构惩罚情况，商业银行发放非环境友好型贷款的单位收益都为负，且监管机构监管的成本大于收益。

（Ⅴ）当 $\dfrac{\omega R + \alpha - \beta - a\omega}{\eta} > 1$ 且 $\dfrac{\tau - \upsilon - \kappa}{(\vartheta + \eta + \pi)\,a} < 1$ 时，该动态复制系统有4个均衡点，分别是(0,0)，(0,1)，(1,0)，(1,1)，演化稳定策略为(1,1)，即通过长期反复博弈、学习和模仿，商业银行采取发放非环境友好型贷款，监管机构采取监管策略，此时商业银行发放非环境友好型贷款，监管机构采取监管策略均具有正的收益。

（3）结果分析。

从上述分析可以看出，(0,0)，(0,1)，(1,0)，(1,1)均有可能成为动态复制系统的稳定演化策略，这主要取决于商业银行非环境友好型贷款、监管机构监管的收益情况。当商业银行非环境友好型贷款的收益为负即发放非环境友好型贷款的成本很高时，商业银行会选择发放正常贷款，当监管机构的收益为负即监管成本很高时监管机构也会选择不监管；反之商业银行非环境友好型贷款的收益为正时，商业银行会选择发放非环境友好型贷款，当监管机构监管的收益为正时，监管机构会进行监管，这与经济人追求利益最大化正好相符。在现实中出于环境保护的目的，我们并不希望看到商业银行发放非环境友好型贷款的情况出现，即不愿动态复制系统的稳定演化策略为(1,0)，(1,1)。因此政府应优化监管，采取措施加大商业银行发放非环境友好型贷款的贷款成本。让商业银行发放非环境友好型贷款无利可图是推动商业银行控制非环境友好型信贷的有效途径。

5.5 非环境友好型信贷高利率定价的风险及防范

5.5.1 高利率定价可能引发的风险

在绿色信贷中，商业银行限制非环境友好型企业或项目融资的重要措施之一是提高贷款利率。但商业银行绿色信贷对非环境友好型企业或项目提高贷款利率可能对贷款主体产生反向激励作用，改变贷款主体对待风险的态度，当贷款利率提高时，为获取收益并偿还银行贷款本息，贷款主体可能将贷款资金用于投资风险较大的项目，例如，钢材生产行业是高耗能、产能过剩行业，银行对钢材生产企业提高贷款利率，在钢材行业目前盈利水平较低的情况下，某些钢材企业将贷款用于其他高收益、高风险项目，增大了贷款的风险。成都××制管有限公司倒闭就是典型案例。该公司实际控制人陈某某从事钢贸行业多年，积累了一定资本，后于 2000 年在成都的郊县地区购买土地，修建厂房，添置设备成立了成都××制管有限公司生产焊管，2000～2008 年期间经济处于上升期，钢材市场火爆，××制管有限公司盈利能力可观，于是不断通过扩大融资的方式扩大产能，但 2008 年后由于行业产能过剩等原因，钢材价格开始大幅走跌，××制管有限公司盈利能力也大幅下降，截至 2008 年该公司在××银行的贷款有近 2 亿元，由××担保公司担保，2008 年××制管有限公司办理贷款续贷时，××银行总行要求经办行通过提高产能过剩行业的融资成本的方式约束融资额度，贷款额度降低到了1.6 亿元，但银行融资利率加担保公司担保费总计达到了 15%。在当时的经济环境下，靠生产焊管已难以支撑如此高的融资利率，2009 年该公司实际控制人陈某某在云南边境外购买了一个金属矿，并将××制管公司的钱逐步转移到了该金属矿上，但后来由于陈某某未处理好与当地政府的关系及受当地政局动荡的影响，该金属矿的开采一直未达预期，以致××制管公司现金流断裂，宣布破产。

与传统信贷相同，在绿色信贷开展中，商业银行与贷款主体之间仍然存在信息不对称，例如，受时间、成本等因素限制，银行对贷款主体特别是中小型的贷款主体的技术水平、管理规范程度、财务状况、发展前景缺乏清晰认识；银行对贷款主体环境影响的评估主要基于贷款主体的自我介绍或第三方的认证，对贷款主体真实的环境影响缺乏专业鉴别能力；银行对贷款主体的贷款资金的真实用途不能有效监管。根据新凯恩斯主义信贷配给理论，在信息不对称的条件下，信贷市场会出现均衡信贷配给，所谓均衡信贷配给是指不是由于货币当局对利率上限的管制，而是出于银行的利润最大化动机而发生的在一般利率条件和其他附加条件下信贷市场上不能出清的现象。[①] 在

---

① 王宵，张捷. 信贷配给与中小企业贷款 [J]. 经济研究，2003 (7).

信贷配给下，给定银行贷款利率，银行只能满足部分借款人的需求，而且不同的借款人将面对银行不同的待遇。银行将满足一部分信息较透明的借款人的需求，但会拒绝另一部分的需求。即银行通过降低利率来排除了高风险客户。该理论关于信贷配给的研究以信用担保为前提条件，但在我国现实银行信贷业务中，主流模式还有抵（质）押贷款、担保公司担保贷款。目前绿色信贷的开展暂时仍将以这三种模式为主。那么在信用担保的情况下，面对绿色信贷的高利率，是否还有其他手段防止企业逆向选择？在抵（质）押贷款、担保公司担保贷款中是否会发生信贷配给？还有哪些手段防止高利率情况下企业投资失败？

5.5.2 逆向选择的可能性分析及规避

为研究绿色信贷的逆向选择问题，我们假定银行贷款本应指定用途，但发放贷款后银行无法监控企业，企业可以将贷款投资多个项目，企业投资的结果只有两个，成功与失败。若成功，企业可以获得收益 R，$R > 0$；若失败，企业得不到任何收益，即收益为 0。企业投资成功的概率为 p，失败的概率为 $1 - p$。银行熟知企业每个投资项目的收益均值，假设该值为 E，因此有 $p(R) \times R = E$。假设每个项目投资的总额均等，为 Q，因为在现实社会，企业投资某项目，除想收回投资本金外，还想获取利润，因此在模型中我们假设 $E > Q$。企业自有资金占项目投资的 $q(0 < q < 1)$，银行融资占 $(1 - q)$，且 $E > Qq + Q(1 - q)(1 + r)$。银行融资方式有三种：信用贷款、抵（质）押（以下简称为"抵押"）贷款、担保公司担保贷款。银行贷款的综合成本为利率 r，银行贷款采用到期一次还本付息形式；担保公司担保费率为 i，担保费在银行贷款发放时一次性收取；抵押贷款时抵押物的价值为 C，$C > Q(1 - q)$，抵押物独立于企业自身的投入，且很容易变现；担保公司担保贷款时反担保物的价值为 F，反担保物的价值 $F < Q(1 - q)$，担保贷款时 $E > Qq + Q(1 - q)(1 + r + i)$。若企业投资失败，企业不偿还银行利息与本金，企业自有资金的投资也将全部失去。

（1）信用贷款。

① 企业的行为分析。

银行对企业发放信用贷款时，企业的期望利润为：

$$Y = p \times [R - (1 + r) \times Q \times (1 - q)] - (1 - p) \times Q \times q$$

对企业来说，要吸引企业投资，则企业的期望利润应大于 0，因此存在一个临界值 R^*，当 $R \geqslant R^*$ 时，企业才会进行项目投资。由于 $p(R) \times R = E$，所以存在一个临界成功概率 p^*，当 $p \leqslant p^*$ 时，企业才会向银行申请贷款。因此，联立方程 (5.19)、(5.20)

$$\begin{cases} p^* \times [R^* - (1 + r) \times Q \times (1 - q)] - (1 - p^*) \times Q \times q = 0 & (5.19) \\ p^* \times R^* = E & (5.20) \end{cases}$$

解得：

$$\begin{cases} p^* = \dfrac{(E - Qq)}{Q[1 - 2q + (1 - q)r]} \\ R^* = \dfrac{EQ[1 - 2q + (1 - q)r]}{(E - Qq)} \end{cases}$$

假设 $F(p)$ 是概率 p 的分布函数，$f(p)$ 是概率 p 在 $[0,1]$ 上的密度函数，则所有贷款投资的平均成功概率为：

$$\bar{p} = \frac{\int_0^{p^*} pf(p)\,dp}{\int_0^{p^*} f(p)\,dp} = \frac{\int_0^{p^*} pf(p)\,dp}{F(p^*)}$$

所以有：

$$\frac{\partial \bar{p}}{\partial r} = \frac{\partial p^*}{\partial r} \times \frac{f(p^*)}{F^2(p^*)} \times \left[P^* F(p^*) - \int_0^{p^*} pf(p)\,dp \right]$$

由于 $\dfrac{f(p^*)}{F^2(p^*)} > 0$，$\left[P^* F(p^*) - \int_0^{p^*} pf(p)\,dp \right] > 0$，因而 $\dfrac{\partial \bar{p}}{\partial r}$ 的符号取决于 $\dfrac{\partial p^*}{\partial r}$。

求解得：$\dfrac{\partial p^*}{\partial r} = \dfrac{-(E - Qq)(1 - q)}{Q[1 - 2q + (1 - q)r]^2}$

由于 $E > Q$，所以 $E > Qq$，因此有 $\dfrac{\partial p^*}{\partial r} < 0$，$\dfrac{\partial \bar{p}}{\partial r} < 0$。在该种情况下，投资项目的平均成功率与银行利率负相关，随着利率的上升，投资成功率呈下降趋势，这说明银行利率升高后，企业会将贷款资金用于高风险的项目。

同理：

$$\frac{\partial \bar{p}}{\partial q} = \frac{\partial p^*}{\partial q} \times \frac{f(p^*)}{F^2(p^*)} \times \left[P^* F(p^*) - \int_0^{p^*} pf(p)\,dp \right], \frac{\partial \bar{p}}{\partial q} \text{ 的符号取决于 } \frac{\partial p^*}{\partial q}$$

的符号。

求解得：$\dfrac{\partial p^*}{\partial q} = \dfrac{(2E - Q + Er - Qr)}{Q[1 - 2q + (1-q)r]^2}$

因为 E > Q，所以 (2E − Q) > 0，(Er − Qr) > 0，即 $\dfrac{\partial p^*}{\partial q} = \dfrac{(2E - Q + Er - Qr)}{Q[1 - 2q + (1-q)r]^2} > 0$

这说明投资项目成功的概率与企业自有资金的投入正相关，随着企业自有资金投入的增大，投资成功概率呈上升趋势，这说明足够大的企业自有资金投入是规避企业逆向选择的必要条件。

② 商业银行的行为分析。

对银行而言，三个因素将决定银行的期望收益：贷款额度、利率、还款概率。我们已经证明随着利率的升高，企业的还款概率降低；随着企业自有投入的增大，企业的还款概率增大，那么利率的增加对银行收益以及企业自有资本的比例对银行收益的影响是否是单调的？

银行的收益 $\bar{B} = Q(1-q)(1+r)\bar{p} - Q(1-q)(1-\bar{p}) = Q(1-q)(2\bar{p} + \bar{p}r - 1)$

银行收益与利率的关系可以用 $\dfrac{\partial \bar{B}}{\partial r}$ 来描述，$\dfrac{\partial \bar{B}}{\partial r} = Q(1-q)\left[(2+r)\dfrac{\partial \bar{p}}{\partial r} + \bar{p}\right]$，$\bar{p}$ 恒为正，代表利率变化的收入效应，利率每增加 1%，则银行的期望收益增加 $Q(1-q)\bar{p}\%$，$(2+r)\dfrac{\partial \bar{p}}{\partial r}$ 代表利率的风险效应，利率每增加 1%，企业违约概率增加 $\left|\dfrac{\partial \bar{p}}{\partial r}\right|\%$，则银行期望收益减少 $Q(1-q)(2+r)\left|\dfrac{\partial \bar{p}}{\partial r}\right|\%$，因此，存在 r^*，当 $r \geqslant r^*$ 时，风险效应大于收入效应，即有：$\dfrac{\partial \bar{B}}{\partial r} \leqslant 0$；当 $r \leqslant r^*$ 时，风险效应小于收入效应，即有：$\dfrac{\partial \bar{B}}{\partial r} \geqslant 0$。因此银行为了规避风险，不会选择高利率来满足所有贷款的申请，而宁愿选择适当利率并拒绝一部分贷款申请，即出现了信贷配给。

银行收益与企业自有资本比例 q 的关系用 $\dfrac{\partial \bar{B}}{\partial q}$ 来表示，求解得：

$$\frac{\partial \bar{B}}{\partial q} = -Q(1+r)\,\bar{p} + Q(1-q)(1+r)\frac{\partial \bar{p}}{\partial q} + Q\left[\,(1-\bar{p}) + \frac{\partial \bar{p}}{\partial q}(1-q)\,\right],$$

$-Q(1+r)\bar{p} < 0$ 表示企业自有资本对银行收入的削减效应，而 $\{Q(1-$

$q)(1+r)\dfrac{\partial \bar{p}}{\partial q} + Q[\,(1-\bar{p}) + \dfrac{\partial \bar{p}}{\partial q}(1-q)\,]\} > 0$ 则表示企业自有资本对银行信

贷风险的防范效应，因此存在 q^{*}，当 $q \geqslant q^{*}$ 时，$\dfrac{\partial \bar{B}}{\partial q} \leqslant 0$，收入削减效应大

于风险防范效应；当 $q \leqslant q^{*}$ 时，$\dfrac{\partial \bar{B}}{\partial q} \geqslant 0$，收入削减效应小于风险防范效应，

因此银行贷款时会选择一个合理的企业自有资本比例，不会过度追求风险防范而减少贷款额度从而影响利息收入。

（2）抵押贷款。

① 企业的行为分析。

在其他条件不变的情形下，银行要求企业提供抵押物进行贷款，则企业的期望利润函数为：

$$Y = p \times [\,R - (1+r) \times Q \times (1-q)\,] - (1-p) \times [\,Q \times q + C\,]$$

与信用贷款时相同，也存在一个 (p^{*}, R^{*}) 满足：

$$\begin{cases} p^{*} \times [\,R^{*} - (1+r) \times Q \times (1-q)\,] - (1-p^{*}) \times [\,Q \times q + C\,] = 0 & (5.21)\\ p^{*} \times R^{*} = E & (5.22) \end{cases}$$

联立 (5.21)、(5.22) 解得：

$$\begin{cases} p^{*} = \dfrac{(E - Qq - C)}{[\,Q - 2Qq + Qr - Qrq - C\,]}\\[3mm] R^{*} = \dfrac{E[\,Q - 2Qq + Qr - Qrq - C\,]}{(E - Qq - C)} \end{cases}$$

同样假设 $F(p)$ 是概率 p 的分布函数，$f(p)$ 是概率 p 在 $[0,1]$ 上的密度函数，则所有贷款投资的平均成功概率为：

$$\bar{p} = \frac{\displaystyle\int_{0}^{p^{*}} pf(p)\,dp}{\displaystyle\int_{0}^{p^{*}} f(p)\,dp} = \frac{\displaystyle\int_{0}^{p^{*}} pf(p)\,dp}{F(p^{*})}$$

企业投资成功的概率与利率的关系可以表述为：

$$\frac{\partial \bar{p}}{\partial r} = \frac{\partial p^*}{\partial r} \times \frac{f(p^*)}{F^2(p^*)} \times \left[P^* F(p^*) - \int_0^{p^*} pf(p)dp \right]$$，并且$\frac{\partial \bar{p}}{\partial r}$的符号取决于$\frac{\partial p^*}{\partial r}$

求解得：

$$\frac{\partial p^*}{\partial r} = \frac{-(E - Qq - C)Q(1-q)}{[Q - 2Qq + Qr - Qrq - C]^2}$$

当$E > (Qq + C)$，$\frac{\partial p^*}{\partial r} < 0$，说明若企业自有资本投入与抵押物价值之和小于收益均值时，随着利率增大，企业可能发生逆向选择。但若企业自有资本投入与抵押物价值之和大于收益均值，即有$E < (Qq + C)$时，有$\frac{\partial p^*}{\partial r} > 0$，此时能防止企业逆向选择的发生。

企业投资成功的概率与抵押物的关系表述为：

$$\frac{\partial \bar{p}}{\partial C} = \frac{\partial p^*}{\partial C} \times \frac{f(p^*)}{F^2(p^*)} \times \left[P^* F(p^*) - \int_0^{p^*} pf(p)dp \right]$$

因为$\frac{\partial p^*}{\partial C} = \frac{E - Q(1-q)(1+r)}{[Q - 2Qq + Qr - Qrq - C]^2}$，所以有：

$$\frac{\partial \bar{p}}{\partial C} = \frac{E - Q(1-q)(1+r)}{[Q - 2Qq + Qr - Qrq - C]^2} \times \frac{f(p^*)}{F^2(p^*)} \times \left[P^* F(p^*) - \int_0^{p^*} pf(p)dp \right]$$

$Q(1-q)(1+r)$为企业贷款所支付的本息，因为$E > Q(1-q)(1+r)$，所以有$\frac{\partial \bar{p}}{\partial C} > 0$即$\frac{\partial p^*}{\partial C} > 0$，表明企业投资成功的概率与提供的抵押物正相关，即企业提供的抵押物价值越大，企业投资项目成功概率越高，这再一次说明抵押物是解决绿色信贷中信息不对称，防止企业逆向选择的必要条件。

企业投资成功的概率与自有资本投入的关系表述为：

$$\frac{\partial \bar{p}}{\partial q} = \frac{\partial p^*}{\partial q} \times \frac{f(p^*)}{F^2(p^*)} \times \left[P^* F(p^*) - \int_0^{p^*} pf(p)dp \right]$$

解得：$\frac{\partial p^*}{\partial q} = \frac{Q[E(r+2) - (r+1)(Q+C)]}{[Q - 2Qq + Qr - Qrq - C]^2}$

因为$Q > 0$，$[Q - 2Qq + Qr - Qrq - C]^2 > 0$，所以$E(r+2) - (r+1)(Q +$

C)将决定$\dfrac{\partial p^*}{\partial q}$的符号，当$[E(r+2)-(r+1)(Q+C)]>0$时，$\dfrac{\partial p^*}{\partial q}>0$，即$\dfrac{\partial \bar{p}}{\partial q}>0$，企业自己投入的资金越大，项目投资成功的概率越高，即能有效规避企业的逆向选择行为，但当$Q[E(r+2)-(r+1)(Q+C)]<0$时，即企业的抵押物足够大时，随着企业自有资金的增大，企业投资成功的概率反而降低，因为当企业提供了价值较大的抵押物后，企业自有的资金越多，银行贷款就越少，由于银行债权与抵押物价值之比相对较低，银行将疏于贷后监管，企业也愿意用自有资金从事高风险的投资。

② 银行的行为分析。

对银行而言，由于有抵押物存在，若企业投资失败，银行可以处置抵押物以保证贷款本金及利益的偿还，因此银行的期望收益：$\bar{B}=Q(1-q)(1+r)$，即银行的期望收益取决于利率与贷款额度。利率越高银行的期望收益越大，企业自有资本的比例越高，银行的收益越低。

（3）担保贷款。

① 企业行为分析。

担保公司担保贷款时企业的期望利润如下：

$$Y=p\times[R-(1+r+i)\times Q\times(1-q)]-(1-p)\times[Q\times q+F+i\times Q\times(1-q)]$$

同样存在（p^*，R^*）满足：

$$\begin{cases} p^*\times[R^*-(1+r+i)\times Q\times(1-q)]-(1-p^*)\times[Q\times q+F+i\times Q\times(1-q)]=0 & (5.23) \\ p^*\times R^*=E & (5.24) \end{cases}$$

联立（5.23）、（5.24）解得：

$$\begin{cases} p^*=\dfrac{E-Qq-F-iQ(1-q)}{[Q-2Qq+rQ-rQq-F]} \\ R^*=\dfrac{E[Q-2Qq+rQ-rQq-F]}{E-Qq-F-iQ(1-q)} \end{cases}$$

假设 F（p）是概率 p 的分布函数，f（p）是概率 p 在 [0，1] 上的密度函数，则所有贷款投资的平均成功概率为：

$$\bar{p}=\dfrac{\displaystyle\int_0^{p^*} pf(p)\,dp}{\displaystyle\int_0^{p^*} f(p)\,dp}=\dfrac{\displaystyle\int_0^{p^*} pf(p)\,dp}{F(p^*)}$$

$\bar{p}$ 关于 r 求导得：$\dfrac{\partial \bar{p}}{\partial r} = \dfrac{\partial p^*}{\partial r} \times \dfrac{f(p^*)}{F^2(p^*)} \times \left[P^* F(p^*) - \int_0^{p^*} pf(p)\,dp \right]$，与

信用、抵押贷款时相同，$\dfrac{\partial \bar{p}}{\partial r}$ 的符号取决于 $\dfrac{\partial p^*}{\partial r}$。

求解 $\dfrac{\partial p^*}{\partial r}$ 得：$\dfrac{\partial p^*}{\partial r} = \dfrac{-\left[E - Qq - F - iQ(1-q) \right] Q(1-q)}{\left[Q - 2Qq + rQ - rQq - F \right]^2}$

因为 $E > Qq + Q(1-q) + Q(1-q)(r+i)$，所以有 $E - Qq - Q(1-q)i >$ $Q(1-q)$，又因为 $Q(1-q) > F$，即 $E - Qq - iQ(1-q) > F$，所以 $\dfrac{\partial p^*}{\partial r} < 0$。表明在担保公司担保贷款时由于锁定的反担保物价值小于贷款额度，随着贷款利率的提高，企业可能将贷款用于高风险项目，从而降低投资成功的概率。

$\bar{p}$ 关于 i 求导得：$\dfrac{\partial \bar{p}}{\partial i} = \dfrac{\partial p^*}{\partial i} \times \dfrac{f(p^*)}{F^2(p^*)} \times \left[P^* F(p^*) - \int_0^{p^*} pf(p)\,dp \right]$，显

然 $\dfrac{\partial p^*}{\partial i}$ 的符号将决定 $\dfrac{\partial \bar{p}}{\partial i}$ 的符号。求解得：

$$\dfrac{\partial p^*}{\partial i} = \dfrac{-Q(1-q)}{\left[Q - 2Qq + rQ - rQq - F \right]}$$

因为 $Q - Qq + rQ - rQq > 0$，$Q(1-q) > 0$，所以当 $Q - Qq + rQ - rQq > F + Qq$ 时，$\dfrac{\partial p^*}{\partial i} < 0$，即当反担保物与企业自有资金的投入不够大时，随着担保费率的提高，企业投资失败的可能性变大；当 $Q - Qq + rQ - rQq < F + Qq$ 时，$\dfrac{\partial p^*}{\partial i} > 0$，即当反担保物与企业自有资金的投入足够大时，随着担保费率的提高，企业投资成功的可能性变大，即在担保公司担保贷款时足够大的企业自有资金与反担保物能有效避免企业逆向选择。

$\bar{p}$ 关于 q 求导得：$\dfrac{\partial \bar{p}}{\partial q} = \dfrac{\partial p^*}{\partial q} \times \dfrac{f(p^*)}{F^2(p^*)} \times \left[P^* F(p^*) - \int_0^{p^*} pf(p)\,dp \right]$，$\dfrac{\partial \bar{p}}{\partial q}$

的符号取决于 $\dfrac{\partial p^*}{\partial q}$。

求解得：$\dfrac{\partial p^*}{\partial q} = \dfrac{Q\left[E - Q(1+r+i) + r(E-F) + E - F(i+1) \right]}{\left[Q - 2Qq + rQ - rQq - F \right]^2}$

因为 $E - Qq - Q(1-q)(1+r+i) > 0$，$0 \leqslant q \leqslant 1$，所以有 $[E - Q(1+r+i)] > 0$；因为 $E > F$，所以 $r(E-F) > 0$；由于 $F < Q(1-q)$，所以 $[E - F(i+1)] > 0$，从而 $\dfrac{\partial p^*}{\partial q} > 0$，即 $\dfrac{\partial \bar{p}}{\partial q} > 0$ 这说明在担保贷款的情形下，随着企业自有资本的增大，企业投资成功的可能性越大。

$\bar{p}$ 关于 F 求导得：$\dfrac{\partial \bar{p}}{\partial F} = \dfrac{\partial p^*}{\partial F} \times \dfrac{f(p^*)}{F^2(p^*)} \times [P^* F(p^*) - \displaystyle\int_0^{p^*} pf(p)dp]$

求解得：$\dfrac{\partial p^*}{\partial F} = \dfrac{E - Q(1-q)(1+r+i)}{[Q - 2Qq + rQ - rQq - F]^2}$

由于 $[E - Q(1-q)(1+r+i)] > 0$，所以 $\dfrac{\partial p^*}{\partial F} > 0$，即 $\dfrac{\partial \bar{p}}{\partial F} > 0$，说明采用担保公司担保贷款的方式时，反担保物价值越大，企业投资成功的可能性越高，反担保物能有效防止企业逆向选择。

② 银行的行为分析。

采用担保公司担保贷款的方式，若企业无法归还银行贷款，担保公司 100% 赔偿银行本金和利息损失时，银行的期望收益：$\bar{B} = Q(1-q)(1+r)$，即银行不会发生任何损失，银行的收益取决于贷款额度的大小及利率的高低，与抵押贷款时相同，利率越高银行的期望收益越大，企业自有资本的比例越高，银行的收益越低。

若担保公司与银行签订最终损失分担比例协议，假设银行分担比例为 e，则银行的期望收益：$\bar{B} = Q(1-q)(1+r)\bar{p} - [Q(1-q) - F](1-\bar{p})e$。

我们用 $\dfrac{\partial \bar{B}}{\partial r}$ 表示银行收益与利率的关系，解得：

$$\dfrac{\partial \bar{B}}{\partial r} = Q(1-q)\bar{p} + \dfrac{\partial \bar{p}}{\partial r}[Q(1-q)(1+r+e) - Fe]$$

显然 $Q(1-q) > 0$，$[Q(1-q)(1+r+e) - Fe] > 0$，$\bar{p} > 0$，因为在担保公司担保贷款时 $\dfrac{\partial \bar{p}}{\partial r} < 0$，所以存在 r^*，当 $r \geqslant r^*$ 时，$\{Q(1-q)\bar{p} + \dfrac{\partial \bar{p}}{\partial r}[Q(1-q)(1+r+e) - Fe]\} \leqslant 0$。当 $r \leqslant r^*$ 时，$\{Q(1-q)\bar{p} + \dfrac{\partial \bar{p}}{\partial r}[Q(1-q)(1+r+$

e) – Fe]}≥0。因而银行会实行信贷配给，选择适当利率来满足部分贷款的需求。

用$\dfrac{\partial \bar{B}}{\partial e}$表示银行收益与损失分担比例的关系，求解得：$\dfrac{\partial \bar{B}}{\partial e} = -[Q(1-q) - F](1 - \bar{p})$，显然$\dfrac{\partial \bar{B}}{\partial e} < 0$，说明损失分担比例越大，银行收益越小。

用$\dfrac{\partial \bar{B}}{\partial F}$表示银行收益与反担保物价值之间的关系，求解得：

$$\frac{\partial \bar{B}}{\partial F} = Q(1-q)(1+r)\frac{\partial \bar{p}}{\partial F} + (1 - \bar{p})e + e[Q(1-q) - F]\frac{\partial \bar{p}}{\partial F}$$

因为$Q(1-q)(1+r)\dfrac{\partial \bar{p}}{\partial F} > 0$，$(1 - \bar{p})e > 0$，$e[Q(1-q) - F]\dfrac{\partial \bar{p}}{\partial F} > 0$，所以$\dfrac{\partial \bar{B}}{\partial F} > 0$，即反担保物价值越大，银行期望收益越高，因此若银行与担保公司存在最终损失分担比例，银行的理性做法是督促担保公司锁定更多的反担保物。

用$\dfrac{\partial \bar{B}}{\partial q}$表示银行收益与企业自有资本比例的关系，求解得：

$$\frac{\partial \bar{B}}{\partial q} = -Q(1+r)\bar{p} + Q(1-q)(1+r)\frac{\partial \bar{p}}{\partial q} + e\{(1 - \bar{p})Q + \frac{\partial \bar{p}}{\partial q}[Q(1-q) - F]\}$$

在$\dfrac{\partial \bar{B}}{\partial q}$的表达式中$-Q(1+r)\bar{p} < 0$，而$Q(1-q)(1+r)\dfrac{\partial \bar{p}}{\partial q} > 0$，$e\{(1 - p)Q + \dfrac{\partial \bar{p}}{\partial q}[Q(1-q) - F]\} > 0$，因此存在$q^*$，当$q \geq q^*$时，$\dfrac{\partial \bar{B}}{\partial q} \leq 0$；当$q \leq q^*$时，$\dfrac{\partial \bar{B}}{\partial q} \geq 0$，即银行贷款时为了获取最大收益会要求企业的自有资本低于一定限度。

（4）结果分析。

当绿色信贷的贷款方式为信用贷款时，利率越高，企业逆向选择投资高风险项目的可能性越大，项目投资成功的概率也就越低，但若企业的自有资本投入大，投资失败企业将面临很大的损失，因此企业更可能将贷款用于指定的用途。对银行而言，银行的最优利率不会是市场出清时的利率，银行会实行信贷配给，即以低于市场利率的最优利率贷款，并且以配给方式满足市场对贷款的部分需求；尽管企业自有资本投入越大违约的可能性越小，但银行出于收益的考虑，在贷款时会要求一个合理的企业自有资本比例。

当绿色信贷的贷款方式为抵押贷款时，尽管抵押物能防止企业逆向选择的发生，但若抵押物价值与企业自有资本投入之和不够大时，银行贷款利率提高将促使企业将贷款投向高风险项目，但若抵押物价值与企业自有资本之和大到一定程度时，利率提高企业仍不会将贷款挪用于其他高风险投资。不过如果企业抵押物价值大到一定程度时，若继续要求企业提高自有资本的投入，企业反而会将贷款投资于高风险项目。采用抵押贷款时，由于抵押物容易变现，对于银行来说，只要企业愿意为高风险项目付更高的利率，银行就愿意贷款，因此不存在由于利率引起的信贷配给，而关键在于企业是否有足够的抵押物。

当绿色信贷的贷款方式为担保公司担保贷款时，利率的提高将导致企业逆向选择的发生，企业自有资本的投入及担保公司锁定的反担保物能防止逆向选择的发生，但若担保公司锁定的反担保物价值与企业自有资本的投入之和不够大时，担保费率的增加将导致企业逆向选择的发生。若担保公司与银行无最终损失分担比例，只要担保公司愿意担保，银行就可以给企业贷款，即使企业从事的是高风险投资。若担保公司与银行签订有最终损失分担的协议，信贷配给就会发生，银行会选择最优利率发放贷款；损失分担比例越大，银行损失越多，银行会要求担保公司锁定更多的反担保物，尽管越大的企业自有资本投入越能降低企业违约的风险，但银行为获取更多收益，不希望企业自有资本过大，而应控制在一定比例。

商业银行通过利率手段限制"两高一剩"融资，不应采取"一刀切"的办法，应结合贷款的担保方式及贷款项目的盈利水平，"量体裁衣"确定贷款利率及企业自有资本的投入比例，以避免企业逆向选择投资高风险项目，造成信贷风险暴露。

若是有抵押物或担保公司百分之百担保的"两高一剩"融资，商业银行的理性选择是满足其融资需求，因此为达到通过绿色信贷保护环境的目的，应有相应措施约束银行向此类企业贷款。

第6章

商业银行绿色信贷行为的机理二：开展环境友好型信贷的行为分析

商业银行开展绿色信贷除要控制非环境友好型信贷，还应支持环境友好型主体的融资需求，因此本章将从理论上分析商业银行开展环境友好型信贷的成本、收益、行为选择等，研究商业银行环境友好型信贷的行为机理。

6.1 开展环境友好型信贷的动机、收益、成本及行为过程

6.1.1 开展环境友好型信贷的动机

商业银行开展环境友好型信贷是由某些特定需要所引起的，在市场化的背景下，其动机归纳起来主要有以下两点。

第一，自身盈利与发展的需要。商业银行从事传统行业信贷多年，竞争规则已共知，市场竞争激烈，近年来，经济金融化、金融市场化进程加快导致的"金融脱媒"更进一步压缩了商业银行在传统行业的信贷空间，所以在这片传统领域，商业银行发展的前途越来越黯淡。另外，节能环保已成为全世界十分关注的问题。由于环境的持续恶化，节能环保需求越来越急迫，从人们的生活方式到农业、工业、服务业三大产业都在尽可能地

减少煤炭、石油等不可再生能源消耗，减少污染物排放。相关节能环保产业作为新兴产业、朝阳产业正在推动全世界产业结构发生深刻变化。我国也出台了多项政策、措施鼓励、支持节能环保产业的发展，而且我国的节能环保产业还处于起步阶段，还是一片无人争抢的市场空间，有众多潜在需求的买方。对商业银行而言，这代表着亟待开发的市场空间，代表着创造新需求，代表着高利润的增长机会，商业银行需要做的，不是比照现有的产业最佳实践，而是改变产业镜框，重新设定游戏规则，① 从而开辟新的蓝海，获取新的利润增长点，建立新的竞争优势。并且在绿色信贷发展的初期阶段，政府还出台了一系列的激励政策，这也有利于商业银行获取更多的收益以建立竞争优势。

第二，践行公益。商业银行开展环境友好型信贷的主要动机是盈利与发展，这种动机是功利性的动机。但是商业银行开展单笔环境友好型信贷业务时，其内在驱动力可以完全不是利益动机，而是以志愿为背景的纯粹利他主义，尽管这种业务的开展可能会给商业银行带来其他的综合收益。与追求盈利与发展的功利性动机相比，以践行公益为动机的绿色信贷由于是自愿行为，因此不需要过多地激励，只要具备绿色信贷开展的条件，商业银行就能主动、自觉完成信贷业务。但是商业银行毕竟是市场组织，以纯粹践行公益为动机开展的环境友好型信贷很难成为主流。

6.1.2　开展环境友好型信贷的收益

作为经营货币信用商品和提供金融服务的现代企业组织，我国商业银行逐步建立起了"自主经营、自负盈亏、自求平衡、自我发展"的经营机制，因此，在此背景下，环境友好型信贷业务对商业银行是否有吸引力，在很大程度上取决于其对商业银行收益的影响。商业银行开展绿色信贷主要有以下收益。

（1）短期收益。

第一，发展客户群体，拓展市场范围。拓宽客户群体是商业银行实现长足发展的基础工作，在现实中各商业银行基本都有贷款户数的考核指标。商

---

① W. 钱·金，勒妮莫博涅. 蓝海战略［M］. 北京：商务印书馆，2005.

业银行控制非环境友好型信贷，势必会退出一些贷款户，在发展普通客户弥补退出客户数的同时，商业银行通过开展环境友好型信贷可以进一步快速拓展客户数量，因为节能环保已被置于前所未有的战略高度，市场上很多客户具有节能环保方面的融资需求。据统计，到 2015 年，我国具备可行性的节能潜力超过 4 亿吨标准煤炭，需要上万亿元的投资，① 如果以 15% 的资金来源于银行测算，节能环保市场将有至少 150 万亿元的融资需求。

第二，获取更高的利率定价。利息收入是我国商业银行的主要收入来源，民生、中信、兴业、光大、招行、浦发、深发展、华夏 8 家银行 2011 年利息净收入占营业收入的 82.5%，处绝对主导地位；工、农、中、建、交 5 家大型银行利息净收入在营业收入中平均占比为 74.26%。② 因此利率定价的高低将是商业银行开展环境友好型信贷最关心的要素之一。而有"节能环保"融资需求的环境友好型客户往往能接受较高的利率定价。因为，首先，愿意融资进行"节能减排"的企业，项目上马后企业一般将有更高的收益，例如，一个企业原有年利润为 2000 万元，在融资上马"节能减排"项目后，同样的产量，由于能耗的降低、资源利用效率的提高，年利润为 2500 万元，多增加的 500 万元利润企业愿意与银行共同分享，故企业愿意接受较高的利率定价；其次，市场接受的"节能环保"产品较同效用的普通产品售价高、利润高，在企业获取高收益的情况下对商业银行贷款利率并不敏感；最后，银行通过产品创新、技术创新等手段增大了"节能环保"环境友好型贷款的受众面，贷款准入门槛的降低在某种程度上意味着风险的增大，银行要求较高的利率定价以覆盖风险，而相比利率定价而言，企业更在乎的是能否从银行获取融资。但是，随着商业银行在该领域竞争的加剧，利率定价可能会呈下降趋势，因此率先开展环境友好型信贷的商业银行能通过高利率定价获取更多的收益。

第三，获得更多的政策激励与社会资源。一国在绿色经济发展的初期，往往会运用价格、税收、收费等一系列手段来激励市场主体的行为朝着有利环保的方面发展。在绿色信贷方面，环保部与国际金融公司合作研究在财

---

① 夏青. 节能环保憧憬万亿投资 [N]. 证券日报，2012 – 7 – 25.
② 马国豪. 商业银行利率定价分析 [J]. 金融理论与实践，2011 (12).

政、税收等方面给予开展中国实施绿色信贷的金融机构的优惠政策；① 银行业监管机构将全面评估银行业金融机构的绿色信贷成效，按照相关法律法规将评估结果作为银行业金融机构监管评级、机构准入、业务准入、高管人员履职评价的重要依据。② 因而率先实施绿色信贷的商业银行将可能享受到优惠政策。

（2）长期收益。

第一，获取声誉优势。戈西和威尔逊（Gotsi and Wilson，2001）认为企业声誉是随着时间的流逝，利益相关者根据自己的直接经验、有关企业行为及其主要竞争对手的相关信息对企业做出的全面评价③。良好的声誉需要企业长期稳定、持续的投资来培养，④ 是企业最重要的、独特的无形资源，难以被模仿。弗布鲁姆和里埃尔（Fombrum and Riel，2004）在《声誉与财富》中指出声誉将影响顾客的购买决策，企业良好的声誉能够激励顾客的二次购买，从而为企业赢得一定的市场份额；声誉将影响媒体对企业的关注度，良好的声誉能让企业获得媒体的有利报道，媒体对企业报道又将会影响公众对该企业的关注度。具体到商业银行绿色信贷而言，开展环境友好型信贷的商业银行的行为与环境保护的社会道德规范一致，顾客口口相传、媒体报道等方式引起了更多公众的关注，通过长时间的积累，商业银行因此建立起了良好的声誉，原有客户群体因商业银行的声誉而提高忠诚度，同时商业银行的声誉也会弱化不完全信息市场中的信息不对称问题，犹豫不决的潜在客户以声誉作为识别银行的关键特征变量，从而转为该商业银行的正式客户。

第二，获取先动优势。环境友好型信贷业务刚兴起，率先开展环境友好型信贷的商业银行可以获得先动优势：一是先动者进入环境友好型信贷市场，积累了环境友好型信贷的经验，改进了信贷技术，推出了新的信贷产品，通过规模化的信贷降低了成本，提高了效率，形成了进入壁垒，由于进

---

① 王玲. 绿色信贷政策不断深化 [N]. 经济日报，2009 - 4 - 4.

② 中国银行业监督管理委员会. 绿色信贷指引 [DB/OL]. http：//www. law - lib. com.

③ 郝云宏，张蕾蕾. 持久的竞争优势与战略资源——企业声誉理论研究综述 [J]. 江西社会科学，2006（4）.

④ Robert. P. W and G. R. Dowling. Corporate Reputation and Sustained Superior Financial Performance [J]. Strategic Management Journal，2002（23）.

入壁垒的存在，使得先进入环境友好型信贷市场的商业银行比后进入环境友好型信贷市场的商业银行更具竞争优势。二是商业银行环境友好型信贷实质是提供一种金融产品，在产品信息不完全的情况下，消费者（借款人）通过产品试用了解了先动品牌的产品信息，当后动者进入市场时，由于消费者（借款人）对后动者产品品质的不确定而继续购买先动品牌的产品①，消费者（借款人）通过对先动者产品的使用形成消费者偏好，消费者偏好一旦建立就难以改变，此时消费者（借款人）对先动品牌具有更佳的喜好和更积极的购买动机②，即使后动者降低产品的价格，消费者（借款人）也难以为之所动。三是消费者（借款人）消费商业银行的环境友好型信贷产品需要花费交易成本，诸如学习产品特性、理解合同文本内容，在使用产品的过程中，消费者（借款人）积累了使用经验和技巧，并且商业银行一般会为老顾客提供降低利率或快速审批等优惠，若借款人寻找他行产品进行替代，必然产生新的搜寻、学习成本，并放弃之前的积累，从而形成较高的转换成本，高转换成本和更大的被锁定的客户群使先进入市场者获利。③

从上述分析可知，商业银行开展环境友好型既有短期收益又有长期收益，短期收益与长期收益构成了商业银行开展环境友好型信贷总的收益，商业银行开展环境友好型信贷的收益，如图6.1所示。

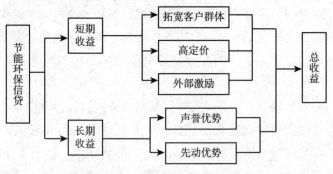

图6.1 "环境友好型信贷"的收益

---

① Schmalensee, Richard. Product Differentiation Advantages of Pioneering Brands [J]. American Economic Review, 1982 (6).

② Alpert. F and M. Kamins. An empirical investigation of consumer memory, attitude, and perceptions towards pioneer and follower brands [J]. Journal of Marketing, 1995 (10).

③ Klemperer. P. Market with consumer switching cost [J]. The quarterly journal of economics, 1987 (5).

6.1.3　开展环境友好型信贷的成本

商业银行开展环境友好型信贷业务可能付出的成本主要来自以下两个方面。

（1）开展环境友好型信贷需要增加新的成本。

商业银行开展环境友好型信贷可能需要投入新的成本，例如，研发、推广环境友好型信贷产品产生的成本；与环保部门、金融监管部门等建立信息交流沟通、共享机制成生的成本；学习新的审批技术及建立新的审批流程的成本；建立新的风险管理系统产生的成本；进行组织架构调整、内部责任分工、拟定规章制度、制定激励约束机制等方面的成本。

（2）形成不良贷款。

部分新材料、新能源企业或节能减排项目，自身实力较弱，管理不规范，市场前景尚不明确，抗风险能力较差，部分节能减排项目时间期限长，短期盈利能力不足，商业银行为其办理信贷业务后，若缺乏有效的风险控制措施，可能会产生不良贷款。

6.1.4　开展环境友好型信贷的行为过程

我们鼓励商业银行开展环境友好型信贷业务，但是也必须正视商业银行开展环境友好型信贷业务要经历的行为阶段，我们通过与商业银行信贷工作人员的访谈，结合商业银行环境友好型信贷的收益与成本，参考现有文献，总结出商业银行开展节能环保信贷业务的四个阶段，如图6.2所示。

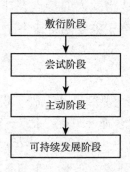

图6.2　商业银行环境友好型信贷行为发展

（1）敷衍阶段。

环境问题对社会的影响逐渐得到关注。政府、媒体、公众呼吁加强环境保护。节能环保企业或项目开始进入公众的视野，但节能环保的技术、产品尚不成熟。同时，社会也逐渐意识到商业银行在环境保护中所起的作用，要求商业银行通过信贷支持节能环保企业或项目的呼声越来越高。不过由于节能环保借款人刚处于起步阶段，实力有限，发展前景不明朗，并且商业银行缺乏对环境友好型借款人办理信贷业务的经验及系统的风险控制措施，商业银行认为开展环境友好型信贷的成本大于收益，因此对支持节能环保的环境友好型企业或项目持敷衍态度。

（2）尝试阶段。

市场对节能环保产品的需求逐渐提高，节能环保企业或项目经历一定的成长后，已拥有一定的市场份额，部分已具备了在商业银行融资的条件。市场上出现了专门为商业银行开展环境友好型信贷配套的中介机构，政府也开始采取激励措施或风险控制措施鼓励商业银行开展环境友好型信贷。在此条件下，商业银行开始尝试为具备融资条件并有融资需求的环境友好型借款人办理信贷业务。

（3）主动阶段。

社会公众的环境意识越来越强，对节能环保产品的需求大幅增加，政府也投入了大量资源支持节能环保产业，节能环保产业蓬勃发展。商业银行在尝试为节能环保企业办理信贷融资获取一定的收益并积累风险控制经验后，意识到环境友好型信贷可能成为新的利润增长点，因此开始主动根据节能环保产业或借款人的特点设计融资产品。越来越多的商业银行愿意为节能环保借款人提供融资服务，节能环保借款人的融资门槛逐渐降低。

（4）可持续发展阶段。

整个社会环境已经有利于节能环保产业的发展。商业银行支持节能环保的制度更完善、组织架构更合理、产品更丰富。商业银行支持节能环保，不再以利润最大化为目标，已经主动将环境责任融入了商业银行的信贷工作中，而且商业银行很愿意接受公众监督，主动向社会公布对节能环保产业的支持情况。

6.2　环境友好型信贷成本、收益的均衡分析

6.2.1　垄断下的均衡分析

当只有一家商业银行开展环境友好型信贷时，环境友好型信贷的市场是垄断的。图6.3中在垄断情况下某商业银行面临的市场需求曲线为 D，边际收益曲线为 MR，推行环境友好型信贷的边际成本为 MC，平均成本为 AC。商业银行环境友好型信贷采用 MR = MC 原则决定信贷额度，并按在该信贷额度水平借款人愿意支付的价格来决定利率水平。在商业银行刚推行环境友好型信贷时，平均成本较高，推行环境友好型信贷的收益为负，亏损的利润用 CABP 表示，在此种情况下，商业银行环境友好型信贷的积极性将遭受打击。假设商业银行进行了制度、产品、技术等各方面的创新，创新为商业银行推行环境友好型信贷节约了成本，新的边际成本为 MC^1，平均成本为 AC^1，MR 与 MC^1 相交决定的商业银行的信贷利率水平为 P^1，信贷额度为 Q^1，商业银行获取的利润为 $P^1A^1B^1C^1$，由于利润为正，因此商业银行有动力推行环境友好型信贷。

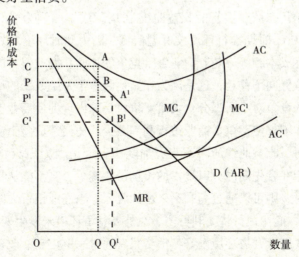

图6.3　垄断条件下的均衡分析

6.2.2 竞争下的均衡分析

假设商业银行面临的是一个充满竞争的环境友好型信贷市场。D 为商业银行开展环境友好型信贷所面临的收益曲线、C 为成本曲线，横轴表示商业银行开展环境友好型信贷的时机。图 6.4 反映了商业银行选择环境友好型信贷的最适宜时机，在该时点预期收益与预期成本差额最大。

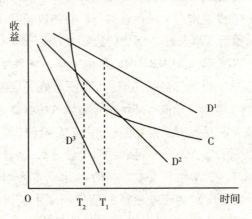

图 6.4 竞争下的均衡分析

假设初始状态商业银行的收益曲线为 D^1，成本曲线为 C，理性的商业银行应选择在 T_1 时期推行环境友好型信贷，因为此时环境友好型信贷的边际收益与边际成本相等。随着商业银行竞争的加剧，商业银行的收益曲线会发生改变，位置向下移动，这是因为在其他因素不发生改变的情况下，市场份额被更多的竞争对手所瓜分，大量竞争对手的出现促使商业银行之间开展价格战，这样不仅使得单个商业银行利润减少，还会造成整个市场利润总额的减少；同时，收益曲线的斜率将更加陡峭，这是因为随着竞争对手的增加，商业银行在领先期内可以抢占的市场份额变少，当不能从扩大市场份额中增加收入时，则可以通过高利率来增加收入。当商业银行之间的竞争使得 D^3 低于 C 时，商业银行将无利可图，在外界竞争环境未发生变化的条件下，商业银行若要继续开展环境友好型信贷只有通过采取创新、改善管理等手段降低成本。当然如果政府采取措施推动商业银行的收益曲线向右移动，比如从 D^3 移动到 D^2，在商业银行成本不变的情况下，商业银行开展环境友好型信贷将有正的收益，商业银行有动力开展环境友好型信贷。

6.2.3　不同成本收益下的策略选择

前面分析了垄断、竞争市场结构下环境友好型信贷的成本收益，但没有从更微观的角度体现商业银行开展环境友好型信贷成本与收益的均衡策略选择。从某种程度看，开展环境友好型信贷是一种金融创新，安德森、哈里斯（Anderson and Harris，1986）建立模型对金融创新进行了成本收益分析，本书将借鉴安德森、哈里斯的模型对商业银行绿色信贷的成本、收益进行分析，探讨商业银行的理性选择。

（1）前提条件。

假设市场上存在两个商业银行，设为 A 银行、B 银行。商业银行推行环境友好型信贷会产生固定成本 C，包括制度构建、产品创新、法律文本拟定等。当商业银行决定开展环境友好型信贷，需要等待长度为 K 的时间，因为制度构建、产品创新、法律文本拟定等需要时间。假设 C、K 为独立于商业银行的成本与时间，并且环境友好型信贷一旦被引入，整个金融市场将以不变比例 E 产生净收益，E 是不确定的，但是 E 有两个可能的值：E^H，E^L。$E^H > E^L$，$E^L \geq 0$，设 E^H 的概率为 p，则 E^L 的概率为（1 − p），期望收益 $\overline{E} = p \times E^H + (1 - p)E^L$，r 为贴现率。开展环境友好型信贷的总收益独立于开展环境友好型信贷的商业银行数量，如果只有一家商业银行开展环境友好型信贷，那么它将获得所有的净收益。如果两家银行均开展环境友好型信贷，那么他们将分割市场，但是先开展环境友好型信贷的商业银行市场份额将大于后开展环境友好型信贷的商业银行，因为存在先动优势。用 Q(t) 表示商业银行开展环境友好型信贷时在 t 时刻的市场份额，则有：$Q_A(t) + Q_B(t) = 1$；假设 Q(n) 为一商业银行比另一商业银行早 n 个时期开展环境友好型信贷的市场份额，从先开展的商业银行的角度而言，则有 n < 0，所以有：Q(−n) = 1 − Q(n)。如果两家商业银行同时开展环境友好型信贷，那么他们将平分市场份额，有：Q(0) = 0.5。由 Q(−n) = 1 − Q(n) 可知 Q(∞) = 0，因而可进一步假设 dQ/dn < 0。

（2）模型分析。

情景一：商业银行 A 在 t = 0 时决定开展环境友好型信贷，并在 t = K 时正式推出，而商业银行 B 一直未开展绿色信贷，则商业银行 A 的收益为：

$\sigma_1 = -C + e^{-rK} \dfrac{\overline{E}}{r}$；商业银行 B 的收益为 $\sigma_{1B} = 0$。

情景二：商业银行 A、B 同时在 t = 0 时决定开展环境友好型信贷，并在 t = K 时正式推出，则商业银行 A 的收益为：$\sigma_2 = -C + Q(0)e^{-rK} \dfrac{\overline{E}}{r}$；商业银行 B 的收益为：$\sigma_2 = -C + Q(0)e^{-rK} \dfrac{\overline{E}}{r}$。

情景三：一个商业银行先推行环境友好型信贷，另一个商业银行跟进开展环境友好型信贷。假设 A 银行先开展，B 银行跟进。如果环境友好型信贷市场需求较大，A 银行准备推出环境友好型信贷的时点为 t = 0，B 银行在 t = K 时决定推出环境友好型信贷，A 银行将获取 K 至 2K 时的利润，最终 A 银行将与 B 银行分享整个信贷市场，A 银行获取的利润为：$p(1-Q(n))E^H$；如果环境友好型信贷市场需求量小，先开展环境友好型信贷的 A 银行有可能垄断整个市场，其获得的利润为：$(1-p)E^L$。对 B 银行而言，当市场需求量大时，B 获得的利润为 $Q(n)E^H$；而当市场需求量较小时，作为跟随者的 B 银行将选择不开展环境友好型信贷，收益为 0。

则 A 银行的收益为：

$$\sigma_3 = -C + e^{-rK}(1 - e^{rK})\frac{\overline{E}}{r} + e^{2rK}\frac{p[1 - Q(K)E^H + (1-p)E^L]}{r}$$

B 银行的收益为：$\sigma_4 = p(-e^{-rK}C + e^{-2rK}Q(K)\dfrac{E^H}{r})$

安德森、哈里斯证明了均衡总是存在的，相关分析如下：第一，当 $\sigma_1 < 0$ 时，两个商业银行都不会开展环境友好型信贷，即使是垄断整个环境友好型信贷市场，商业银行仍然无利可图；第二，如果 $\sigma_1 > 0$ 且 $\max(\sigma_2, \sigma_4) < 0$，表明商业银行垄断环境友好型信贷市场能获取利益，但是如果商业银行同时开展环境友好型信贷都将无利可图，追随前一家商业银行开展环境友好型信贷的商业银行也无利可图，那么只有一个商业银行垄断环境友好型信贷市场才是合理的，因此商业银行将争先开展环境友好型信贷；第三，如果 $\sigma_2 > \max(\sigma_4, 0)$，说明同时开展环境友好型信贷分享市场是理性的，因为其收益高于作为市场跟随者的收益，反之，若 $\sigma_4 > \sigma_2 > 0$，那么理性的商业银行应该选择作为市场跟随者；第四，如果$\sigma_3 > \max(\sigma_2, 0)$，那么先开展环境友好型信贷的商业银行将因跟随者在未推出环境友好型信贷之前占据较大的市场份额，但是如果在一段时间后市场仍然存在盈利空间，将有另外的商业银行进入该市场领域；第五，若有$\sigma_4 > \max(\sigma_2, 0)$，且$\sigma_3 < 0$，说明市场跟随者的竞争将导致先开展环境友好型信贷的商业银行的收益为负，因此没有一家商业银行愿意率先开展环境友好型信贷。

6.3　市场竞争对开展环境友好型信贷的影响

成本收益均衡分析的重点是商业银行衡量环境友好型信贷本身的成本、收益做出的行为选择。本节将结合商业银行竞争加剧的客观实际，研究市场竞争的变化怎样影响商业银行在环境友好型信贷与普通信贷之间做出行为选择。

6.3.1　典型案例

2011年年初，某国有银行的省分行给其在省会城市的一家直属支行下达的任务目标之一是对公日均存款新增2.8亿元，时点存款新增5.2亿元，截至2011年9月1日，该支行日均存款新增任务完成了约2.4亿元，时点完成了约3.3亿元，但由于该省会城市商业银行之间竞争非常激烈，该支行在2011年第四季度优质项目储备不足，但全年时间已过约3/4，日均差约4000万元，意味着从9月1日起算，当天需新增1.2亿元存款且直到年末保持不动，任务压力非常大。该支行通过梳理存量客户入手，发现与该支行在2008年建立合作关系的一家从事环保公厕新建改造、污水处理、生产智能泡沫节水洁具、分散式污水处理设备的企业接到了一个2.9亿元的政府订单，具有5200万元的融资需求，但是该企业具备的抵押物价值只有3460万元，迫于竞争压力，该支行为该企业设定了订单融资的方案，弱化抵押物要求，并多次力邀分行审批部门的领导到企业进行考察，经过支行的努力，分行同意对该企业新增授信5000万元。该支行在10月8日为该节能环保企业发放了5000万元流动资金贷款，同时要求企业在该支行办理2亿元3个月期的全额银行承兑汇票以完成存款任务。该案例说明在银行竞争激烈的情况下，商业银行迫于业绩压力，有可能主动去支持节能环保企业。

随着金融市场的深化，商业银行的竞争将日趋激烈。竞争对手的增多，竞争强度的增大必将影响商业银行对贷款主体的信贷供给。那么在此种情况下，商业银行是否会放松风险尺度导致信贷风险增加？在激烈的竞争中，商业银行是否愿意开展环境友好型信贷？我们构建了一个数理模型，说明市场竞争对商业银行环境友好型信贷的影响。

6.3.2　模型构建

我们按照贷款主体生产经营对环境的影响，将市场上存在的贷款主体分为一般企业与节能环保企业两类。

贷款主体投资项目的收益为 s，无论是一般项目还是节能环保型项目，投资收益都不是无限大，假设投资收益 $s \in [0, \overline{s}]$。贷款主体投资项目的收益与投资风险成正比，即收益越高的投资项目风险越大。一般贷款主体投资项目成功的概率为 p，p 是项目投资收益的连续函数，$p = p(s)$，且满足 $p(0) = 1$，$p(\overline{s}) = 0$，$\frac{\partial p}{\partial s} < 0$ 等条件。节能环保主体投资项目成功的概率为 q，q 也是项目投资收益的连续函数，$q = q(s)$，同样满足 $q(0) = 1$，$q(\overline{s}) = 0$，$\frac{\partial q}{\partial s} < 0$ 等条件。

市场上存在多家商业银行，但每家银行能用于发放贷款的资金为单位 1，且只能发放 1 年期贷款。银行对一般企业的贷款定价为 R，对节能环保企业的贷款定价为 Q。银行的贷款定价与贷款主体的风险程度及信贷市场上的竞争激烈程度相关。贷款主体的投资收益代表了贷款主体的风险程度，收益越高的投资意味着越高的风险水平，因此银行的贷款定价将更高。信贷市场上竞争越激烈，贷款主体的议价能力越强，银行利率定价越低，在市场竞争激烈时，商业银行会提供增值服务、特色服务，以防客户流失，并且竞争越激烈，商业银行提供的增值服务、特色服务越多，从另外一种角度看，贷款主体更换银行的转换成本也就越高，实际上客户更换银行时还会产生账户变更费用、丧失原有合作关系等显性或隐性成本，因此我们用贷款主体的转换成本代表银行竞争激烈程度，假设转换成本为 b，转换成本越高时，贷款利率定价水平越低。因此银行为客户设定贷款利率时，既要考虑风险水平，也要考虑竞争情况，所以 R，Q 为贷款主体投资收益 s 与 b 的连续函数，即：$R = R(s,b)$，$Q = Q(s,b)$。$R(s,b)$ 满足：$\frac{\partial R}{\partial s} > 0$，$\frac{\partial R}{\partial b} < 0$。同理 $Q(s,b)$ 满足：$\frac{\partial Q}{\partial s} > 0$，$\frac{\partial Q}{\partial b} < 0$；$\frac{\partial R}{\partial s \partial b} = 0$，$\frac{\partial Q}{\partial s \partial b} = 0$。

尽管信贷市场上存在竞争，但是银行在设置合理的定价水平后，贷款均能有效出清。设银行贷款中，贷给一般企业的比例为 φ，$0 \leq \varphi \leq 1$，则贷给节能环保企业的比例为 $(1 - \varphi)$。银行筹集资金也需要付出成本，假设每单位资金成本为 ε，出于简化模型的考虑，文章中假设银行筹集资金的单位成本为定值，不受其他因素的影响。由于受社会发展、银行信贷历史、银行管理制度等多因素的影响，银行对一般企业发放贷款与对节能环保企业发放贷款具有不同的管理成本，设银行向一般企业发放贷款的每单位管理成本为 α，向节能环保企业发放贷款的每单位管理成本为 β。α，β 只与贷款主体的投资收益（风险状况）相关，$\partial = \partial(s)$，$\beta = \beta(s)$，且 $\frac{\partial \alpha}{\partial s} > 0$，$\frac{\partial \beta}{\partial s} > 0$。银行信贷的终极风险可控，即不考虑贷款主体违约给银行贷款本金造成的损失。

6.3.3　模型分析

当有贷款需求的企业向银行提出贷款申请后，银行由于信贷资本有限，必须慎重考虑信贷投向。银行将根据掌握的信息，从利益最大化角度，有选择性地向审核合格的企业发放贷款。如果贷款企业投资成功，银行将按期收到贷款利息，如果贷款企业投资失败，银行的筹资成本、贷款管理成本将无法弥补，用 μ 表示银行的收益函数：

$$\mu = \phi[p(s)R(s,b) - \varepsilon - \alpha(s)] + (1 - \varphi)[q(s)Q(s,b) - \varepsilon - \beta(s)]$$

那么在银行竞争加剧时，银行的贷款风险如何变化了？理性的商业银行将选择合理的风险水平以使其收益最大化，由于项目投资收益 s 代表了投资的风险水平，现将 μ 关于 s 求导，得：

$$\frac{\partial \mu}{\partial s} = \phi\left[\frac{\partial p(s)}{\partial s}R(s,b) + \frac{\partial R(s,b)}{\partial s}p(s) - \frac{\partial \alpha(s)}{\partial s}\right]$$

$$+ (1 - \phi)\left[\frac{\partial q(s)}{\partial s}Q(s,b) + \frac{\partial Q(s,b)}{\partial s}q(s) - \frac{\partial \beta(s)}{\partial s}\right]$$

上式反映了商业银行的收益随风险变化的情况。并且，结合假设条件 $0 \leqslant \phi \leqslant 1$，$0 \leqslant 1 - \phi \leqslant 1$，$R(s,b) > 0$，$Q(s,b) > 0$，$p(s) \geqslant 0$，$q(s) \geqslant 0$，从上式可以看出，有两种相反的作用效果影响商业银行的收益随风险变化情况：第一，对商业银行的收益随风险变化起正向作用的有 $\frac{\partial R(s,b)}{\partial s}$，$\frac{\partial Q(s,b)}{\partial s}$，因为 $\frac{\partial R(s,b)}{\partial s} > 0$，$\frac{\partial Q(s,b)}{\partial s} > 0$；第二，对商业银行的收益随风险变化起负向作用的有 $\frac{\partial p(s)}{\partial s}$，$\frac{\partial q(s)}{\partial s}$，$\frac{\partial \alpha(s)}{\partial s}$、$\frac{\partial \beta(s)}{\partial s}$，因为 $-\frac{\partial \alpha(s)}{\partial s} < 0$，$\frac{\partial q(s)}{\partial s} < 0$，$\frac{\partial p(s)}{\partial s} < 0$，$-\frac{\partial \beta(s)}{\partial s} < 0$。要进一步了解商业银行竞争对商业银行风险的影响状况，需要对 $\frac{\partial \mu}{\partial s}$ 求关于转换成本 b 的偏导，由于只有 $R(s,b)$，$Q(s,b)$ 是关于 b 的函数，求解得：

$$\frac{\partial \frac{\partial \mu}{\partial s}}{\partial b} = \phi \left[\frac{\partial p(s)}{\partial s} \frac{\partial R(s,b)}{\partial b} \right] + (1 - \phi) \left[\frac{\partial q(s)}{\partial s} \frac{\partial Q(s,b)}{\partial b} \right]$$

因为 $\frac{\partial p(s)}{\partial s} < 0$，$\frac{\partial q(s)}{\partial s} < 0$，$\frac{\partial R(s,b)}{\partial b} < 0$，$\frac{\partial Q(s,b)}{\partial b} < 0$，所以 $\frac{\partial p(s)}{\partial s} \times \frac{\partial R(s,b)}{\partial b} > 0$，$\frac{\partial q(s)}{\partial s} \frac{\partial Q(s,b)}{\partial b} > 0$；又因为 $0 \leqslant \phi \leqslant 1$，$0 \leqslant (1 - \phi) \leqslant 1$，所以 $\frac{\partial \frac{\partial \mu}{\partial s}}{\partial b} > 0$。

$\frac{\partial \frac{\partial \mu}{\partial s}}{\partial b} > 0$ 说明市场上商业银行竞争的加剧导致了商业银行信贷风险水平的上升；竞争减弱时商业银行信贷风险将下降。因为竞争激烈时，商业银行为争夺客户，准入门槛降低，审批标准下降，一些资质欠佳、经营风险较大的企业也能获得贷款，并且随着竞争的加剧，商业银行的贷款定价水平也将下降，不能满足收益覆盖风险的贷款定价原则；与此相反，当银行竞争激烈程度下降时，商业银行的客户选择面更广阔，高的准入门槛与严格的审批标准将风险较高的客户排除在银行信贷体系之外，并且商业银行也能进一步提高定价水平以覆盖相应的风险，所以商业银行信贷资产质量在竞争减弱时得到了提高，商业银行面临的信贷风险下降。同时 $\phi\left[\dfrac{\partial p(s)}{\partial s}\dfrac{\partial R(s,b)}{\partial b}\right]\geqslant 0$ 与

$(1-\phi)\left[\dfrac{\partial q(s)}{\partial s}\dfrac{\partial Q(s,b)}{\partial b}\right]\geqslant 0$，说明竞争激烈时，商业银行无论是对一般企业还是对节能环保企业发放贷款，信贷风险都会增加。上述分析说明了银行面临的信贷风险将随竞争而变化，但是还未明确在竞争加剧的情况下，商业银行究竟是愿意对一般企业发放贷款还是愿意对节能环保企业发放贷款，因此下面将对此进一步分析。

商业银行将在一般企业与节能环保企业中合理分配信贷资源以使其收益最大化，为分析商业银行收益随贷款对象变化的情况，现对 μ 关于 ϕ 求导得：

$$\frac{\partial \mu}{\partial \phi}=\left[p(s)R(s,b)-\alpha(s)-\varepsilon\right]-\left[q(s)Q(s,b)-\beta(s)-\varepsilon\right]$$

当 $\left[p(s)R(s,b)-\alpha(s)\right]>\left[q(s)Q(s,b)-\beta(s)\right]$ 时，即当银行对一般企业贷款的收益大于对节能环保企业贷款的收益时，银行信贷客户中一般企业的比例是上升的，节能环保企业的信贷比例是下降的。当 $\left[p(s)R(s,b)-\alpha(s)\right]=\left[q(s)Q(s,b)-\beta(s)\right]$ 时，于商业银行而言，对一般企业发放贷款和对节能环保企业发放贷款并无差异。当 $\left[p(s)R(s,b)-\alpha(s)\right]<\left[q(s)Q(s,b)-\beta(s)\right]$ 时，即当银行对一般企业贷款的收益小于对节能环保企业贷款的收益时，银行信贷客户中一般企业的比例是下降的，节能环保企业的信贷比例是上升的。

商业银行的收益受多种因素的影响，在商业银行竞争程度变化时，商业银行对客户的选择将如何变化了？现将 $\dfrac{\partial \mu}{\partial \phi}$ 关于 b 求导，得：

$$\frac{\partial \frac{\partial \mu}{\partial \phi}}{\partial b}=p(s)\frac{\partial R(s,b)}{\partial b}-q(s)\frac{\partial Q(s,b)}{\partial b}$$

上式结果存在三种可能性：当 $p(s)\dfrac{\partial R(s,b)}{\partial b}=q(s)\dfrac{\partial Q(s,b)}{\partial b}$ 时，$\dfrac{\partial \frac{\partial \mu}{\partial \phi}}{\partial b}=0$；当 $p(s)\dfrac{\partial R(s,b)}{\partial b}>q(s)\dfrac{\partial Q(s,b)}{\partial b}$ 时，$\dfrac{\partial \frac{\partial \mu}{\partial \phi}}{\partial b}>0$；当 $p(s)\dfrac{\partial R(s,b)}{\partial b}<q(s)$

$\frac{\partial Q(s,b)}{\partial b}$时，$\frac{\partial \frac{\partial \mu}{\partial \phi}}{\partial b}<0$。为便于讨论，我们将$\frac{\partial \mu}{\partial \phi}$用 ξ 代替。当 ξ = 0 时，说明商业银行对客户的选择不受商业银行竞争的影响。当 ξ > 0 时，即一般项目的投资成功概率与利率定价的竞争边际变化率之积大于节能环保项目投资成功的概率与利率定价的竞争边际变化率之积时，说明竞争越激烈，$\frac{\partial \mu}{\partial \phi}$越大，但是$\frac{\partial \mu}{\partial \phi}$本身又分两种情况，当$\frac{\partial \mu}{\partial \phi}>0$时，说明竞争越激烈，商业银行越趋向于向一般企业贷款，竞争不激烈时，节能环保企业的占比是上升的。当$\frac{\partial \mu}{\partial \phi}<0$时，说明尽管商业银行向节能环保企业贷款会有更高的收益，但是竞争激烈程度增加时，市场上的商业银行也愿意向一般企业贷款。同理，当ξ < 0 时，即一般项目的投资成功概率与利率定价的竞争边际变化率之积小于节能环保项目投资成功的概率与利率定价的竞争边际变化率之积时，说明竞争越激烈，$\frac{\partial \mu}{\partial \phi}$越小，此时仍需分两种情况讨论，当$\frac{\partial \mu}{\partial \phi}>0$时，说明竞争越激烈，商业银行对一般企业增加贷款的边际收益将越来越小，商业银行愿意支持节能环保项目，当$\frac{\partial \mu}{\partial \phi}<0$时，商业银行愿意向节能环保企业发放贷款，并且竞争越激烈，商业银行就越愿意向节能环保企业发放贷款而拒绝一般企业的贷款申请，反之当竞争不激烈时，商业银行向一般企业贷款的可能性更大。

6.3.4 模型结论

在竞争激烈的情况下，商业银行信贷的贷款利率下降，并且商业银行的信贷风险上升；反之，在竞争减弱时，商业银行信贷的贷款利率上升，并且信贷风险降低。因此在竞争加剧的条件下，如果有针对商业银行环境友好型信贷的风险补偿机制，那对商业银行开展环境友好型信贷无疑具备很大的吸引力。

究竟商业银行是愿意向一般企业贷款还是向节能环保企业贷款，要取决于在一定风险条件下向哪个主体贷款的单位收益更高。并且竞争激烈程度不同时，商业银行对贷款主体的偏好是不同的。这主要与贷款主体投资成功的概率及商业银行竞争对贷款主体定价的影响等因素密切相关，而贷款主体对定价的敏感程度与贷款主体投资收益的高低密切相关，因此要促进商业银行开展环境友好型信贷业务，应该思考如何采取政策措施保障或提高环境友好型借款人项目投资成功概率及环境友好型借款人的投资收益。

6.4　社会条件对开展环境友好型信贷的影响

6.4.1　传统型环境友好型信贷的典型案例

成都××化工有限公司主导产品为尿素、碳酸氢铵等，具有年产 10 万吨合成氨、20 万吨尿素、10 万吨碳酸氢铵和 10 万吨复合肥的生产能力。成都××银行对××化工公司支持的节能减排项目主要有以下两个。

（1）尿素、脱碳高新技术节能技改项目。

该项目是采用高新技术变压吸附脱碳生产工艺，将含氮 17% 的低浓度碳铵改产为含氮 46% 的高浓度氮肥尿素。项目预计总投资 4924 万元，其中在成都××银行贷款 3000 万元。

变压吸附脱碳生产工艺是一种先进的生产工艺，具有分离度高，节约能源和保护环境等优点。采用该种工艺后，全年将增加尿素产量 42000 吨，减少碳铵 35000 吨，减少液体商品氨 12700 吨，节约蒸汽 7 万吨（每吨合成氨节约蒸汽 1000 千克），节约溶液 20 吨。另外，每年还可少向水中排放 20 吨 MEDA 溶液。

从项目的经济效益看，该项目每年可新增销售收入 6720 万元，节约能源费用 534 万元，新增利税 1660 万元。由此可见，该项目生产工艺先进、技术有创新，经济与环境效益较好。

（2）年产 5 万吨三聚氰胺及二氧化碳回收技改项目。

该项目拟利用××化工现有尿素产品为原料，采用××公司节能节资型气相淬冷新工艺建设 5 万吨/年三聚氰胺装置，采用二氧化碳低压回收技术回收烟道气中二氧化碳（全年回收二氧化碳约 8.5 万吨），生产三聚氰胺和碳酸氢铵，实现了循环生产，并有效减少废气排放，保护了环境。项目预计总投资 19917 万元，其中在××银行贷款 10000 万元。××公司节能节资型气相淬冷法三胺技术在综合能耗上处于世界领先水平，其技术方案特点主要包括：

① 节能节资型气相淬冷新工艺以熔融尿素为原料，采用中低压连续法生产三聚氰胺，该工艺的主要特点为生产过程不用精制，一步即可得优质产品，具有原材料消耗低、节省能源、设备可全部国产化、开停车容易等特点。

② 生产过程中不排放废水，生产装置所产生的尾气进入碳铵装置，热气过滤器排出的少量副产物可作为长效肥料及饲料蛋白添加剂使用，整个装置为全封闭运行，对环境影响较小。

③ 装置基本上都是中低压设备，除采用不锈钢作为尿素和成品接触部分外，其余均可采用碳钢，设备投资费用、维修和保养费用低。

④ 整个装置除操作室及辅助建筑外，均采用露天布置，大大减少了土建投入。

⑤ 因生产过程中全部在高温下进行，三胺反应气体温度高达 400 摄氏度，装置利用循环冷却，副产 2.2 兆帕斯卡中蒸汽外送或自身使用。

由此来看，该项目延长了××化工高附加值的产品链，使产品结构更加多元化，既提高了企业和地方的经济效益，又最大限度地减少了企业三废排放，社会效益显著。

××银行在聘请专业评估机构对××化工的节能减排项目进行可行性研究后，为××化工办理了项目贷款。由于这两个项目给××化工带来了较好的经济效益，××化工对银行的贷款利率高低并不敏感。银行的贷款定价达到了基准利率上浮 75%，而普通过亿的贷款项目银行贷款利率能达到基准上浮 30% 的都非常少，并且××化工将工资代发归结到该银行，日常结算也归结到该银行，同时几乎每个员工还在该银行申请了一张信用卡。

6.4.2　创新型环境友好型信贷的典型案例

在嘉兴，全部排污权实行总量控制，无论任何规模的企业都必须有偿使用排污权。政府规定使用者一旦购买了所需的排污权后，使用年限可达 20 年。由于政府对排污权实行了总量控制，排污权成了稀缺资源，具有了交易价值。并且嘉兴政府于 2007 年 11 月，在全国率先成立了排污权储备交易中心，作为排污权有偿使用、交易的平台。近年来企业数量、对排污权的需求随着经济发展而增大，排污权的交易价格呈上升之势，成交价往往远高于起拍价。但对大多数中小企业来说，购买排污权是一笔不小的负担，同时企业为控制排污量，还需要投入资金改进生产工艺，改造生产设备，进一步挤占了中小企业的流动资金。不少企业在购买排污权，采取措施降低排放后，出现了流动资金缺口。

浙江嘉兴春晓食品有限公司是嘉兴当地的一家小微企业，在嘉兴购买了土地，修建了厂房，并为此投入了大量的资金。嘉兴当地为加强环境保护，规定开厂必须要购买排污权，因此，公司用170万元购买了20吨/年COD排放权。由于公司控制人来自广东，在规划公司财务时，并没有考虑到排污权支出，在购买排污权后，公司流动资金出现紧张，但由于公司的土地修建了建筑物，在当地办不了抵押贷款，而房屋又未办理产权证，无法采用传统的银行融资方式。

嘉兴银行在对春晓公司依据授信制度进行调查后，认为春晓公司的生产经营、信用记录等符合银行的准入条件。在委托专业机构对公司持有的排污权进行评估后，以排污权作为抵押（排污权抵押的登记机关为嘉兴环保局），为春晓公司贷款120万元，抵押率约为70%。在关于抵押物处置问题上，嘉兴银行还与当地环保、财政等政府部门签订了回购协议，约定若贷款产生风险，政府用财政资金对排污权进行回购，以化解银行的信贷风险。有了银行信贷资金的支持，大大缓解了企业节能减排与流动资金紧张的压力。

该笔信贷业务是银行进行创新支持节能减排的典型案例。嘉兴银行根据当地排污权交易的具体情况，进行了创新，开办了排污权抵押融资业务，摆脱了传统抵（质）押的束缚，拓展了新的客户，而且从风险管理的角度看，在该案例中，排污权还属于地方试点的阶段，银行与政府签订了排污权回购协议，将终极风险转移到了政府，可谓明智之举。

6.4.3　拒绝环境友好型融资申请的典型案例

××纸业有限公司的前身是××县浆板厂，2004年由于污染事故，被政府强制关停，2006年石××、徐××、章××收购了××县浆板厂，更名为××纸业有限公司。公司于2008年启动了全面的技术改造项目，在原有厂区内进行了碱回收、中段水处理、制浆、造纸等系统性的技术改造，并采用环保的 TCF 无氯氧漂、国际先进的黑液燃烧法碱回收等工艺，实现环保制浆、清洁生产。项目于 2009 年 12 月建成，2010 年 2 月开始试生产，2011 年 5 月通过了环评验收。企业投产后，为进一步优化流程，提升产品品质，实现产品多元化，又陆续进行了造纸白水回收、中段水深度处理，废气回收和制浆流程更新改造。经过技术改造后，公司成了一家产品可以多样化的造纸企业，可以生产的产品有：漂白竹浆板、皱纹卫生原纸、本色竹浆板、纯天然本色卫生原纸、FSC 系列竹浆产品、本色初级竹溶解浆、漂白全溶解浆，漂白竹浆粕。

2012 年公司正式投产，但受整个经济形势的影响，工业用纸不景气。公司将产品重点定位于生活用纸，因为生活用纸受经济周期影响较小，但普通生活用纸已被心相印、洁柔、维达等大品牌所垄断，公司决定生产本色卫生纸，本色卫生纸通过生物发酵技术代替了传统的造纸工艺，原料采用竹浆、植物油、淀粉、水，消除了普通生活用纸氯、苯、荧光粉等致癌物质及化工原料对身体的危害，属于环保类产品。

因为前期投入了大量的资金进行技术改造，公司流动资金紧张，于是公司向××银行申请了 6000 万元的信贷融资，担保方式为土地、厂房抵押，土地、厂房评估价值 1.32 亿元，××银行对××纸业有限公司进行了调查，银行认为现在的消费者接受了市场上的普通生活用纸，而且由于采用了生物技术，本色卫生纸的生产成本大于普通卫生纸的生产成本，销售价格一包比普通卫生纸要贵约 1~3 元，因此对本色卫生纸的销售前景存疑。最终××银行拒绝了××纸业有限公司的贷款申请。

6.4.4 基于案例分析的影响环境友好型信贷的社会条件

从上述三个案例可以知道，商业银行环境友好型信贷的开展需要一定的社会条件做支撑，这些社会条件将影响环境友好型信贷的开展，归纳起来主要有以下几点：

（1）第三方中介评估机构的支持。

从 6.4.1 案例中我们可知商业银行支持成都××化工有限公司进行节能环保升级的前提条件是成都××化工有限公司本身是成熟企业，其产品已为市场所接受。对于这种类型的环境友好型融资，我们可以认为是在原有生产基础上的提档升级，因为银行为企业办理融资后，企业进行技术、设备升级，降低了能耗或减少了污染，但节能环保改造后的产品与原来的产品无异。在产品性质或性能不变，市场需求不会受此影响的前提下，商业银行需要特别了解的是该节能环保改造的技术可行性与经济可行性。只要具备可行性①，商业银行将愿意支持该类型的节能环保融资需求。因此，推动商业银行开展该种类型的环境友好型融资的关键是解决商业银行与融资主体之间关于节能环保技术或设备的信息不对称问题。而要解决此问题可以靠商业银行自身的专业人士对节能环保专业性问题进行分析、判断，但由于商业银行面对的客户群体所涉及的行业众多，自身的引进与培养的人才毕竟知识有限，而且专业人才的引进与培养也需要时间，因此在一定时间范围内还是需要借助外部专业机构来解决信息不对称的问题。借助外部专业机构出具的可行性分析报告，商业银行可以降低推进环境友好型信贷业务的交易成本，反之，若无这类专业服务机构的存在，商业银行了解技术、设备可行性的难度和成本将大量增加，这将影响商业银行的信贷行为。

（2）政府的制度创新。

商业银行开展绿色信贷支持节能环保企业或项目，归根到底是要有适合节能环保借款人的融资产品，如果仅依赖于传统融资产品显然无法满足市场的发展。从借款人的视角看，商业银行的产品创新可分为便利性创新与可得性创新。便利性创新主要是解决手续、流程烦琐等问题，依靠商业银行自身就能进行创新，难度相对较小。而可得性创新则需要商业银行围绕节能环保企业或项目的资产、负债类科目，并结合上、下游关系或其他交易关系进行产品设计。这类创新的复杂程度相对较高，但是商业银行的可得性创新对推动绿色信贷的发展也将具有更重要的作用。实践中，有些商业银行已经根据节能环保产业的特点推出了创新型的绿色信贷产品，并且有些产品仅能适用于节能环保的环境友好型借款人。这些仅针对环境友好型借款人的可得性创新产品的设计则需要以政府及其他相关组织在环境方面的创新为前提，即如果没有政府及其他相关组织的创新，商业银行的产品创新就不可能存在。例

---

① 在这里我们需要特别指出的是，银行支持的节能减排改造一般都是已经具备现实可行性的，银行的风险容忍度决定了银行很难像天使投资、风投等机构一样去支持借款人搞创新研发。

如，在6.4.2的案例中，若政府没有控制污染排放总量，要求企业必须购买排污权才能排污，并建立排污权交易机制，使排污权具有了交易价值，商业银行就没有办法设计出排污权抵押融资产品开展环境友好型信贷。因此为推动商业银行绿色信贷的发展，政府及相关组织在环境保护的政策、制度方面应先有所创新。

（3）政府对环境友好型企业的扶持。

从6.4.3中可知，××纸业有限公司的抽纸没有添加任何化学制剂，生产排放的废弃物危害性大幅降低，而且由于是纯天然物质加工出来的纸张，因此更有利于保护使用者的身体健康，但由于成本较高，并且消费者已经习惯了现有产品，在此情况下商业银行并不愿意对其进行信贷支持。其实××纸业有限公司生产的产品遇到的这种情况，并不是个案，市场上还有很多类似的例子。由于产品销售不畅，如果没有其他条件做支撑，要商业银行支持这类型的环境友好型企业确实勉为其难，因为企业的非良性发展最终会损害商业银行的信贷资产质量。从商业银行信贷的风险偏好看，商业银行不会愿意贷款给企业去推广市场，这具有较高的不确定性，风险难以控制，但对于有市场需求，需要扩大产能的企业，商业银行进行信贷支持的可能性将大幅提高。所以要推动商业银行支持这类型的环境友好型企业发展，必须先采取措施让消费者接受企业的产品，扩大产品的市场需求，只有产品未来能销售出去，企业才能正常偿还商业银行的贷款。而环境友好型产品的推广不能仅依赖于企业自身，毕竟企业可支配的资源有限，要推动商业银行开展绿色信贷支持环境友好型企业的发展，就要求在企业自己采取措施加强产品推广外，政府还应采取措施帮助环境友好型企业进行产品推广，因为在环境友好型产品的宣传、推广方面，政府的财力不是单个企业能企及的，而且政府对环境友好型认定的公信力更容易让消费者信服。例如，在家电领域，政府财政安排了265亿元，补贴符合节能标准的平板电视、电冰箱、洗衣机、空调和热水器等电器，对产品销售起到了很大的助推作用。

（4）补偿商业银行承担的风险。

目前不少环境友好型借款人面临着管理不规范、实力弱、抗风险能力差、所需融资期限长等现实困难，即使是使用传统融资的产品，环境友好型借款人的这些实际特点，也增大了商业银行的信贷风险。而且不少环境友好型主体缺乏抵（质）押物，传统融资产品显然无法满足环境友好型借款人的需要，因此围绕环境友好型借款人面临的现实困难，为推动环境友好型产业的发展，商业银行还需进行金融产品可得性创新，但是创新的金融产品让商业银行面对着不小的风险敞口。风险控制是商业银行开展绿色信贷支持环境友好型产业发展必须考虑的要素，在商业银行内控措施不能有效控制风险的情况下，风险补偿机制的不健全意味着商业银行将遭受更大的损失，这将导致商业银行绿色信贷推进进度的缓慢，特别是在经济下行周期，这种情况将更加突出。所以，为推动商业银行支持环境友好型产业的发展，需要政府为主导，根据环境友好型产业发展的特点或担保方式等的特点，对商业银行支持环境友好型借款人面对的信贷风险进行补偿。例如，在6.4.2的案例中，当借款人无法偿还贷款，政府将对抵押的排污权进行回购，这样能够快速处置担保物，补偿商业银行的损失，商业银行信贷风险大幅降低，因此商业银行愿意对节能环保进行信贷支持。

第7章

我国商业银行绿色信贷行为的
现状特征与现实困境

在从理论上分析了商业银行开展绿色信贷的实现机理后，本章将立足现实，分析我国商业银行绿色信贷的开展现状、趋势性特征面临的困境及造成这种困境的制度、机制障碍。

7.1 国内商业银行开展绿色信贷的现状考察

7.1.1 商业银行绿色信贷执行状况总述

2012 年国家环境保护部完成的《中国银行业绿色度状况评估》将绿色信贷战略、绿色信贷管理、绿色金融服务、组织能力建设、沟通与合作作为衡量指标对我国综合实力较强的 47 家商业银行的绿色信贷的执行情况作出了评价，并将评估结果分为五个等级。评级结果如表 7.1 所示。

表 7.1　　　　　　　　评估结果

银行	等级	银行	等级
兴业银行股份有限公司	A	招商银行股份有限公司	B
中国工商银行股份有限公司	B+	中国银行股份有限公司	B
上海浦东发展银行股份有限公司	B	中国建设银行股份有限公司	C+
交通银行股份有限公司	B	中国农业银行股份有限公司	C+

续表

银行	等级	银行	等级
华夏银行股份有限公司	C	富滇银行	E
中国民生银行股份有限公司	C	江苏银行股份有限公司	E
中信银行股份有限公司	C	成都银行股份有限公司	E
河北银行	C	中国光大银行股份有限公司	E
北京银行股份有限公司	D +	恒丰银行股份有限公司	E
深圳发展银行股份有限公司	D	厦门国际银行	E
杭州联合银行	D	锦州银行股份有限公司	E
徽商银行股份有限公司	D	平安银行股份有限公司	E
重庆银行股份有限公司	D	浙商银行股份有限公司	E
汉口银行股份有限公司	D	重庆农村商业银行股份有限公司	E
西安银行股份有限公司	D	包商银行股份有限公司	N
广发银行股份有限公司	E +	东莞银行股份有限公司	N
杭州银行股份有限公司	E +	广州银行股份有限公司	N
南京银行股份有限公司	E +	哈尔滨银行股份有限公司	N
上海农村商业银行股份有限公司	E +	昆仑银行股份有限公司	N
盛京银行股份有限公司	E +	上海银行股份有限公司	N
渤海银行股份有限公司	E +	天津银行股份有限公司	N
武汉农村商业银行	E +	佛山顺德农村商业银行股份有限公司	N
大连银行股份有限公司	E +	广州农村商业银行股份有限公司	N
宁波银行股份有限公司	E		

注：A 级（80 分以上）；B 级（60 ~ 80 分）；C 级（40 ~ 60 分）；D 级（20 ~ 40 分）；E 级 0 ~ 20 分；N 表示没有披露任何相关信息。

资料来源：杨姝影，肖翠翠. 中国银行业绿色度状况评估 [J]. 绿叶，2012 (7).

尽管相关政府主管部门多次发文要求商业银行推进绿色信贷，但从评级结果看，中国银行业绿色信贷的水平偏低，区分来看，五大国有银行整体表现良好，全国性的股份制商业银行表现分布不均，城商行与农村商业银行整体表现不佳。具体到五个衡量指标而言，大型商业银行和部分股份制商业银行已普遍建立了绿色信贷战略，并从信贷流程角度开始对绿色信贷进行管理、开始尝试探索绿色金融产品的创新。而城市商业银行和农村商业银行对绿色信贷政策的执行还仅局限在提出理念的层面。①

---

① 杨姝影，肖翠翠. 中国银行业绿色度状况评估 [J]. 绿叶，2012 (7).

7.1.2 代表性商业银行绿色信贷开展情况简介

（1）代表性商业银行绿色信贷开展情况。

从表 7.1 可知兴业银行、工商银行、浦发银行、交通银行、招商银行、中国银行在绿色信贷方面表现较突出，本节将参考上述六家银行公开发布的社会责任报告等文献阐述近年来这六家银行绿色信贷开展的典型情况，见表 7.2 ~ 表 7.7。

（2）兴业银行——中国首家宣布采用"赤道原则"的银行。

表 7.2　　　　　　　　　　兴业银行绿色信贷开展的情况

机构设置	兴业银行成立了以行领导为首的赤道原则领导小组，并于 2005 年成立能效融资专业团队，在 2009 年成立了可持续金融中心，2012 年将可持续金融中心升级为可持续金融部（一级部门）。 成立了赤道原则审查、项目融资、碳金融、技术服务、市场研究五个专业团队
典型政策	制定了《环境与社会风险管理政策》《公司客户授信前尽职调查管理办法》《固定资产贷款管理实施细则》《节能减排项目准入细则》《节能减排业务管理办法》《环境金融领域节能减排项目属性认定标准》等管理办法将环境管理要求具体落实到授信前调查、授信中审查以及授信后检查中
典型措施	授信过程中要求查询客户征信中的环保记录，实行"环保一票否决制"。 建立、健全环境、社会风险专家库机制；招聘具有节能环保技术、经验的专业人员。 加大激励，鼓励绿色信贷的创新。 建立细分领域技术准入标准。 在 IT 系统中专门开发环境与社会风险管理模块。 专门安排信贷规模支持节能减排项目、适用赤道原则的项目等绿色信贷业务。 在信贷审查工作中一方面要求运用环境部门提供的信息，另一方面也要求及时向政府部门报送环保信息使用情况。 推广排污权抵押融资模式、节能减排技改项目融资模式、EMC（节能服务商）融资模式、CDM 项下融资模式、公用事业服务商融资模式、融资租赁模式、节能减排设备制造商增产融资模式、节能减排设备供应商买方信贷融资模式、多元化融资模式等"8 +1"种融资服务模式。 扩大分行绿色信贷业务审批权限

贷款数据	截至 2011 年末，该行两高行业（电力、钢铁、有色、建材、石油加工、化工六大行业）贷款合同余额合计 533 亿元，贷款总额占比约 5.43%，不良率约 0.61%；产能过剩行业（钢铁、水泥、平板玻璃、煤化工、多晶硅、风电设备六大行业以及电解铝、造船、大豆压榨三个行业）贷款合同余额合计 186.35 亿元，比年初下 8%；贷款总额占比约 1.89%，比年初下降 0.47%，退出落后生产能力行业的客户数共计 16 户，贷款笔数共计 96 笔，共压缩贷款金额 14.27 亿元，拒绝贷款金额为 10.3 亿元。 自 2007 年 1 月起至 2011 年末，该行累计发放包含节能减排融资业务和排放权融资业务在内的绿色贷款 2325 笔，金额 884.16 亿元*
相关荣誉	人民网颁发的"人民上市公司社会责任奖"；《金融时报》《中国环境报》、新浪财经等媒体联合评选的"低碳先锋银行"；中国银行业协会颁发的"中国银行业 2010 年度最佳社会责任机构奖和最佳绿色金融奖"；《21 世纪经济报道》评选的"2011 年亚洲最佳绿色金融服务银行"等

注：*为兴业银行. 兴业银行社会责任报告（2011）.

表 7.3　　　　　　　　　　工商银行绿色信贷开展的情况

机构设置	没有设置专门机构管理绿色信贷。由授信及信贷管理部门分别负责有关"绿色信贷"的事务
典型政策	制订了《绿色信贷建设实施纲要》，明确了绿色信贷开展的基本宗旨、基本原则及实施要点，提出了绿色信贷体系建设的方向与工作要求。 制定了《关于优化完善公司客户绿色信贷分类的通知》《关于印发〈环保重点关注行业客户贷后管理办法〉的通知》《关于严格控制中小涉铅企业信贷风险的通知》《关于做好淘汰落后产能企业风险控制工作的通知》《关于加快中小铅蓄电池企业贷款清退工作的通知》《关于加强涉镉汞、铬和类金属砷行业环保风险防控工作的通知》等多项制度，进一步完善绿色信贷分类体系，落实并加强环保重点关注行业客户的环保风险监测、贷后检查、贷后风险控制要求以及贷后管理责任
典型措施	从严把控"两高一剩"行业的信贷准入，将产能过剩行业定为信贷限制或谨慎进入类行业。 提高和完善行业绿色信贷标准，对于不符合绿色信贷标准的客户和项目实行一票否决制，将绿色信贷要求贯穿整个信贷流程。 确定了信贷退出标准，采取诸如客户分类名单制管理、融资品种转化等方式缩减产能过剩企业的融资额度。 推进碳保理、能效贷款等绿色金融产品创新。 在分支机构绩效考核中设置关于绿色信贷的多项定量指标。 重视与政府环保部门共享环保信息。 优化企业环保风险分类标准，依据人行征信系统的环境违法信息对客户风险类别进行划分，并据此采取差别化的措施。 提高信贷准入标准，严格新增客户项目选择，上收审批权限，对行业实行限额管理，"退劣保优"

贷款数据	截至 2011 年末对钢铁、水泥、平板玻璃、煤化工、多晶硅、风电设备、造船 7 个产能过剩行业贷款余额为 1429.75 亿元，占境内分行公司贷款余额的 2.74%，两年内下降约 0.4 个百分点。 该行统计的环境友好及环保合格客户数量及贷款余额占全部境内公司客户数量及贷款余额的比例均保持在 99.9% 以上，绿色经济领域贷款余额 5904 亿元，同比增长 16.3% *
相关荣誉	荣获《金融亚洲》杂志颁发的"最佳企业社会责任奖"；荣获凤凰卫视、凤凰网颁发的"最佳履行社会责任银行奖"；道农研究院、北大光华管理学院颁发的"中国绿色公司年度标杆企业"；中国绿色发展高层论坛组委会颁发的"中国十佳绿色责任企业"等

注：* 为工商银行. 工商银行社会责任报告（2011）.

表 7.4　　　　　　　　浦发银行绿色信贷开展的情况

机构设置	没有设置专门机构管理绿色信贷
典型政策	2008 年浦发银行率先在我国所有商业银行中推出针对低碳经济的整合服务方案《绿色信贷综合服务方案》 制定年度《上海浦东发展银行信贷投向政策指引》规定信贷导向。 制定《上海浦东发展银行社会和环境风险管理暂行办法》，在对分行的考核评价中纳入了社会和环境风险管理。 发布《浦发银行建设低碳银行倡议书》，践行低碳理念。 制定《关于开展能源效率融资项目的营销指导意见》等制度，区别对待授信企业和新建项目，做到有保有压
典型措施	对绿色信贷给予专项政策支持，开辟信贷审批绿色通道，确保绿色信贷业务快速发展。 在国内同业中率先推出了建筑节能融资、国际碳（CDM）保理、合同能源管理未来收益权质押贷款、IFC 损失分担机制下的合同能源融资、合同能源管理保理融资等系列化创新产品
贷款数据	截至 2011 年末，浦发银行三高行业贷款余额 847.3 亿元，占总贷款余额的 6.44%，较年初下降 -0.82%。 该行牵头组织开展的创新型绿色信贷业务及发行中期票据金额超过 110 亿元，节能环保行业贷款余额为 255.16 亿元，较 2010 年增加 40 亿元，与 2010 年末比，增长较快的为水污染处理和再生物资回收与批发，增速分别为 34% 和 21% *
相关荣誉	2011 年获评中国银行业协会"年度最佳社会责任报告奖"；获评东方财富网"年度银行业社会责任奖"；获评中国环境投资网"环境金融贡献大奖"；获评《贸易金融》"最佳绿色金融银行"；获评《首席财务官》"最佳绿色银行奖"

注：* 为浦发银行. 浦发银行社会责任报告（2011）.

表 7.5 交通银行绿色信贷开展的情况

机构设置	没有设置专门机构管理绿色信贷。由授信管理部门负责全行绿色信贷工作
典型政策	针对 31 个具体行业制定分行业的"绿色信贷管理"和操作要求。 制定完善《交通银行环保标识分类操作手册》 制定《关于深化绿色信贷工程建设的意见》《2011 年度绿色信贷政策指引》
典型措施	启动环保标示分类工作,将客户分为绿色类、黄色类、红色类,要求对绿色类有序合作、对黄色类关注,适时主动减退,对红色类禁入或坚决退出。 将"绿色信贷"作为授信准入的重要因素,建立环保"一票否决制";重视借款人环境责任及行业环保规定,将其作为授信审批评判客户风险的重要要素;对项目贷款,重视项目的环保情况,关注废水、废气、废渣、噪音等污染物的控制情况;贷后管理方面,加强对红色、黄色类客户的环境风险排查,增大对高风险客户的退出力度。 设立高标准的环保准入门槛,对"两高一剩"进行严密排查,拒绝对限制类、淘汰类新建项目提供授信。对新列入淘汰类的项目,不得有任何形式的新增授信支持,并采取措施收回存量贷款
贷款数据	截至 2011 年末,"两高一剩"行业贷款占比 3.21%,较 2010 年下降 0.73 个百分点。 以低碳经济、环境保护、资源综合利用等为显著特征的绿色一类客户达 1052 户,较上年增加 307 户,授信余额 1235 亿元*
相关荣誉	2011 年获评中国银行业协会"年度最佳社会责任规划奖";获评《第一财经》"中国企业社会责任榜杰出企业";获评中国绿色发展高层论坛组委会"中国十佳绿色责任企业"

注: *为交通银行. 交通银行社会责任报告 (2011).

表 7.6 招商银行绿色信贷开展的情况

机构设置	没有设置专门机构管理绿色信贷。由总行公司银行部、总行信贷管理部共同负责绿色信贷的相关工作,并从相关业务部门抽调人员成立"绿色金融工作小组",负责绿色信贷业务标准制定、产品开发及信贷业务系统建设等工作
典型政策	下发《关于加强高耗能、高污染行业信贷风险管理的指导意见》。 发布《招商银行绿色金融营销指导意见》。 制定《可再生能源行业营销指引》《绿色金融信贷政策》。 制定《绿色信贷规划》提出建设"国内一流绿色信贷银行"的目标
典型措施	针对客户贷款环境风险的不同,对信贷客户进行"四色"分类管理。 通过提高授信额度、优先给予信贷权、实行审批绿色通道等方式,不断加大对"节能环保"企业的信贷支持力度。 将"两高一剩"行业列入审慎介入类行业和逐步压缩类行业,加大对该类存量资产的调整力度。采取提高信贷准入门槛、实施名单制管理、限额管理及强化预警排查等措施控制"两高一剩"行业信贷投放。 组建绿色金融产品小组,对排污权抵押贷款、节能收益抵押贷款、法国开发署(AFD)绿色转贷款、绿色设备买方信贷、绿色融资租赁、清洁发展机制(CDM)融资综合解决方案六大产品进行推广与完善,并且通过拓展合作渠道,增加了 CDM 咨询和 CDM 未来减排收益抵押贷款等新的服务内容

贷款数据	截至 2011 年末，该行两高行业贷款余额 1175.96 亿元，占比 13.36%，比 2010 年末下降 0.09 个百分点。产能过剩行业贷款余额 350.89 亿元，占比 3.99%，占比较 2010 年末增长 0.12 个百分点。 该行绿色信贷余额 509.82 亿元，比年初增长 47.31 亿元；清洁能源贷款余额 115.96 亿元，其中可再生能源贷款余额 106.7 亿元，比年初增长 18.34 亿元。环境保护等领域贷款 393.86 亿元，比年初增长 30.09 亿元*
相关荣誉	中国企业家杂志社、北大光华管理学院等颁发的"2008 年度中国绿色公司标杆企业"；中国银行业协会颁发"2010 年度最佳社会责任机构奖"；《首席财务官》颁发"2011 年度最佳绿色银行"等

注：＊为招商银行. 招商银行社会责任报告（2011）.

表 7.7 　　　　　　　　　中国银行绿色信贷开展的情况

机构设置	没有设置专门机构管理绿色信贷
典型政策	在同业中率先颁布《支持节能减排信贷指引》
典型措施	设置严格的环保标准作为信贷投放的门槛。将环境安全、节能环保要求引入到信贷投放导向和业务操作中，在贷前审查、贷中发放、贷后管理各环节重视对"节能环保"产业的支持。 推行"环保一票否决制"。 对"两高一剩"行业实行名单制管理，建立、健全动态跟踪、检测、分析机制，对不符合国家环境政策要求的信贷项目及时清退。 对"两高一剩"行业执行从严信贷政策，实行行业限额管理，严控信贷总量。 推出基于清洁开发机制（CDM）的节能减排融资项目
贷款数据	2011 年末，中行"绿色信贷"余额 2494 亿元，全年新增"绿色信贷"项目 165 个。其中，风电、环保、节能、新能源汽车等产业信贷余额分别增长 16.68%、8.93%、18.67% 和 11.84%。* 未见披露"两高一剩"贷款数据
相关荣誉	2011 年中国银行业协会颁发"最具社会责任金融机构奖"

注：＊为中国银行. 中国银行社会责任报告（2011）.

（3）商业银行绿色信贷管理体系总结。

通过对上述六家商业银行绿色信贷开展情况的介绍，可将目前我国商业银行绿色信贷的管理体系归结为以下数点。

① 通过组织机构建设推进绿色信贷。商业银行内部也存在交易成本。有无专门的机构或部门牵头开展绿色信贷，对在制定客户进入、退出标准，

建立客户环境风险的评估、跟踪、控制机制，研发绿色信贷的新产品及制定激励考核体系等涉及推动绿色信贷的诸方面，效果完全不同。

② 严格客户准入标准。商业银行通过设定严格的客户准入标准，减少具体经办机构或人的随意性，将环境不合规的借款人直接排除在银行体系外。

③ 完善信贷流程。商业银行梳理贷前、贷中、贷后各环节的操作流程，在三个环节均加强对借款人环境行为、环境风险的分析、考察，对环境风险可控的借款人要求落实相关风险控制措施，对无法控制风险的借款人采取措施压缩额度或退出。

④ 对客户实行分类管理。商业银行根据客户的特点或环境行为情况，按照一定的方式对客户进行分类，针对不同类别的客户采取不同的管理措施或贷款策略，甚至对某类客户做到"一对一"跟踪。

⑤ 与环保部门等环境信息机构加强合作。仅靠商业银行收集环境信息成本是非常高的，所以商业银行利用环境保护部门等环境信息机构的信息优势开展绿色信贷工作，同时将自己所掌握的信息向环保部门报送，一方面为环境部门采取措施提供依据，另一方面可以借助环保部门向他行共享环境信息。

⑥ 制定绩效考核制度。商业银行为督促、激励分支机构或具体信贷人员开展绿色信贷业务，将绿色信贷的开展与分支机构、信贷人员的绩效考核挂钩，当分支机构、信贷人员为"两高一剩"借款人办理信贷业务无利可图或仅微利，而支持节能环保借款人能获取较高收益时，业务重心自然会发生转向。

⑦ 对审批权限、审批通道进行控制。对商业银行分支机构而言具有审批权限意味着更高的信贷效率，但是商业银行若将对"两高一剩"借款人的审批权下放分支机构，分支机构迫于任务压力，存在忽视总行关于绿色信贷相关规定的可能性。因此商业银行采取了对"两高一剩"的借款人上收审批权的措施加以控制，同时在业务审批时列后处理；而对节能环保业务则扩大了分、支机构的审批权限，并对分支机构超权限的节能环保业务设立绿色通道优先审批。

⑧ 实行额度管理。在资金供给趋紧的情况下，投放额度成了商业银行内部的稀缺资源，商业银行为支持节能环保项目，对节能环保融资单列了信

贷额度以保证信贷投放。对"两高一剩"行业则实行限额管理，对超过行业总限额的融资申请不予以匹配投放额度。

⑨加强产品创新。节能环保项目的上马或发展需要创新的金融产品予以推动。因此，商业银行从融资便捷性、可得性入手加大了信贷产品创新的力度，推出了多款新型的节能环保融资产品。

⑩加强人才队伍建设。人才是推动绿色信贷的重要保障，商业银行不但从外面招聘具有"节能环保"行业经验的专业人才，而且也注重对已有银行工作人员关于绿色信贷专业知识的培训，提升业务素养，通过人才队伍建设来提升绿色信贷水平、技术。

⑪借助外力提升项目评估能力。在不具备专业评估技术或实力的时候，商业银行通过建立专家库或借助外部渠道的方式对申贷项目进行评估、测算。

⑫加强配套设施建设。商业银行在完善制度、政策的同时，也在完善IT系统建设，通过在IT系统中增加模块，从线上加强环境及其他社会风险的控制。

⑬披露贷款数据，接受公众监督。商业银行主动披露两高一剩行业的贷款数据及节能环保行业的贷款数据，接受公众的监督，通过公众监督来推动绿色信贷的发展。

7.1.3 典型商业银行绿色信贷业务认知与开展的调查分析

商业银行绿色信贷最终要依赖信贷工作人员去落实。信贷工作人员对绿色信贷的认知可以反映出商业银行绿色信贷的开展情况，并直接影响到商业银行绿色信贷的开展效果。

调研的数据来源与统计描述。2012年12月至2013年3月，笔者开展了关于商业银行绿色信贷行为的问卷调查。成都作为全国特大城市之一，正逐步发展成为西部金融中心，商业银行绿色信贷开展状况，以及信贷工作人员对绿色信贷的认识，在全国具有典型性和代表性。因此，我们选择成都市的商业银行信贷工作人员为调查对象，获取样本数据，进行统计分析，认识我国商业银行绿色信贷的现状和问题。

本次问卷调查，选择的银行单位包括工商银行、农业银行、中国银行、建设银行四大国有银行；中信银行、民生银行、华夏银行、招商银行、浙商银行、浦发银行、光大银行、兴业银行、渤海银行、恒丰银行十家全国性的股份制银行；成都银行、重庆银行、上海银行、天津银行、大连银行、包商银行、贵阳银行、攀枝花商业银行、德阳商业银行9家城市商业银行。通过实地和邮寄两种方式，发放问卷324份，回收问卷103份，其中有效问卷87份。

有效问卷组成，如表7.8所示。

表7.8　　　　　　　　　　**调查问卷有效回收情况**

银行类型	数量（份）	占比（%）	具体名称	数量（份）	具体名称	数量（份）
四大国有银行	15	17	工商银行	4	中国银行	5
			农业银行	3	建设银行	3
股份制银行	45	52	中信银行	5	浦发银行	3
			民生银行	6	光大银行	8
			华夏银行	3	兴业银行	6
			招商银行	7	渤海银行	1
			浙商银行	4	恒丰银行	2
城市商业银行	27	31	成都银行	5	天津银行	1
			重庆银行	3	大连银行	3
			上海银行	4	包商银行	4
			贵阳银行	2	攀枝花商业银行	3
			德阳银行	2		

我们对获取的问卷，进行信息整理和统计分析，结果描述如下：

第一，信贷人员对绿色信贷的认识。

关于商业银行信贷对环境影响的认识，我们设计了两个问题，分别是，你认为银行的信贷能破坏生态环境吗？你认为银行的信贷能保护生态环境吗？

大部分信贷工作者认识到银行信贷对环境的重要影响。65%的信贷人员认为银行信贷能破坏生态环境，70%的信贷人员认为银行信贷能保护生态环境。

相关统计如图7.1、图7.2所示。

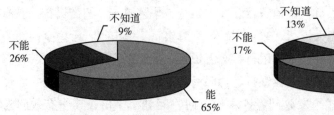

图7.1　银行信贷能破坏环境吗　　　图7.2　银行信贷能保护环境吗

关于绿色信贷知识的认识，我们设计的问题是，什么是赤道原则？什么是绿色信贷？大部分信贷人员对绿色信贷一知半解。关于赤道原则，62%的受访人员表示不知道，仅5%的受访人员表示很清楚；关于绿色信贷，62%的受访人员表示知道一些，30%的受访人员表示不知道，仅有8%的受访人员表示很清楚。

相关统计如图7.3、图7.4所示。

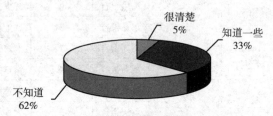

图7.3　什么是赤道原则

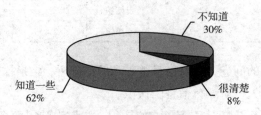

图7.4　什么是绿色信贷

第二，商业银行绿色信贷的实施。

在调研各商业银行绿色信贷行为的实施情况时，78%的信贷人员，表示所在银行反对向"两高一剩"行业贷款（见图7.5）；72%的信贷人员，表示所在银行明确要求支持环保产业（见图7.6）；但是，在问到所在银行是否对"两高一剩"行业有贷款时，83%的信贷人员表示"有"，只有7%的信贷员表示所在行"没有"（见图7.7）。这说明，大部分银行仅在口头上，而没有在具体行动上，落实绿色信贷的要求。

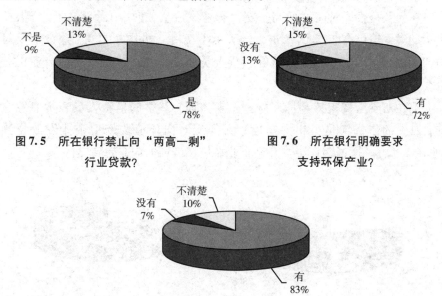

图 7.5　所在银行禁止向"两高一剩"
行业贷款？

图 7.6　所在银行明确要求
支持环保产业？

图 7.7　所在银行有对"两高一剩"行业贷款吗？

　　在商业银行开展绿色信贷的具体措施方面有两个问题，分别是：银行对你有过绿色信贷方面的培训吗？你所在银行的绩效考核中有支持环境保护的导向吗？针对第一个问题，76% 的信贷人员表示所在银行没有开展任何绿色信贷方面的培训（见图 7.8）；对第二个问题，仅 11% 的信贷工作人员表示"有"，74% 的人员明确表示"没有"（见图 7.9）。这说明，商业银行目前主要是从理念导向方面要求信贷人员开展绿色信贷，但是并未采取切实可行的措施来推进绿色信贷。

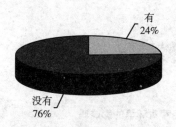

图 7.8　银行对你有过绿色信贷
方面的培训吗

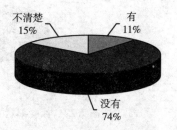

图 7.9　你所在银行的绩效考核中
有支持环境保护的导向吗

第三，信贷人员发放贷款时的偏好。

在问及是否反对向"两高一剩"行业发放贷款时，有58%的信贷人员表示反对，但仍有22%的信贷人员表示不反对（见图7.10）。这说明反对向"两高一剩"行业发放贷款的信贷人员还未占绝对优势，这些行业仍有机会在信贷市场上获取融资。

但在对于信贷支持环境友好型企业方面，79%的信贷人员表示愿意支持，21%的信贷人员持中立态度，无人反对向环境友好型企业发放贷款（见图7.11）。这说明环境友好型企业在信贷市场上普遍受到支持。

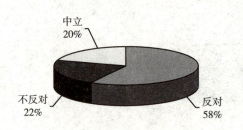
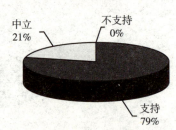

图7.10 你反对向"两高一剩" 　图7.11 你支持向环境友好型
　　　行业发放贷款吗　　　　　　　　企业发放贷款吗

按照绿色信贷的相关政策要求，发放贷款时，信贷工作人员需关注贷款企业的环境影响，减少对污染企业的贷款，并对节能环保企业实施优惠利率。

但调查数据显示，56%的信贷人员，在发放贷款时不会刻意关注企业经营对环境的影响，44%的信贷人员会刻意关注企业经营对环境的影响（见图7.12）。

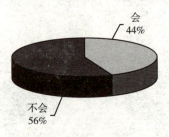

图7.12 你会刻意关注企业经营对环境的影响吗

在面对污染企业的贷款需求时，有20%的信贷人员，不会因企业经营污染或破坏环境就终止贷款，62%的信贷人员在企业污染特别严重时，会终止对企业贷款，仅有18%的信贷人员选择只要有污染就终止对企业的贷款（见图7.13）。

当面对"节能减排"企业的贷款需求时，只有9%的信贷人员选择会降低"节能减排"企业的融资成本，35%的信贷人员选择不会为"节能减排"企业降低融资成本，56%的信贷人员选择的是看情况（见图7.14）。

上述统计说明，在具体的信贷操作中，信贷人员对绿色企业的偏好并不明显。

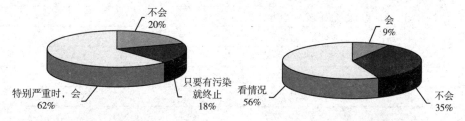

图7.13 你会因为企业经营有环境污染或破坏而终止贷款吗　　**图7.14 你会降低"节能减排"企业的融资成本吗**

第四，银行愿意向"两高一剩"行业发放贷款的原因分析。

企业在获取银行贷款的过程中所涉及的因素很多，是一个比较复杂的利益冲突与协调的过程。[①] 为分析"两高一剩"行业能在银行获取贷款的原因，我们参考相关文献，考虑了市场经济条件下影响贷款的一般因素，基于对目前我国银行业的具体情况的考察，假设有以下原因影响银行对"两高一剩"行业贷款的发放，见表7.9。

表7.9　　　　银行对"两高一剩"行业发放贷款的可能原因

原因	代码
目前企业不会被强制关停	X1
抵押物足值	X2
企业经营正常，有还款能力	X3
具有较高的存款回报及其他综合收益	X4
单户融资金额大	X5

① 罗正英.我国中小企业信贷融资可获性特征研究——基于苏州地区中小企业财务负责人的观点［J］.上海经济研究，2005（3）.

原因	代码
上级领导分配工作	X6
银行业竞争太激烈	X7
个人业绩压力所迫	X8
银行的老客户	X9
维系营销渠道的需要	X10
地方政府要求	X11
监管机构不会强制处罚	X12
本行无硬性限制	X13
对两高一剩行业较熟悉	X14
社会公众对此不关注	X15
企业具有较好的发展前景	X16

我们根据回收的问卷，作出了分布图，如图 7.15 所示。

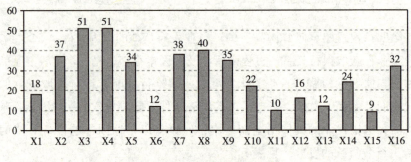

图 7.15　原因分布

由图 7.15 可知，商业银行愿意向"两高一剩"行业发放贷款原因排序如下，首先是贷款有稳定回报，即企业经营正常，有还款能力（x3），以及具有较高的存款回报及其他综合收益（x4）；其次是个人业绩压力所迫（x8），银行业竞争太激烈（x7），抵押物足值（x2），银行的老客户（x9），单户融资金额大（x5），企业具有较好的发展前景（x16），而对于这类行业"是否被关停""社会公众是否对此有关注"等与行业耗能与污染性质等相关的因素，并不非常关注。这说明，目前商业银行开展信贷业务，仍然是短期经济效益导向，强调贷款对象的短期盈利和回报能力，而非"绿色"与否。

第五，银行不愿意向"节能减排"企业或项目发放贷款的原因分析。

关于"节能减排"企业或项目融资难的问题，基于对现实情况的考察，我们总结出 13 条可能的融资难原因，供被调查者选择（见表 7.10）。

表 7.10　　　　　　　　　"节能减排"企业或项目融资难的原因

原因	代码
企业实力弱	z1
企业信息不透明	z2
融资金额小	z3
缺乏抵质押物	z4
对节能减排行业不了解	z5
银行缺少相应的融资技术、产品或制度	z6
综合回报低	z7
与银行未建立长期合作关系	z8
发展前景不明朗	z9
企业经营效益不理想	z10
政府对这类企业没有特殊优惠政策	z11
企业产品未来可能没有市场	z12
贷款用途难控制	z13

我们根据被调查者的回答，做了原因分布图，如图 7.16 所示。

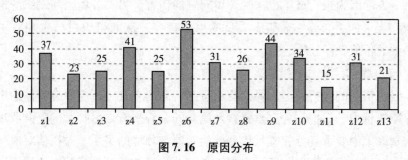

图 7.16　原因分布

由图 7.16 可知，被调查者认为，"节能减排"企业或项目融资难的前七大原因有：银行缺少相应的融资技术、产品或制度（z6）；发展前景不明朗（z9）；缺乏抵质押物（z4）；企业实力弱（z1）；企业经营效益不理性（z10）；综合回报低（z7）；企业产品未来可能没有市场（z12，与 z7 并列）。

7.1.4　商业银行开展绿色信贷的成效评价

自 2007 年绿色信贷业务开展以来，我国商业银行在促进节能减排、支持可再生能源、战略性新兴产业发展以及压缩高污染、高耗能及产能过剩行业的贷款额度等方面做了大量工作，绿色信贷取得了阶段性、局部性成果，在环保领域内的金融杠杆作用逐步显现，发挥出了在环境保护方面的导向作用。然而毕竟目前我国商业银行的绿色信贷还处于起步阶段，与预期目标相比，成果还只是阶段性的，总结起来，商业银行绿色信贷呈现以下状况。

（1）商业银行绿色信贷价值观逐步形成。

环境问题的持续发酵以及银行业监督管理部门对绿色信贷的倡导，已让商业银行认识到了银行信贷融资对环境问题的"双刃剑"作用。利用好了能有效保护生态环境，使用不当则将造成严重的破坏。在目前的社会大环境下，商业银行正经历漠视绿色信贷到重视绿色信贷的思想转变，绿色信贷价值观正逐步形成，落实到实际，表现为：商业银行绿色信贷思路、制度、政策、方针等从无到有，如不少银行在总行层面已书面提出了支持节能减排，压缩"两高一剩"贷款，调整信贷结构的绿色信贷思路，其中部分银行还将绿色信贷作为其未来发展战略的重要组成部分，并提出了相关的发展理念、框架及措施。并且商业银行的大部分员工也已意识到了绿色信贷的重要性，一方面因为银行员工也深受环境问题的伤害，另一方面因为组织的价值观像"无形的手"影响着组织成员的思想理念，从而组织成员也拥有了与之一致的价值观。

（2）绿色信贷管理措施需要完善。

绿色信贷的推行不但需要商业银行出台总的方针，还需要有具体的措施以保障执行力。根据相关文献资料及笔者的调查来看，尽管大部分商业银行在信贷政策中要求各分、支行依据授信对象与环境的关系，对授信对象区别对待，对贷款需求有保有压。但是不少商业银行尤其是规模较小的城市商业银行、农村商业银行并未采取任何切实可行的措施以保证分、支机构执行绿色信贷，绿色信贷的推行完全依赖于政策执行者的个人偏好与素质，政策执行的措施及长效机制的缺乏容易导致总行的信贷政策犹如"一纸空文"。

与之形成鲜明对比的是绿色信贷执行较得力的商业银行，这类商业银行将绿色信贷理念贯穿整个信贷流程，在贷前、贷中要求增加环境风险审查，在贷后加强环保调查与监控。但是通过梳理这类商业银行绿色信贷管理措施，发现仍然存在较大的改进空间，例如，对客户授信评级是信贷准入的前提条件，但是由于缺乏针对环境风险的评估数据、数理模型，因此有关环境风险的评级指标以定性为主，环境合规评价就取代了环境风险定量评价，而且银行一般对客户进行初筛达成初步合作意向后才会完成评级工作，所以环境风险评价这个维度对企业评级的结果几乎无影响；在利率定价方面，对非环境友好型借款人如何实施惩罚定价，对节能减排的环境友好型借款人实施优惠利率有定性的规定，但在具体操作层面，缺乏如何惩罚定价、如何实施优惠的统一性的指导性意见，对外公布的数据鲜有关于利率定价的；最具突破性与代表性的环保一票否决制度、名单制管理等也存在值得商榷的地方，因为这两种制度只有在企业或项目产生环境问题时才能派上用场，即更多用于事后惩罚，而非事前防范，但当贷款企业或项目真正发生环境事故时，银行若实行一票否决，抽贷，企业资金链断裂，银行的存量贷款可能会变成不良贷款，银行损失更大，所以此时银行是骑虎难下，进退两难，综合上述两点，就不难理解，即使是那些公认的推行绿色信贷较突出的商业银行也卷入环境问题企业，而且没有轻易施行一票否决。

（3）绿色信贷的专业性不强。

节能减排涉及模式创新、技术创新、管理创新等，具备较强的专业性，但是我国商业银行绿色信贷的专业化程度却不能与之匹配，具体而言：在产品方面，除几家绿色信贷推行具有典型代表性的商业银行推出了诸如排污权抵押融资、CDM 未来减排收益抵押融资等针对节能减排专业化、精细化的融资产品外，其他诸多的商业银行还没有根据节能减排的特征、特点设计融资方案与金融产品，继续沿用传统信贷产品"包打天下"，粗放式的金融产品将有效的节能减排融资需求排除在外；在组织架构方面，除兴业银行设立了专门的机构推动绿色信贷发展外，其他商业银行的绿色信贷推动职能分布在多个部门，职能的分散导致推动绿色信贷事务时协调成本增加，效率低下，并且可能会存在政出多门的现象，以致分支行在具体业务中无所适从；在人才培养方面，只有部分银行对部分员工进行了一定程度的绿色信贷培训，鲜有规模性、系统性的培训，大量的银行员工在绿色信贷方面的专业素养无法得到有效提升，从而无法适应绿色信贷的发展需求。

（4）绿色信贷的执行情况不乐观。

2007 年以后，商业银行渐渐加大了对新材料、新能源等国家政策鼓励的"节能环保"产业的支持力度，从 14 家上市银行公布的相关社会责任报告来看，绿色信贷投放量呈上升趋势，相关监管部门的统计数据也呈可喜之势。据四川银监局统计，截至 2010 年 6 月末，四川银行业绿色信贷的授信总额为 2314.4 亿元，分别比 2009 年末、2008 年末、2007 年末增加 228.2 亿元、761.9 亿元、1012.7 亿元，年均增长 26.6%；贷款余额 1717.8 亿元，分别比 2009 年末、2008 年末、2007 年末增加 178.8 亿元、504.6 亿元、708.5 亿元，年均增长 23.5%。[①] 但是，据银行业资深人士介绍，由于现在缺少对节能减排、清洁生产、环保工程等绿色信贷统计的统一数据口径，各行可按自己对绿色信贷的定义进行数据统计，统计的随意性较强，而且商业银行出于规避监管部门监管限制的目的，统计数据会尽量往监管部门的要求"靠"；在定价方面，为了应付监管的要求，利率上浮比例低了，但是要求企业完成的保险、存款等附加业务多了，综合成本仍然不低，并且报喜不报忧，因此绿色信贷的真实情况并没公布的数据所显示的那么乐观。

在"两高一剩"非环境友好型行业贷款方面，不仅五大国有商业银行、全国性股份制商业银行提出了要限制其贷款需求，大部分城市商业银行、农商银行等也在总行政策层面提出了要限制其贷款需求。但是，自 2009 年以来，"两高一剩"行业贷款余额仍持续增加。[②] 贷款余额占比较高，这种现象在城商行中更为明显。并且即使是提出对"环保实行一票否决制"的商业银行也陆续爆出负面新闻，如中国工商银行就为存在严重环境污染和生态破坏问题的紫金矿业集团、翔鹭集团、中国华电集团鲁地拉和龙口水电站、中国华能集团伊敏煤电等公司或项目提供融资；交通银行为中国华电集团鲁地拉和龙口水电站、亚洲浆纸业有限公司等严重环境污染或破坏项目或公司提供融资；中国银行为中石油在缅甸的油气开发项目提供融资也备受争议。[③] 在对"两高一剩"行业贷款定价方面，仍然普遍呈现出大企业、大项目享受低利率的现象。

---

① 四川银监局课题组. 四川银行业绿色信贷调研 [J]. 西南金融，2010（11）.
② 周轩千. 中国银行业不够绿 [N]. 上海金融报，2012 - 10 - 12.
③ 于晓刚. 中国银行业环境记录 2010 [M]. 昆明：云南科技出版社，2011：23.

7.2 商业银行绿色信贷行为的结构性与趋势性研究

为了解国内商业银行绿色信贷的配置偏向和绿色信贷规模的决定性因素，我们基于银监会要求披露的 21 家银行绿色信贷的整体数据，进行银行绿色信贷规模与投向变化的结构化动态分析，并选择 26 家 A 股上市银行经营状况基础数据及绿色信贷的样本数据，进行绿色信贷行为差异的实证分析。

7.2.1 国内 21 家主要银行绿色信贷的规模与投向变化

2013 年银监会印发《中国银监会办公厅关于报送绿色信贷统计表的通知》以及《关于报送绿色信贷统计表的通知》，建立了绿色信贷统计制度。绿色信贷包括两大部分：一部分是支持节能环保、新能源、新能源汽车等战略性新兴产业生产制造端的贷款；另一部分是支持节能环保项目和服务的贷款。统计和监测的指标主要包括信贷余额、资产质量以及贷款支持部分所形成的环境效益等。绿色信贷统计制度还要进行专项统计，主要包括银行业金融机构涉及落后产能、环境、安全等重大风险企业信贷情况，用以督促银行业金融机构加强融资业务的环境和社会风险管理。

绿色信贷统计制度要求地方银监局和国内银行业金融机构每半年开展一次统计工作。政策性银行、国有商业银行、股份制商业银行、邮政储蓄银行等 21 家主要银行要将绿色信贷统计报表报送给银监会。21 家主要银行作为我国绿色信贷业务的主力军，其绿色信贷统计工作起步较早，制度体系较为规范。为便于社会公众了解我国绿色信贷的发展情况，银监会集中披露 2013 年以来的国内 21 家主要银行绿色信贷的整体数据。我们基于银监会披露的 2013 年 6 月以来的绿色信贷数据，进行绿色信贷规模与投向变化的统计分析。

（1）绿色信贷的规模增长：绝对总量与信贷占比。

从规模总量看，2013 年 6 月至 2018 年末，国内 21 家主要银行绿色信贷总额从 5.2 万亿元增至 8.80 万亿元人民币，增幅接近 80%。

从信贷占比看，2013～2018 年，绿色信贷占全部信贷比例稳中有升，尽管自 2016 年有所下滑，但仍然维持在 6.5% 以上，如表 7.11、图 7.17 所示。

表 7.11 　　　　　　　　国内 21 家主要银行绿色信贷情况　　　　　　单位：亿元

	2013 年末	2014 年末	2015 年末	2016 年末	2017 年末	2018 年末
21 家银行绿色信贷总额	51983.09	60128.29	70066.13	75046.87	85542.42	88494.72
全国年末信贷余额	719000	816800	939500	1066000	1201300	1363000
占比（%）	7.23	7.36	7.46	7.04	7.12	6.5

资料来源：《中国统计年鉴》，中国人民银行等官方机构发布的报告。

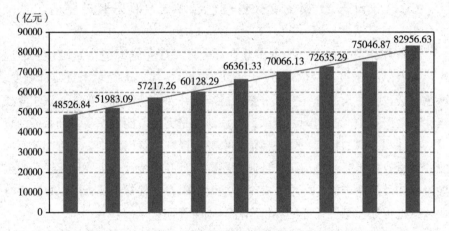

图 7.17　21 家主要银行机构绿色信贷规模变化

（2）绿色信贷的投向结构：类型占比及其变化。

我国绿色信贷包括两大部分的投向类型：一部分是节能环保类项目和服务的贷款；另一部分是支持节能环保、新能源、新能源汽车三大战略性新兴产业生产制造的贷款。

节能环保项目和服务贷款余额从 2013 年 6 月的 3.43 万亿元增至 2017 年 6 月的 6.53 万亿元，信贷占比从 70.7% 增长至 78.7%，如图 7.18 所示。其中，第一类是绿色农业开发项目、绿色林业开发项目、自然保护生态修复及灾害防控项目、农村及城市水项目、资源循环利用项目、建筑节能及绿色建筑项目，贷款余额和贷款占比均是稳定上升；第二类是可再生能源及清洁能源项目,贷款总额逐年上升,占比逐年下降;第三类是工业节水环保项目、垃圾处理及污染防治项目、节能环保服务、采用国际惯例或国际标准的境外项目,占比呈总体下降趋势;第四类是绿色交通运输项目,贷款总额逐年上升,占比先上升再下降。绿色交通、可再生能源及清洁能源项、工业节能节水环保项目,贷款规模增长很快。

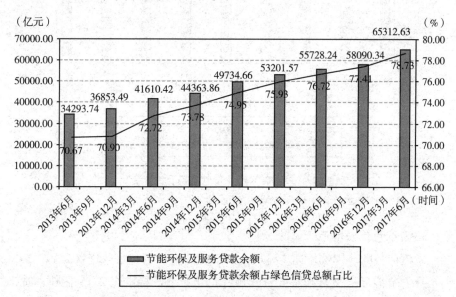

图 7.18 节能环保及服务贷款规模及占比变化
注:绿色信贷总额均指 21 家主要银行绿色信贷余额总额。

支持节能环保、新能源、新能源汽车等战略性新兴产业制造端的贷款余额从 2013 年 6 月的 1.42 万亿元增至 2017 年 6 月的 1.76 万亿元,信贷占比从最初的 29.27% 逐年减少至 21.41%。其中,节能环保项目贷款呈下降趋势,新能源以及新能源汽车呈上升趋势,新能源汽车项目的增长速度超过新能源项目,如图 7.19 所示。

比较而言,节能环保类项目和服务贷款,相比战略性新兴产业制造端贷款,在绿色信贷中所占比重更大、增长更快。这在一定程度上反映出,绿色信贷仍以支持节能环保与环境治理为主,对新兴的绿色产业发展的资金支撑作用还有待提升,这可能与当前战略性绿色产业的营利性与可持续性还未充分体现有关。

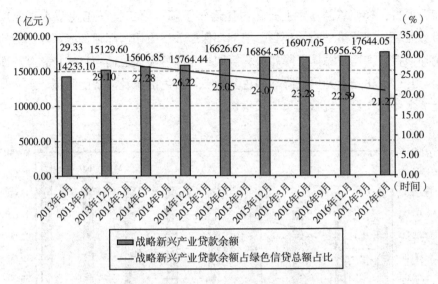

图 7.19 战略新兴产业贷款规模及占比变化

注：绿色信贷总额均指 21 家主要银行绿色信贷余额总额。

（3）绿色信贷的运行质效。

绿色信贷的环境效益逐步显现。以节能环保项目和服务贷款为例，2017 年 6 月末节能环保项目和服务贷款预计每年可节约标准煤 2.15 亿吨，减排二氧化碳当量 4.91 亿吨，减排化学需氧量 283.45 万吨、氨氮 26.76 万吨、二氧化硫 464.53 万吨、氮氧化物 313.11 万吨，节水 7.15 亿吨。

绿色信贷不良贷款率低于整体不良水平。截至 2017 年 6 月末，21 家国内主要银行节能环保项目和服务方面形成的不良贷款余额为 241.7 亿元，不良率 0.37%，比起各项贷款整体不良率低 1.32%。

7.2.2 A 股 26 家上市银行绿色信贷行为差异的实证分析

我们选择 A 股 26 家上市银行，进行银行绿色信贷行为差异的实证分析。26 家上市银行，分别为工商银行、建设银行、农业银行、中国银行、招商银行、交通银行、浦发银行、中信银行、民生银行、兴业银行、平安银行、光大银行、华夏银行、北京银行、上海银行、江苏银行、宁波银行、南京银行、杭州银行、贵阳银行、成都银行、常熟银行、无锡银行、吴江银行、江阴银行、张家港银行。

查阅 26 家上市银行的年报与社会责任报告，发现上市银行绿色信贷行为的披露项目，主要体现在四个方面，如表 7.12 所示。

表 7.12   **上市银行绿色信贷行为的披露对象**

披露项目	具体内容和重点方面
完善绿色银行信贷制度的程度	是否制定了具体的环境政策，是否有专门的机构负责，是否有专门的信息披露
银行执行绿色信贷的力度	绿色信贷占总信贷的比重，"两高一剩"贷款余额及其所占比重是否降低，节能环保贷款余额所占的比重
创新绿色金融产品	是否支持 CDM 机制，是否开展基于碳权交易的金融业务
参加与环境相关的国际准则或组织	如 IFC 等国际组织

（1）26 家上市银行开展绿色信贷的概况及行为特征。

26 家上市银行开展绿色信贷的项目运营状况良好，不断建立健全各具特色的绿色信贷管理体系，加大针对节能减排信贷的放贷力度，降低"两高一剩"产业的贷款比重，创新绿色金融政策举措，并落实到实际行动中。

一是绿色信贷在信贷总额中的占比得到提升。工商银行绿色信贷占总信贷的比重在 2017 年达到 7.72%，建设银行绿色信贷占总信贷的比重在 2017 年达到 7.77%。其他银行大都分布 4%~8%。但是绿色信贷余额规模仍然较小。

二是不断进行绿色金融创新，开发新型绿色金融产品。各个银行结合业务对象特征，积极开展以节水、环保为主的绿色金融实践创新，帮扶本地环保企业发展。如常熟银行开发"减排贷""创绿贷""太阳能分布发电能源按揭贷款"等新型绿色金融产品；北京银行获得绿色信贷"水效项目开拓奖"。

（2）26 家上市银行经营特征及其对绿色信贷的总体影响。

从资产规模和信贷规模看，国有银行具有绝对优势，但资产和利润增长性稍弱。从成长性看，股份制银行的发展速度较快，前景预期较好；但一些地方农商类银行，业务有一定的区域局限性，发展速度较慢。从银行业务的地域偏好看，除国有银行外，其他银行的业务普遍着重于某一区域，但区域偏好各有不同，股份制银行业务多偏向于长三角、珠三角和环渤海等经济较发达地区，而城商行的经营范围多以注册区域为主。从客户类型看，大多数上市银行都倾向于以企业和城市为主要客户，一些地方性农商行除外。从股票市盈率看，国有银行和主要股份制银行市盈率均在 10 以下，一些城商行的市盈率达到 20 以上。从绿色信贷体系完善性看，大多数上市银行并未建立起完整的绿色信贷体系。

将上市银行经营特征与绿色信贷各项指标联系来看，上市银行绿色信贷额占信贷总额的比重，与银行国有股权占比存在一定统计相关性。国有银行的绿色信贷占比更高。中国银行、农业银行、工商银行、建设银行等国有控股比例大的上市银行，绿色信贷占比在 5%~7%。民生银行等民营银行，以及一些国有股份占比低的股份制银行，绿色信贷大都不到 4%。此外，浦发银行、杭州银行和无锡银行等地方银行，受地方政策影响，绿色信贷占比也较大。但一般而言，产权国有化程度高的上市银行，绿色信贷占比更高，在绿色信贷发展方面更占优势。

（3）26 家上市银行经济指标与绿色信贷指标的统计相关性。

因数据所限，我们选择 18 家上市银行，计算绿色信贷余额占信贷总余额的比重，选取国有控股比重、资产规模、信贷规模、平均总资产收益率/回报率、净利润增长率、营业收入增长率、企业/公司贷款平均收益率、股票市盈率等银行特征与绩效指标，对绿色信贷占比与这些指标的相关性进行统计分析。具体而言，做出各项指标与绿色信贷余额占比的双纵轴坐标图，计算每一项指标变化趋势的线性相关方程，进行对比分析，判断每一项指标对绿色信贷余额占比的影响程度。表中数值是不同年份相应指标的算数平均值。

将指标分成以下三类：第一类指标，包括国有控股占比、企业/银行贷款平均收益率、平均总资产收益率/回报率，对绿色信贷余额占比存在正向影响，影响程度较小；第二类指标，包含股票市盈率、资产规模和信贷规模，对绿色信贷余额占比存在正向影响，影响程度较大；第三类指标，包括营业收入率和净利润增长率指标，对绿色信贷有负向影响，影响程度较大。

在第一类指标中，国有控股占比（见图 7.20）、企业/公司贷款平均收益率（见图 7.21）以及平均总资产收益率/回报率（见图 7.22），对绿色信贷余额占总信贷余额的比重存在正向影响，但影响较小。国有产权属性对绿色信贷促进作用，与国有上市银行所承担的社会责任有关。上市银行国有控股比例越高，对绿色信贷政策响应程度越高，有动力与压力去开展绿色信贷。与之相比，股份制银行，受非国有股东短期盈利动机的影响，在实施绿色信贷方面掣肘较多。此外，考虑到绿色信贷不良贷款率低于总体不良贷款率，资产收益率、贷款收益率较高的上市银行，注重贷款收益和风险的平衡，能进行较为平稳的绿色信贷操作。

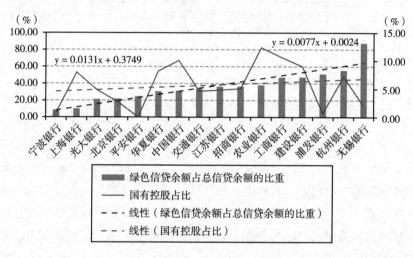

图 7.20 比重—国有控股占比相关

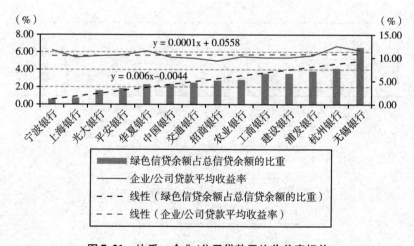

图 7.21 比重—企业/公司贷款平均收益率相关

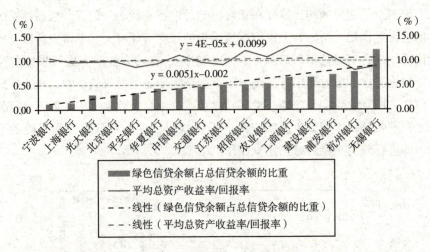

图 7.22　比重—平均总资产收益率/回报率相关

在第二类指标中，股票市盈率（见图 7.23）、资产规模（见图 7.24）和信贷规模（见图 7.25）对绿色信贷余额占总信贷余额的比重存在正面影响，并且影响程度较大。市盈率、资产规模和信贷规模反映上市公司的资产及业务体量，以及经营稳定性及发展前景。这三个指标对绿色信贷的正向影响，反映出体量更大、实力较强、经营较稳定的上市银行，更有能力与动力开展绿色信贷活动。

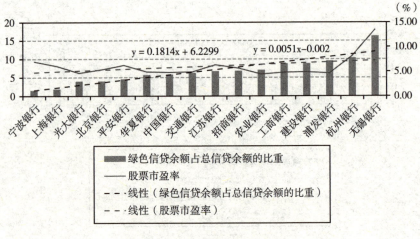

图 7.23　比重—股票市盈率相关

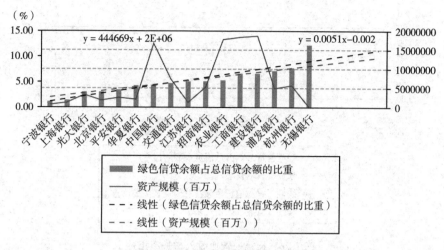

图 7.24　比重—资产规模相关

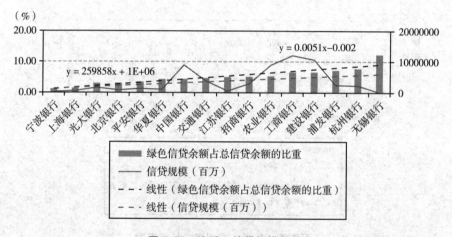

图 7.25　比重—信贷规模相关

在第三类指标中，营业收入增长率（见图 7.26）、净利润增长率（见图 7.27）两个指标对绿色信贷余额占比存在负向影响，且影响程度较大。营业收入与净利润增长率，反映上市银行的业务成长性与经营盈利性，绿色信贷行为体现出较强的政策约束色彩，带有长期性的品牌增值诉求。两者的统计负相关性说明，上市银行盈利性与绿色信贷责任感存在一定冲突，绿色信贷的市场动能较弱。

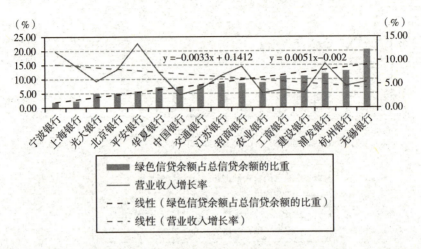

图 7.26　比重—营业收入增长率相关

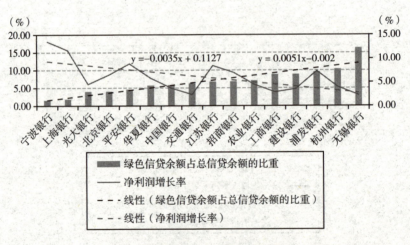

图 7.27　比重—净利润增长率相关

（4）结语：绿色信贷带有政策驱动特征，市场动能有待激发。

　　26 家上市银行均开展了绿色信贷项目，不同特征的银行绿色信贷表现不同。总体上有以下统计结论：一是国有产权属性推动绿色信贷责任承担。国有银行绿色信贷比重较其他银行更高，尤其是国有银行绿色信贷规模占比稳定增长，除注重外汇交易的中国银行外，三大国有银行绿色信贷占比均超过 5%。四大国有银行绿色信贷机构与制度建设较为完善，推动了绿色信贷业务的有序开展。二是较大的银行体量与信贷规模有助于绿色信贷项目执行。市盈率、资产规模和信贷规模反映上市公司的资产及业务体量，以及经营稳定性及发展前景，对绿色信贷产生正向影响。三是业务成长性、经营盈利性，未能转化为绿色信贷行为的经济动因。绿色信贷的市场机制与内生动能，还有待建构与形成。此外，银行绿色信贷业务的开展也受到区域环境、地方政策和制度建设的影响，如北京银行绿色信贷发展势头强劲，这与京津冀地区的环境治理政策约束趋紧有一定的关系。

7.3 商业银行开展绿色信贷面临的现实困境

商业银行绿色信贷的发展未取得理想的效果，有其客观原因，因为商业银行面临着现实困境。

7.3.1 控制非环境友好型信贷面临的直接困境

（1）商业银行的非良性竞争。

随着我国金融业改革的深入发展，商业银行数量急剧增加，除传统五家国有大型银行外（中国建设银行、中国银行、中国工商银行、中国农业银行、交通银行），还有 12 家全国性的股份制银行（招商银行、中信银行、华夏银行、光大银行、浦发银行、民生银行、兴业银行、广发银行、渤海银行、平安银行、浙商银行、恒丰银行），约 138 家城市商业银行、约 241 家农村商业银行（数量还会增加，因为所有农信社均要改制为农村商业银行），约 799 家村镇银行、邮储银行以及花旗、汇丰、渣打、恒生等数十家外资商业银行。

商业银行的竞争异常激烈，五大国有银行、全国性的股份制银行占据了大部分市场份额，城市商业银行、农村商业银行、村镇银行在区域市场、细分市场中寻找机会，外资银行对中资银行的竞争压力在加大。激烈竞争的市场需要完善的市场规则以维持健康、快速发展，但是我国银行业还未建立良好的市场规则，银行业竞争秩序尚不规范，行业自律性不强，若银行业整体无统一的政策或步骤，商业银行在执行绿色信贷与抢占市场份额上将陷入两难的尴尬境地，因为一些银行退出的行业，另一些银行则可能采取截然相反的措施，例如，工商银行执行国家环保和产业政策，对某省钢铁行业限贷，贷款户由 207 户下降到 20 户，贷款余额由 100 亿元下降到 68 亿元，而他行则迅速跟进，该省钢铁贷款几年间从 150 亿元增加至 625 亿元；① 成都银行因环保问题拒贷的一家小钢厂，在其他城商行快捷地获取了融资。而且巨大的国内外市场需求使得两高行业利润和行业形势整体偏好，成为银行业尤其是为迅速扩张市场份额的商业银行竞相争取的客户，为商业银行开展绿色信贷带来了极大的挑战。

（2）地方政府的保护主义。

地方政府履行政府职能，进行社会管理，保障社会经济、教育、卫生、文化等有序发展，需要大量的投入，而中国分税制改革后，地方财权与事权不对称的矛盾日益凸显，在制度层面上，政府官员的职位擢升又与当地经济发展正相关，迫于财政压力以及对短期政绩的追求，地方政府在不知不觉中模糊了社会综合发展的目标，财政收益最大化、个人政绩最大化成了地方政府的最具吸引力的追求。目标的变化引起了政府行为的变化。因为中国经济转型过程中的行政性分权使地方政府拥有更大的自主决策权，地方政府垄断本地区的行政权就会利用垄断权力大幅度参与经济活动，并利用不完善的司法体制进行寻租活动，② 所以不少地方政府不惜忽略环境目标，以牺牲当地的生态环境来换取区域经济的一时发展，出现纵容环境污染企业排污，对环保违法行为不作为，对外招商引资不考虑环境因素等现象。

地方政府为了促进本地经济的发展，还可能会通过行政权力要求或影响金融机构对当地非环境友好型行业的信贷投放。由于没有股权上的直接关系，地方政府对当地的五大国有银行、全国性的股份制银行直接控制力较弱，一般不会直接干预其信贷投放，但是地方政府可以通过干预当地优质客户在这类银行的存贷款等措施倒逼这类银行按地方政府的要求对其扶持的非环境友好型企业发放贷款，当这类银行业绩压力增大，而无新的业务突破点时，往往架不住地方政府的"诱惑"与"威逼"，只能就范。

在间接融资占主导地位而对大型银行无绝对控制力的情况下，地方政府还会寻求自己直接控制一定的金融资源以服务自己的目的与需求。城市商业

---

① 冯东方. 绿色信贷在挑战中发展，在发展中提升 [J]. 环境经济，2008 (7).
② 张秀生，李子明. "绿色信贷"执行效率与地方政府行为 [J]. 经济问题，2009 (3).

银行、农村商业银行以及村镇银行等地方性银行的出现为地方政府创造了机会。为了提高城市商业银行、农村商业银行以及村镇银行的声誉，这类银行改组或成立之时，就确定了大力依靠地方政府的策略，地方政府成了这类银行的大股东，而这类银行诞生之时就具有浓厚的政府色彩。地方政府基于自己的偏好，会通过行使大股东对经营机构管理权来对地方银行的业务进行不当干预，其结果是地方性银行难以按照绿色信贷的要求开展工作，不少违规项目由于得到地方政府的支持而顺利获得了银行的贷款。

（3）不充分的环境信息。

商业银行控制非环境友好型信贷的重要前提之一是商业银行需要知道哪些行业属于非环境友好型。并且，若要有效控制非环境友好型行业的信贷投放，商业银行对非环境友好型行业应有一致的认识。因为若靠商业银行自己基于搜集的政府文件、媒体报道等信息对非环境友好型行业进行界定，由于各家商业银行所掌握的信息有异，对非环境友好型行业的界定很难一致。如工商银行对"两高"的界定是钢铁、水泥、平板玻璃、煤化工、多晶硅、风电设备及造船；建设银行的界定则是钢铁、铁合金、水泥、铝冶炼、焦炭及火力发电；招商银行的界定是石油加工、炼焦及核燃料加工业、化学原料及化学制品制造业、非金属矿物制品等。在此情况下，在一家银行融不到资的非环境友好型行业，在另一家银行可能属于正常行业，这样，通过商业银行开展绿色信贷保护环境的进程就会受阻。

信息是商业银行开展信贷工作不可或缺的要素，商业银行要控制存在不良环境行为的借款人的融资，还需要特别了解借款人的环境行为信息，但环境信息是不对称的，并且借款人可能会刻意隐瞒自己的行为信息。例如，借款人在银行进行调查时，会启动其排污装置对污染物进行处理，在银行调查前、后，则可能放任污染物的排放。目前商业银行除自己调查了解的企业的环境行为外，获取企业环境信息的主要渠道是政府环境主管部门，信息渠道的单一制约了商业银行绿色信贷的开展，表现在：第一，环保部门只公布环境违法严重的企业名单，而且一些地方环境部门发布的环境信息严重滞后，不具备针对性，并缺少协调统一的发布机制，无法满足商业银行绿色信贷对环境信息的需要，影响了绿色信贷的开展。第二，商业银行由于不具备对环境风险评估的专业能力，过度简单依赖环保部门的信息，认为环保部门没有通报的企业就不存在环境风险，通报了的企业就不能再对其发放贷款，这种形而上学的方式过于武断，因为环保部门发布的是时点信息，即在某个时间点上企业存在或不存在环境违规，但企业对环境的影响是动态发展的，在环境信息公布后，企业对环境的影响可能发生变化，而环境部门公布的信息缺乏更新，所以简单依靠环境部门发布的信息开展绿色信贷不能动态反映企业的环境风险变化。第三，对于没有上环保部门名单的客户，环保部门很少给予商业银行贷与不贷的有效建议，这部分企业环境风险的状况只有靠银行自己评估，而银行评估的环境风险信息很少征求环境部门的意见，并且信贷客户出现的环境风险银行一般也不会主动反馈给环境部门。

（4）不合理的产业结构。

中华人民共和国成立之初，工业基础薄弱，国际政治环境复杂，我国参考苏联的成功经验，并接受了苏联的工业化道路理论，选择了重工业优先发展战略。①改革开放初期，学界、政界对重工业优先发展战略进行了全面反思。以改革开放为契机，民营企业为主的轻纺工业迸发出了活力，特别是在我国加入WTO后，消费品制造业发展势头迅猛，但以环境、低廉劳动力为代价的产品制造为主，处于价值链的低端。同时装备制造业基础薄弱等问题也渐渐显现，于是大量高污染、高耗能项目上马，并形成了产能过剩危机。例如，钢铁、电解铝、水泥、平板玻璃的产能利用率都不到75%，但2012年粗钢建设规模新增1853万吨，电解铝建设规模新增28.61万吨，水泥建设规模新增36095万吨，平板玻璃建设规模新增8325万重量箱。②产业结构问题制约了中国经济的发展，优化产业结构是必然选择，但是目前高污染、高耗能行业的投资仍继续增长，例如，2014年第1季度国家统计局公布，非金属矿物制品业、化学原料和化学制品制造业、有色金属冶炼和压延加工业、黑色金属冶炼和压延加工业、电力、热力生产和供应业、石油加工、炼焦和核燃料加工业等全国六大高耗能行业投资增幅尽管有所下降，但同比仍然增长了12.5%。

商业银行的信贷结构与产业结构具有较高的关联度，可以认为产业结构是银行信贷资源的配置器。哪个产业对经济发展的贡献越大，商业银行在该产业中获取的收益就可能越高，该产业对商业银行就越有吸引力。具体到

① 姚洋，郑东雅. 重工业与经济发展：计划经济时代再考察［J］. 经济研究，2008（4）.
② 国家统计局. 中国统计年鉴2013［M］. 北京：中国统计出版社，2013.

非环境友好型行业而言，目前我国"两高一剩"非环境友好型行业还在继续扩大规模，当"两高一剩"产业在经济发展中仍扮演重要角色时，一方面意味着投向"两高一剩"行业的贷款将有较高的收益，退出"两高一剩"行业具有较高的机会成本，另一方面意味着其他产业的发展可能不足，商业银行从"两高一剩"行业抽出的信贷资金未必能实现有效投放，降低了商业银行的资金使用效率。所以，目前我国的产业结构现状将影响我国商业银行的信贷投放。

7.3.2　开展环境友好型信贷面临的直接困境

（1）环境友好型贷款主体自身的局限。

节能环保环境友好型产业在我国属于新兴产业，整体规模较小，正处于快速成长期的初级阶段，行业中生产厂商的数量逐渐增多，产品的竞争在逐渐加剧。处于成长期的节能环保行业中的企业具有较高的成长性和较高的预期收益，是风险投资（venture capital，VC）、私募股权投资（private equity，PE）偏好的投资对象。据银联信统计，2011 年我国创投市场发生了 1503 起投资案例，这 1503 起投资总计分布在 23 个一级行业，其中清洁技术在行业分布中排第二位。但实质上，节能环保的企业愿意让渡股权而未采用商业银行债权融资，是存在客观原因的。因为这类企业的研发、生产、销售一般不能在短期内取得良好的效果，需要几年甚至十几年的时间进行孵化，未来经营具有较高的不确定性，而且一般也缺少债权融资所需要的担保条件。以投资人的角度看，这类企业具有较高的风险。VC、PE 是追逐高风险、高回报的投资者，并且 VC、PE 的投资不以被投资对象具备抵质押物为要件，而商业银行信贷一般投向成熟企业，关注的是企业目前的经营情况、偿债能力及实物资产，对流动性、安全性的要求远高于 VC、PE。即节能环保企业的现状与商业银行信贷要求的不符让节能环保企业难以在商业银行取得融资，也让商业银行对节能环保企业的信贷支持陷入了困境。

对于市场上众多有节能环保改造需求的一般性企业，其自身的不足也制约了商业银行绿色信贷的开展，因为它们中的大多数是中小企业，成立时间较短、规模较小、法人治理结构不完善，自有资本不足，经营管理能力弱，抵御风险能力不强；在财务管理方面，制度不健全，资金管理混乱，财务信息不透明，商业银行难以了解其真实经营情况；资产结构中，固定资产少，缺乏商业银行认可的不动产抵押物；部分企业主素质低，信用水平差。此外，一些节能环保项目投资金额大，投资期限长，回收周期长，经济效益难以在短时间内体现，因而在现有条件下很难在商业银行获取融资。

（2）环境友好型产品的市场不成熟。

"节能环保"环境友好型产品的市场不成熟主要表现在以下四点：第一，节能环保产品的高价格成了阻碍消费者消费的门槛，导致了节能环保产品的滞销。由于节能环保产品的研发需投入大量的成本，初期的生产规模也难以体现规模效益，因此节能环保产品的价格往往较普通产品的价格高一定幅度。如同样品牌的电动混合动力汽车价格高出同等汽油汽车的 1/3，有的甚至高出一倍；同样功率的空调，能效等级为 1 级的空调比能效等级为 3 级的空调价格高出不止千元。L. E. K 公司曾经做过市场调查，被调查者中的 80% 愿意购买节能环保产品，但 75% 的被调查者表示对环保节能产品只愿意支付不超过 10% 的溢价。① 第二，消费者对节能环保产品的认识有限阻碍了节能环保产品的销售。如我国家电行业曾经贴过的标示有："国家 1 级节能标准""欧洲能耗等级""欧洲能效等级""美国节能之星""澳洲节能之星"等。由于缺乏统一的标准，这些标示让消费者越看越糊涂，以致消费者选择环保节能产品的主要依据明显不足。第三，消费者的不理性的消费观念影响了节能环保产品的销售，如在欧盟、日本，很多消费者愿意选择小排量的经济实用性汽车，但在我国汽车还是身份，地位的象征，消费者选择汽车考虑舒适、豪华的程度远超节能减排，因此大排量、豪华车在我国很受欢迎。第四，不良市场行为影响了消费者对节能环保产品的选择。我国节能环保产品的市场目前尚未规范，市场主体混杂，一些不良商家以节能环保的旗号销售假冒伪劣商品欺骗消费者，市场舞弊行为屡见不鲜，消费者的消费信心受到打击。

7.3.3 绿色信贷面临的制度及机制障碍

（1）不完善的法制。

市场主体的不法行为需要法律、法规的规制，但是目前我国的法制还不

---

① 贝明宇. 中国消费者愿意为环保买单吗？[J]. 北大商业评论, 2009 (8).

完善。

《中华人民共和国环境保护法》是我国环境保护的基本法，但是其制定于 20 世纪 80 年代末，当时，经济、科技、环保事业均不发达，因此预测能力有限，对于市场经济发展中出现的新情况、新问题，难以提供准确的法律解决机制。例如，在环保职责方面，《环境保护法》没有定位在各级政府上，而是定位在环境主管部门上，这减轻了各级政府的责任，也为政府随意决策埋下了隐患；在管理权限方面，《环境保护法》规定环境保护行政主管部门，对本辖区的环境保护工作实施统一管理，同时又规定其他部门对环境污染防治、资源保护实施监督管理以致环境执法主体林立，执法权力、执法责任分散；在执法手段方面，环境部门具有罚款的权力，但是缺乏当场强制制止的行政手段，影响到了环境执法的效率。

在环境违法方面，对我国企业环境违法行为的惩戒手段主要是罚款，但罚款的额度普遍较低，企业"守法不如违法，小违法不如大违法"。① 以《大气污染防治法》为例，该法第六十条规定，新建的采煤属于高硫分、高灰分的煤矿，不按照国家有关规定建设配套的煤炭洗选设施的，可以处 2 万元以上 20 万元以下罚款，而要按规定建设煤炭洗选设施，征地加购买设备就需要数百万元。显然，违法比守法划算。该法第六十一条还规定，造成大气污染事故的企事业单位，由所在地县级以上地方人民政府环境保护行政主管部门根据所造成的危害后果处直接经济损失 50% 以下罚款，但最高不超过 50 万元。按此规定，如果一个企业造成的直接经济损失为 100 万元，则最高可以罚款 50 万元；但如果造成的直接经济损失为 1000 万元甚至上亿元，最高罚款也不过 50 万元。很明显，小违法不如大违法。另外，从《中国统计年鉴》公布的历年数据来看，环境污染赔罚款总额远低于污染造成的直接经济损失。

环境违法的成本偏低无法对企业起到震慑作用，为环境污染企业提供信贷支持的商业银行同样无法感受到环境风险对其信贷资产质量的影响。商业银行开展绿色信贷是一种市场行为，若市场主体感受不到压力，就不可能主动调节其市场行为，因此出现了非良性竞争等市场现象。只有商业

---

① 张春英. 中央政府，地方政府，企业关于环境污染的博弈分析 [J]. 天津行政学院学报，2008（11）.

银行真实地感受到环境风险,绿色信贷才能进入实务操作,而不是作秀的舆论行为。

法制的不完善同样也影响着商业银行开展绿色信贷对环境友好型企业的支持,例如节能环保企业的产品可能涉及高新技术,拥有相关发明专利,但是知识产权保护的不到位导致专利被他人复制,企业本该拥有的良好的市场前景可能变得黯淡,在此情形下,节能环保企业的市场风险很容易传递给予其信贷支持的商业银行,商业银行规避风险的最佳策略则是限贷或停贷。

(2)针对商业银行的激励、约束机制不健全。

针对商业银行开展绿色信贷,建立、健全高效、科学的激励、约束机制是促进商业银行开展绿色信贷的重要基石,有助于商业银行开展理性经营,避免短期机会主义行为损害商业银行的稳健发展。

目前,商业银行为"两高一剩"非环境友好型行业办理信贷业务能获取较高的收益,利益的诱惑让商业银行难以主动拒绝"两高一剩"行业借款人的融资申请。在法律对借款人的规制还需要时间以完善,借款人的环境风险不足以危害商业银行信贷资产质量的前提下,加大商业银行对"两高一剩"行业的贷款成本是阻止商业银行信贷投放的有效途径。而建立对商业银行办理"两高一剩"行业信贷业务的约束机制则是增大商业银行贷款成本的可行办法。银保监会颁发的《绿色信贷指引》指出应将商业银行开展绿色信贷的效果作为监管评级、机构准入、业务准入、高管人员履职评价的重要依据。该文件指出了建立商业银行控制"两高一剩"信贷投放约束机制的思路,但是监管部门却没有趁热打铁,出台如何对商业银行进行约束及约束标准的管理办法或文件,以致针对商业银行绿色信贷的约束机制始终没有系统地建立起来。约束机制的不健全的直接后果是商业银行非良性竞争的出现,推行绿色信贷的商业银行处于不利地位,利用商业银行信贷保护环境的目标无法实现。

商业银行退出"两高一剩"非环境友好型行业,意味着商业银行的原有投入将变成沉没成本,并且短期内,商业银行将压缩的"两高一剩"信贷额度投向其他行业难以获取超过原来的收益;鼓励商业银行支持"节能环保"环境友好型企业或项目,但是限于技术、制度、主体自身缺陷等多种原因,商业银行面临着较大的信贷风险,投向节能环保企业的信贷收益可能小于投向其他行业的收益。收益低于成本,是当前不少商业银行不愿开展绿色信贷的主要原因。但在此等情况下，政府对商业银行绿色信贷的提倡、鼓励还多仅限于口头阶段，鲜有针对商业银行开展绿色信贷的激励机制。激励机制的不健全影响了商业银行开展绿色信贷的积极性、主动性。

（3）存在缺陷的地方政府考核机制。

地方政府对"两高一剩"非环境友好型行业的庇护、支持，"节能环保"环境友好型产业发展的不足，导致的产业结构不合理，以及地方政府对商业银行信贷的干预，归根到底与地方政府的考核机制密切相关，因为考核机制是地方政府决策的牵引力、驱动力，直接决定了地方政府的发展理念与模式。目前地方政府考核机制的缺陷主要体现在以下几个方面。

第一，考核主体的单一。当前对地方政府的考核有目标责任制考核、现场检查、组织考核等方式，但这些考核方式，主要是上级对下级，以及同级之间进行，即考核的主体是政府部门自身，缺乏作为政府服务对象的社会公众的参与。集权的考核方式导致地方政府以上级政府及相关部门的意志为主导，重视上级政府及相关部门的要求，而忽视社会公众的利益诉求，可能盲目追求虚假政绩以迎合上级及相关部门的需要，并且不能有效地将地方政府置于公众的监督之下，公众对地方执政的满意度无法得到反映。

第二，考核指标的单一。地方政府承担着经济发展、民生改善、环境保护、资源节约、社会管理以及公共服务等职能，但是长期以来，上级对地方政府的政绩考核指标主要是 GDP、财政收入、投资等重点反映经济增长、经济发展的指标，即以单一的经济指标来衡量整体业绩。并且在指标的设计上重点强调总量、速度，而忽视效益、质量及结构。这种单一的考核指标，造成地方政府片面追求发展速度，忽视产业结构、发展质量、生态环境等综合要素。

第三，考核导向的偏差。上级政府对地方政府的考核实行"打分排名""评比评优"，并将排名、评比作为官员晋升的依据，呈现出"干部出数字、数字出干部"等普遍现象，从而促使地方政府轻过程、重结果，"多拉快干"，将更多的精力放在如何在短期内见效益，提升排名名次，而不是思考怎样从可持续发展的角度去发现问题，改进工作。

（4）信贷风险补偿机制的缺失。

不可否认我国经济的腾飞离不开"两高一剩"非环境友好型行业强有力的支撑。在那段特定的历史时期，我国的银行信贷资源向"两高一剩"

行业聚集，帮助"两高一剩"行业实现了资产规模、生产规模等迅速扩张，"两高一剩"行业的发展又反过来支持了银行业的成长，经过数十年的沉淀，形成了今天"两高一剩"行业离不开银行，银行离不开"两高一剩"行业的相互依存格局。一旦商业银行停止或压缩"两高一剩"行业的贷款，部分基础差，资金链紧张的企业或项目就会面临关、停、并、转的生存风险，商业银行的存量贷款质量难以保证。另外，绿色信贷鼓励商业银行支持新能源、新技术、新材料等有利于环境保护的企业或项目，但是这些企业或项目本身抗风险能力差或是面临着较大的市场不确定性，信贷风险较高。

虽然现在人民银行、银保监会等银行业管理部门鼓励商业银行开展绿色信贷，也提出了一些强制性的要求，但是商业银行的资本是逐利的，哪里投资回报率高，风险低，资本就会流向哪里。因此无论银行业管理部门如何高度重视，若没有针对绿色信贷建立专门的风险补偿机制，商业银行推行绿色信贷支持环境友好型企业或项目，导致贷款出现坏账，利润遭受损失，其推行绿色信贷的积极性必然会受到很大的影响。所以，商业银行宁愿进行非良性竞争继续发展环境非友好型信贷也不愿意开展环境友好型信贷。

（5）不完备的信息共享机制。

信息的多寡将直接影响商业银行信贷资源的配置。商业银行开展绿色信贷除需要融资主体生产经营、市场前景等传统信贷所需要的信息外，还需要融资主体的环境信息。但目前环境信息共享机制的不完备导致商业银行环境信息收集成本的过高，掣肘了商业银行绿色信贷的发展。

由于缺少政府未统一发布非环境友好型行业信息，导致商业银行开展绿色信贷无统一标准，绿色信贷的开展各自为政；商业银行了解融资主体环境信息的主要渠道是政府环境部门，但政府环境部门提供的环境信息作用有限；政府也未向商业银行公布"节能环保"等环境友好型产业的信息，增大了商业银行支持"节能环保"产业或企业的信息收集成本，制约了绿色信贷的发展。因此，政府部门与商业银行的信息共享机制还需要不断完善。

商业银行与政府部门的环境共享机制的不完善影响了绿色信贷的开展，同业之间、银行与社会公众或其他组织之间的环境信息共享机制的缺乏也在阻碍绿色信贷的开展。例如，一家商业银行搜集到借款人的环境不友好信息从而拒贷，但由于缺少同业之间的环境信息共享机制，其他商业银行若未了解到该信息，该借款人就有从其他商业银行获取信贷融资的可能；企业针对商业银行的调查、政府部门的检查多是有备而来，商业银行可能很难了解到企业的真实环境行为，但是企业周边的居民对企业的环境行为却非常熟悉，但是由于缺乏信息共享机制，周边居民知道的环境信息，很难反映给商业银行。

第8章

进一步推动商业银行绿色信贷发展：
国际经验与中国探索

在前一章分析我国商业银行开展绿色信贷的现状及面临的困境的基础上，本章将介绍发达国家开展绿色信贷的经验，并结合我国商业银行的实际，提出推动商业银行绿色信贷发展的相关思路。

8.1 商业银行绿色信贷发展可借鉴的国际经验

绿色信贷在国外发展较早，本节将介绍德国、美国、英国、加拿大等发达国家推行绿色信贷的经验，为我国商业银行推行绿色信贷提供借鉴。

8.1.1 德国经验

绿色信贷在德国起源较早，经过数十年的发展，绿色信贷体系相对完善。德国的西德意志州立银行是赤道原则的四家起草行之一，除西德意志州立银行外，德国德累斯顿银行、裕宝银行、德国复兴信贷银行等银行也加入了"赤道原则"。"赤道原则"已成为德国银行业普遍接受的行为准则，在项目守信审批时，严格按照赤道原则的要求对项目分类，评估项目的社会、环境风险。

在德国的绿色信贷体系中，政府积极参与其中，德国政府采用贴息政策对环保、节能项目予以一定程度的贴息，对于好项目，贴息期限可以达10

年，贴息后的贷款利率甚至可以不到1%。德国政府的贴息政策取得了很好的成效，首先，商业银行的利益能够有保障，商业银行有动力开展绿色信贷；其次，项目建设能够获得长期低息贷款，一大批环保节能项目能够得以启动。在德国政府的贴息政策中，德国政府的环保部门发挥着重要的作用，项目投资方若想获取贷款贴息则需要对项目环保节能绩效进行评估，环保部门将对每个申请贴息政策的项目进行审核，只有得到环保部门的认可并获得了环保部门出具的证明材料，商业银行才会受理项目投资方的贴息贷款申请。

在绿色信贷方面，德国还充分发挥政策性银行的作用。德国复兴开发银行于1948年成立，是德国重要的政策性银行。德国政府、德国复兴开发银行参与绿色信贷的模式是：德国复兴开发银行在国际资本市场融资，德国政府为其融资进行贴息，复兴开发银行将融取的资金包装成长期、低息的金融产品出售给商业银行，商业银行适度提高利率后，以优惠的利率和期限为环保、节能贷款主体提供融资。在整个过程中，政府不干预复兴开发银行的融资与产品的销售，各项活动公开、透明地开展，政府的作用是提供贴息，并制定相关的管理办法。

8.1.2 美国经验

在针对环境污染方面，美国制定了严格的法律，自20世纪70年代以来，通过的涉及水、大气、废物管理等方面的法律就有26部，其中以拉芙运河案为契机，美国国会通过的"综合环境反应、赔偿和责任法"（由于该法案因环保超级基金而闻名，所以又被称为"超级基金法"）较典型，该法案对责任方建立了"严格、连带和具有追溯力"的法律责任，意味着银行可能承担污染企业的净化费用，经典的判例有1986年的"马里兰银行案"。

在完善法律的同时，美国政府还出台积极的激励政策支持节能减排。如1978年出台的"能源税收法"规定，购买太阳能、风能能源设备所付金额前2000美元的30%和后8000美元的20%，都可以从当年应缴纳的所得税中进行抵扣，美国的州政府同样出台了相关激励政策，如亚利桑那州对采用分期付款方式购买再生资源回收、污染控制设备的企业可以减10%的销售税等。美国政府还从财政拨款成立专项基金，支持中小企业履行环保义务，并对从事环保产业的中小企业提供贷款优惠或担保。

在银行方面，花旗银行是美国银行业中推行绿色信贷的典范，花旗银行是赤道原则的发起人之一，也是美国最早加入赤道原则的银行之一。花旗银行采取诸如：邀请利益关系方参与、与合作伙伴展开特定项目、流程、政策的制定、支持可持续发展企业、拓展环保事业的覆盖领域、现状评估和对未来的规划、设置组织和人员等措施多方面、多角度履行环保义务。除此之外，花旗银行还通过不断完善环境与社会风险管理政策，分享业内的最佳业绩及为赤道原则提供更新的内容协助领导赤道原则下的金融机构，招募、培训地区性的环境及社会风险管理政策的拥护者、倡导者以实现其对环境保护和社会风险管理的承诺。在具体业务方面，花旗银行为客户提供环保抵押贷款、银行卡和商业融资产品，如花旗银行与夏普公司合作，向购置太阳能电子系统的住户提供便捷房屋贷款和信用额度。

8.1.3 英国经验

工业化进程中先污染、后治理的惨痛教训，促使英国的立法侧重污染预防。通过立法制定严格标准来避免污染是英国环境控制体系的核心。其中"环境预防法"规定了 9000 个工艺流程，需要采用的企业，必须向环保部门提出申请，该法通过制定严格、系统的技术标准及发放许可证的方式控制污染。除此之外，英国政府还颁布了"有毒废物处置法""污染控制法""环境保护法"等涉及绿色信贷的相关法律规定，形成了系统的法律体系。

英国政府制定的激励政策考虑了环境因素。在英国政府制定的小企业贷款担保计划中，政府倾向于为环境友好型企业提供担保，政府除对企业的生产经营进行评估外，还会对企业的环境影响进行评估。通过评估的企业可向金融机构申请最高 7.5 万英镑的贷款，政府将为贷款承担 80% 的担保。英国政府通过这种方式制约了污染型企业的发展，起到了环境保护的作用。

汇丰银行是英国最著名的银行之一，也是英国第一批采用赤道原则的商业银行之一。其实，汇丰银行早在 20 世纪 90 年代初就开始采取环保动作，如回收了大量的废纸、铝罐、墨盒等。在贷款融资方面，汇丰银行在对每个项目发放贷款前，都会对该项目可能产生的环境、社会影响进行综合评估，并拒绝评估不合格的项目，充分发挥出银行信贷杠杆在促进环境保护、社会发展方面的积极作用。汇丰银行还制定了环境敏感行业的信贷政策，抬高了环境门槛，对诸如森林土地与森林产品、化工、矿产与金属、淡水基建、能源等环境敏感行业不予以贷款。为帮助信贷人员评估贷款方案的环境风险，汇丰银行制定了重点涉及高污染、高耗能行业及环境贷款指引涉及的其他环境敏感行业的环境监测一览表。同时，为确保信贷项目和客户业务符合相关标准，汇丰银行还设置了全职的环境和可持续发展专员以加强对信贷项目和客户业务的环境评估和监督。

英国的巴克莱银行在绿色信贷方面也有突出表现，该银行结合自身优势，制定了一个将社会与环境融于一体的信贷政策指引，该指引涉及 50 多个行业，并划分了环境风险等级，明确了企业环境违法认定标准，为具体业务中的项目评估提供了有效参考。该银行还通过引进外部咨询公司或邀请环保专家，培养、留住人才的方式建立了环境风险评估人才库。

8.1.4 加拿大经验

20 世纪 60 年代初，加拿大就已经开始制定法律防止水、大气等污染，并在 1970 年设立了专门的机构——污染防治办公室，处理环境保护、污染治理问题。1995 年加拿大政府制订了污染预防行动计划，要求企业必须制订污染预防计划，污染计划书的摘要包括污染预防目标，如何预防污染及期限等内容，并须送交环境部，政府将通过媒体向公众公开该摘要，让企业接受公众监督，该计划书还将作为银行贷款评估的重要依据。1999 年加拿大政府修订了 1988 年出台的《环境保护法》，强调从源头治理污染，使工商企业实施清洁生产有了统一标准，促使清洁生产成为企业自愿行动。此外，加拿大政府每半年将出台《加拿大生态环境状况》，面向公众发布环境信息，并且建立了企业环境表现公开制度，鼓励公众监督，政府介入融资的项目，必须公开咨询。

鉴于政府的表现，加拿大的商业银行构建了一套评估机制，配合国家政策的实施。以加拿大商业发展银行为例，对于一个项目银行首先将考虑其对环境有无重大影响，如果有，则拒绝贷款，并将相关环境评估数据存档；如果无，则考察是否因为公众关注而需要公开咨询，需要公开咨询的贷款项目还需考察是否有政府介入融资或经营许可，如果政府部门完成了评估或有相应许可，则贷款将继续进行审批，并将对其进行环境评估，否则将搁置，审批完或发放的贷款项目，其环境评估数据将存档。

8.1.5　相关启示

总体来说，发达国家绿色信贷的开展没有仅靠商业银行自身来推动，政府在推动绿色信贷的发展中发挥了重要的主导作用，并且充分发挥公众、社会中介等利益相关者的作用，共同促进绿色信贷的发展。具体而言：第一，良好的激励机制能调动商业银行开展绿色信贷的积极性，政府可以通过税收减免或优惠、贴息等措施激励商业银行开展绿色信贷。第二，政府应重视法制建设，通过一系列的法律、法规等明确责任主体，约束主体的行为，且根据实际情况不断地对法律进行完善，让惩治环境违法行为有章可循；并且要加大执法的力度，做到执法必严。第三，重视中介机构的参与，中介机构可以弥补银行在环境评估方面的不足，特别是政府环境部门或政府指定机构出具的环评报告可以为商业银行开展绿色信贷提供有价值的参考信息。第四，建立信息共享机制，由于借款人的环境行为将影响很多利益群体，借款人的环境行为信息可能已被其他组织、机构等掌握，因此建立一个信息共享平台将环境信息传递给商业银行将有助于降低商业银行绿色信贷的交易成本。第五，银行自身要重视内部建设，银行要根据绿色信贷开展的实际需要，完善机构建设、制度建设，加强人才培养，加大创新力度。

8.2　促进商业银行绿色信贷发展的目标模式与政策思路

8.2.1　商业银行绿色信贷的目标

（1）推动商业银行在绿色信贷中获得盈利与成长。

企业是服务于经济目标的特殊组织。[①] 商业银行应在法律和规则许可的框架内，整合资源，增加利润，为股东谋取利益。商业银行要发展可持续性的绿色信贷，不可能偏离为股东谋利这个中心。在起步阶段，受到技术手段

[①] 黄速建，余菁. 国有企业的性质，目标与社会责任 [J]. 中国工业经济，2006 (2).

缺乏、信息不对称、新增客户无法弥补退出客户造成的损失等因素，或因政治、形象等需要，商业银行发展绿色信贷可能面临着一些利润损失，但是这种情况应该是暂时的或者说只是发展阶段的一个过程，商业银行不能因为发展绿色信贷而处于长期得不偿失的状态，发展绿色信贷必须要有一定数额的利润，否则商业银行将失去发展绿色信贷的动力。所以要推动商业银行绿色信贷的发展，在短期内可以通过政府补贴等手段弥补商业银行可能面临的损失，同时应多方面为商业银行绿色信贷的长期开展营造良好的环境，以利于商业银行品牌优势的打造、竞争优势的建立，推动商业银行在绿色信贷中获取盈利，促进商业银行成长与发展。

（2）平衡好商业银行盈利与履行环境责任的关系。

商业银行的行为关系社会的许多方面。因此在商业银行身后，存在着两种相互交织的作用力，一种是基于经济利益的考量，另一种是非经济的，基于政治、行政目的或社会需要的考量。正是这两种交织的作用力，使商业银行成了同时拥有经济目标与非经济目标的特殊组织。在这种情况下，除经济目标外，社会对商业银行非经济性的期望，也应被纳入商业银行绿色信贷发展的目标体系中。

绿色信贷作为环境保护的一种手段，带有一定的公益性，商业银行在业务开展时，难免会出现一定的不经济性，这种不经济性可以认为是在一个可以计量的时间里，商业银行在使用一定的信贷资本、人力及其他资源后无法获得等量资源投在其他信贷项目上的经济收益。但是就绿色信贷代表了公众的诉求而言，商业银行作为一个相对独立的行为主体，绿色信贷中出现的不经济行为，其目的是要在一个更长的时间段，一个更大的空间里实现人与环境的和谐相处的大经济。因此在这个前提下，约束、调整、优化商业银行的信贷投放，发挥商业银行信贷对企业行为的约束、激励作用，与其他环境政策、措施协调配合，达到改善环境的目的就成了商业银行绿色信贷的非常重要的非经济目标。

8.2.2 商业银行绿色信贷的推动模式

商业银行绿色信贷不是纯粹的市场活动，而是以一个社会成员的身份开展的社会活动，具有正的外部性。但由于商业银行与社会、利益相关者目标函数不一致，商业银行推行绿色信贷计算的成本、收益与社会、利益相关者考虑的成本、收益存在差异，因此完全依赖市场机制来推动绿色信贷存在动力不足的问题，尤其是绿色信贷推行的初始阶段。另外，政府掌握、行使着公共权力，拥有着各类重要的社会资源，具体到推动绿色信贷而言，政府可以制定规则将某些行为强加于商业银行，促使商业银行开展绿色信贷，并拥有商业银行缺乏的信息、技术、人才等多方面的优势，可以为商业银行业务开展提供支持，政府还可以通过多种手段影响非正式制度的演进，从而使商业银行基于意识形态的提升而自觉开展绿色信贷。因此商业银行绿色信贷先期最合理的模式是由政府主导，即在政府的引导下，商业银行按照政府的要求去落实绿色信贷。

政府主导的绿色信贷模式是暂时的，在绿色信贷发展到一定阶段后，政府需要做的是建立一个完善的竞争平台、一个完善的游戏规则。政府主导的绿色信贷模式将逐渐向市场条件下的商业银行自主经营模式转型。因为寻租、决策失误、政策时滞等原因，政府干预存在政府失灵，可能导致市场价格扭曲，市场秩序紊乱。而且从绿色信贷的长远发展看，绿色信贷更多的是商业银行的一项市场化的业务活动，应遵从相应的市场经济规律。随着绿色信贷法律、法规、市场规则的完善，以及商业银行自身组织架构的搭建、技术水平的提高、信息渠道的通畅、融资产品的丰富等，商业银行也有能力解决获利与社会责任平衡的问题。

8.2.3 推动商业银行绿色信贷发展的政策导向

由于商业银行推进绿色信贷即有经济目标又有非经济目标，并且推进绿色信贷的信息机制、技术手段等需要不断完善，因此应多管齐下，既调动商业银行内生的积极性，又规范商业银行的信贷行为，并为绿色信贷开展创造有利条件。表现在政策导向方面，主要体现在以下几点。

（1）引导、激励性政策与强制性手段协调配合。

商业银行是市场化的经济组织，"看不见的手"在信贷资源的配置中起基础性调节作用。在市场经济背景下，商业银行的绿色信贷也不可能脱离市场化这个大的框架。因此为有效推动商业银行绿色信贷的开展，政府、银行业监管部门应尊重商业银行作为市场主体的意志自主性，维护商业银行与贷款主体以市场为基础的自由交易，制定的政策、规则应侧重对商业银行绿色信贷行为的激励和引导。因为，只有让商业银行切实感受到开展绿色信贷有利可图，商业银行的积极性才可能被充分调动起来，绿色信贷的效果才能充分发挥出来。但是一些强制性的手段也是不可缺少的，因为受信息不对称、技术缺陷等因素影响，部分商业银行难免会采取某些投机等行为，从而影响市场秩序，采取强制性的手段可以直接约束其不良行为达到规范市场的效果。

（2）分步骤、分阶段推进绿色信贷。

商业银行绿色信贷的推行是一项复杂的工程，不可能一蹴而就。需打消在短期内，通过设计一个完善的方案来彻底解决商业银行绿色信贷问题的预期，需充分认识到推进商业银行绿色信贷的渐进性、长期性。绿色信贷发展的不同阶段，商业银行有不同的偏好、组织架构、人才储备、信贷产品等，面对着不同的机遇与挑战，因此，分步骤、分阶段推进商业银行绿色信贷就成为必然选择。与此要求相适应，解决绿色信贷长远发展与短期政策制定之间矛盾的一个最好办法是依据绿色信贷欲实现的总体效果，把短期政策的制定、调整纳入中长期发展计划之中，把商业银行绿色信贷的渐进发展过程分解到不同阶段的短期政策的制定、调整过程中，通过各个阶段不同步骤、持续不断的政策制定、调整，逐步达到建立完善的、自我可持续发展的商业银行绿色信贷体系。

（3）分重点、分轻重选择行业、企业。

面对环境的持续恶化，商业银行的政府主管部门与商业银行都应有开展绿色信贷的紧迫感，但也要看到推动绿色信贷应做到重在建设、注重积累，持之以恒。不管是政府部门还是商业银行自身，都不能盲目跟风、急功近利，更不能用暴风骤雨、搞运动、"一刀切"的方式推进绿色信贷。无论是针对"两高一剩"非环境友好型行业、企业的惩罚性措施，还是针对"节能环保"环境友好型企业的优惠政策，都应从重点行业或企业入手，抓住主要矛盾，循序渐进，对于要大幅压缩贷款额度或完全退出的贷款，一般情况下应给予企业一定的宽限期或一定期限予以预警，若不立足实际，一哄而上，武断抉择，不仅可能造成资源浪费，还可能造成严重的社会问题。

（4）区别对待不同的商业银行。

国有商业银行、股份制银行、城市商业银行、农村商业银行、村镇银行等不同的商业银行无论是在业务区域范围、客户数量、客户对象的选择上，还是人员素质、制度建设、硬件系统、风险控制等方面都存在很大的差别。若不加考虑，要求商业银行按统一标准、统一要求推行绿色信贷，显然脱离了实际情况，效果未必理想。所以，在绿色信贷的推进过程中，应充分考虑大、中、小银行的特点，采取区别对待政策。国有银行、股份制银行这类全国性的商业银行应作为先锋推行绿色信贷，因为国有银行、股份制银行是我国商业银行的标杆，对其他中小商业银行有带动示范作用，并且国有银行、股份制银行比其他中小银行拥有更多的社会资源，在产品开发、评级模型、信息渠道构建上比其他中小银行更能节省成本。

（5）多种力量并重助力绿色信贷。

绿色信贷是一项系统性的工程，要通过绿色信贷构筑起环境保护的金融防护堤，就必须发挥多方面的力量，依靠多方面的努力。因为尽管商业银行是推行绿色信贷的主体，但作为金融企业的商业银行不可能穷尽所有行业、企业的环境信息，不可能拥有完善的环境评估能力与技术，不可能拥有完美的环境人才储备，而且构建限制"两高一剩"，助推"节能环保"产业发展的社会条件，需要政府、社会公众的支持，商业银行绿色信贷金融产品的创新也可能需要依赖于政府部门，若将绿色信贷所涉及的全部职能归于商业银行，仅靠商业银行个体来推动绿色信贷，商业银行的成本势必高昂，商业银行的积极性、主动性势必遭受打击，绿色信贷的推行势必受阻。要构建起有效的绿色信贷体系，政策的制定就不能仅聚焦于商业银行，相关产业的限制、支持政策及措施应当出台、法制应当完善，与绿色信贷相关的政府部门、项目评估机构等的职能应该明确，相应的激励、约束机制应该建立，其他与绿色信贷相关的机构、个人的主动性、积极性也应被充分调动起来。只有将各部门的合力充分发挥出来，绿色信贷才能迅速取得理想的效果。

8.2.4 商业银行内部政策调整优化的思路

商业银行绿色信贷的开展同样需要商业银行对自身内部的机制、制度根据市场情况进行完善。总体说来，商业银行内部调整、优化应遵循以下基本思路：

（1）逐步压缩非环境友好型行业贷款。

"两高一剩"非环境友好型行业占据了巨大的信贷资源，并造成了大量的社会福利损失，商业银行开展绿色信贷对优化信贷结构，提高资源配置效率无疑具有重要意义。为切实实施绿色信贷，商业银行不应再增加对"两高一剩"行业的贷款供给，相反应压缩"两高一剩"行业信贷规模，通过信贷资金供给的减少实现淘汰落后、过剩产能，促进技术升级达到加强环境保护的目的。在压缩"两高一剩"行业信贷规模时，要保持压缩节奏的合理度，过快地压缩与过慢地压缩都不利于绿色信贷的发展。

（2）稳步推进环境友好型行业贷款。

在压缩"两高一剩"非环境友好型行业的贷款同时，商业银行应采取措施加大对"节能环保"环境友好型行业的信贷投放以扶持"节能环保"行业的发展并弥补退出"两高一剩"行业带来的利润损失。对"节能环保"行业的贷款需求商业银行应主动应对、积极作为，但是出于风险防范的目的，商业银行不能盲目地对"节能环保"项目发放贷款，对于提出贷款需求的借款人，商业银行应甄别其真实融资目的，考量其未来发展空间，评估其风险水平，落实风险控制措施，做到积极、但不冒进，稳步推进节能环保行业贷款的发展。

（3）立足实际并加强创新。

商业银行绿色信贷受到客观条件的制约与客观规律的支配，必将经历一个由初级到高级的发展过程。因此商业银行开展绿色信贷必须从实际出发，把开展绿色信贷存在的客观情况弄明白，把事物的内、外部联系搞清楚，从中找出符合客观情况的绿色信贷推动办法，做实事、求实效。但是在遵循客观实事、客观规律的基础上，也不能满足于既有成绩，不能拘泥于过去的经验，应在科学理论的指导下，总结经验，大胆探索，勇于创新，创造性地推动绿色信贷，努力地将绿色信贷提高到一个新的发展层次。

（4）诚信经营。

市场经济是信用经济。由于诚信乃经济主体在信用经济下的发展之本。因此在市场交易中，经济主体应彼此真诚相待并忠实履行各种契约，以体现信用水平并塑造良好的社会形象，从而实现持久发展。商业银行开展绿色信贷要想取得理想的成果务必坚持诚信经营。无论是对"两高一剩"行业客户，还是对"节能环保"产业客户，商业银行均应该开诚布公地告诉银行的政策、制度、要求等涉及客户利益的相关信息，以供客户做出理性选择，在与客户签订相关契约后，严格按照契约的约定履行相关义务。

（5）机构间加强协作。

协作能实现协同效应，创造出比单个业务单元收益加总更大的收益。商业银行开展绿色信贷除机构内部各部门需加强协作，商业银行与商业银行，商业银行与政府环境部门，商业银行与社会环保组织等机构之间同样需要加强协作，因为单个银行所能掌握的信息、运用的工具、采取的措施有限，仅靠单个商业银行自身来推动绿色信贷，取得的效果显然不如机构间加强协作能取得的效果。所以商业银行之间应彼此加强协作，不但对共同的借款人的信息互通有无，协作解决可能出现的问题，而且了解到的他行客户的不良信息也及时反馈给他行，并加强与环境部门、环保组织等机构的沟通及信息共享，配合相关机构的工作。

（6）切实履行主管部门的要求。

银保监会、人民银行等政府部门能够站在更高的层面，参考更多的经验，利用更好的平台对商业银行绿色信贷的开展提出有益规划、指导，而且在目前的市场环境下，商业银行绿色信贷的开展也离不开政府部门的监督、协调。为促使绿色信贷能够顺利推进，降低交易成本，商业银行应按照主管部门提出的意见或建议，找出自己的不足，采取措施进行优化，并挖掘自身的优势，顺势利导加以利用，对于政府主管部门提出的硬性要求，商业银行更应该加强认识、认真对待、加以落实。

（7）与同业之间开展公平竞争。

市场上存在众多的商业银行，彼此之间存在竞争。为保障市场的井然有序，商业银行绿色信贷开展的竞争应当是公平竞争。对于某个商业银行因环境问题退出或准备提高贷款利率的客户，若该客户无任何环境保护的升级措施，其他商业银行就不应该再承接该客户的贷款或给予该客户较低的利率，否则信贷对环境保护的效果就无法发挥。对于优质的节能环保客户，商业银行不应采取不正当手段与同业开展竞争，而应通过加强管理、改善服务、丰富产品等措施吸引客户。

8.2.5 商业银行绿色信贷测评体系构建思路

面对资源约束趋紧、环境污染严重、生态系统退化的严峻形势，绿色信贷是商业银行参与环境保护的必然选择。然而，要推动绿色信贷发展，应秉持严谨、务实的科学态度，运用正确、有效的指标体系对商业银行绿色信贷的开展进行测评。只有建立有效的指标体系监测绿色信贷的开展情况，才能及时发现存在的问题，调整相应的推动方案，不断促进绿色信贷的发展。但是绿色信贷测评指标体系的设计是一项具有复杂性、探索性的工作，现有文献关于这方面的研究非常少。如何选取指标不但需要理论的支撑，更需要实践经验的积累。本书在构建绿色信贷测评指标体系时考虑了绿色信贷的内在特质，在突出其系统性、科学性等特性时，也兼顾商业银行数据的可得性。随着商业银行绿色信贷理论与实践的发展，不断完善绿色信贷测评指标体系，进一步提高实用性、操作性，有效指导、推动商业银行绿色信贷的发展，将是有待进一步拓展的任务。

（1）绿色信贷测评指标选择的原则。

绿色信贷涉及的内容较多，基于此，若测评指标过少则不足以反映绿色信贷的系统性，若指标过多，则会增大资料、信息的获取成本，加大测评的难度。为使测评指标体系能有效反映绿色信贷的本质特征，构建指标体系时除遵循独立性、系统性、层次性、科学性、完备性、可比性等银行信贷、银行社会责任的一般性原则外，针对绿色信贷的内涵与特点，还应重点符合以下原则。

① 普适性与特色性相结合。绿色信贷的指标体系必须全面反映绿色信贷发展的总体状况、基本特征，能够有效促进绿色信贷的发展目标与测评指标之间的衔接，从而使整个测评体系具有逻辑结构合理、层次分明、导向明晰等特征。所以对指标的选择要考虑揭示商业银行绿色信贷发展客观规律的需要，既要有反映银行信贷的普适性指标，又要有反映绿色信贷这一特定对象在限制产能过剩，减少环境污染与环境破坏，支持环境友好产业的特殊指标，使指标体系一方面可以描述绿色信贷的本质特征，另一方面又能增加评级模型实施的可能性。

② 约束性与选择性相结合。绿色信贷的指标体系选择应在时间维度上反应绿色信贷的进度情况，因此绿色信贷的指标应具有测评、监测及预警运行、推进状况的功能，以辅助实现对绿色信贷的调控，使绿色信贷沿着既定的轨迹向着期望的目标发展。所以在指标的选择上既要考虑约束性，也要考虑选择性，将两者有机结合起来。对于影响绿色信贷发展的利润、违约率、"两高一剩"贷款占比等则设立约束性指标进行测评。而对于绿色信贷具有

普遍性影响的指标，如员工、竞争者方面的指标，则可以采用一些概括性强，信息容易获取的选择性指标进行测评，以降低信息冗余度，提高测评效率。

（2）建立绿色信贷测评指标体系的目的。

绿色信贷指标体系的建立是指引、监督、促进商业银行绿色信贷科学开展的依据。完善绿色信贷指标体系，具有现实的目的性，主要表现在以下几个方面。

① 引导商业银行的发展尊重自然规律。建设绿色信贷指标测评体系，对商业银行限制非环境友好型行业贷款，支持环境友好型产业进行测评，其重要目的就是发现商业银行在绿色信贷开展过程中存在的问题，启迪商业银行形成热爱大自然、尊重大自然、爱护大自然的思想意识、管理理念，遵循大自然的客观发展规律，选择有利于人口、环境、资源可持续发展的经营方式。

② 为绿色信贷政策、法律的制定、完善提供参考。我国的绿色信贷还处于初始发展阶段，政策、制度体系还不健全，绿色信贷利益相关者的利益关系还未厘清，导致银行、监管机构、地方政府、企业等多主体之间的博弈并未从根本改变绿色信贷面临的不利局面。商业银行绿色信贷测评指标体系的建立、运用、完善的重点任务之一就是通过绿色信贷的测评结果为绿色信贷政策、法律制度的制定、修正提供有效参考，为解决困扰绿色信贷的激励约束、权力监督等经济、法律问题奠定理论基础。

③ 促进绿色信贷的创新。由于绿色信贷的专业性、特殊性，绿色信贷在不少方面具有特有的技术、产品、管理制度等。通过绿色信贷测评体系可以有针对性、目的性地对绿色信贷相关的技术、产品、制度等与实践需要的契合程度进行分析，并找出问题成因，了解相应的演化趋势，从而为绿色信贷体系的创新提供事实论据，促进商业银行、相关政府部门进行相应的组织、制度变革及产品创新等，以突破绿色信贷发展面临的桎梏。

（3）绿色信贷测评指标体系的构想。

商业银行绿色信贷的发展须依赖于股东的投入，也离不开客户、政府、员工及其他利益相关者的支持。因此，商业银行的绿色信贷应对各利益相关者负责。根据绿色信贷的特征，我们将利益相关者分为股东、客户、政府、公众、员工、竞争者关键六类。绿色信贷的测评指标将围绕这六类利益相关者来构建。所以这六类利益相关者就构成商业银行绿色信贷的一级指标（见表 8.1）。

① 股东。与其他企业一样，盈利是商业银行股东关心的第一要素。围绕这个基本点，我们构建了收入额、贷款收益率、贷款不良率、不良贷款总额四个可客观量化的二级指标，理由如下：首先，商业银行开展绿色信贷的同时，也在开展其他普通信贷、中间业务、投资银行业务等，即是说商业银行可能用同样的人力、物力开展其他业务，因此，开展绿色信贷的成本难以单独计算，那么用净利润及与净利润相关的指标则将增加评价难度，而获取绿色信贷的收入额则相对容易。其次，收入额反映了总的收入量，而贷款收益率则反映了盈利水平的高低，两者结合在一起更能全面反映商业银行绿色信贷的盈利情况。最后，不良贷款总额、不良贷款率是反映商业银行信贷风险水平的关键指标，绿色信贷不良贷款总额数据容易获取，因而不良贷款率也容易计算，所以在这里我们仍然沿用这两个指标。

② 客户。在客户方面，与商业银行的其他服务一样，绿色信贷存在好的服务质量，良好的网点环境、较少的业务办理时间、为客户提示风险等要素，但正因为这些要素的共通性，所以在绿色信贷的评价体系中，我们不再单列该类指标，以免重复。在此，我们只考虑绿色信贷具有特殊性的指标。

在前面我们已经提到实践中绿色信贷的客户分为两类：一类是要压缩贷款需求的"两高一剩"非环境友好型客户；另一类是应支持的"节能环保"环境友好型客户。因此，绿色信贷的客户评价指标也将围绕这两类客户而展开。

针对"两高一剩"客户，我们设置如下指标："两高一剩"贷款余额、"两高一剩"贷款余额占比、"两高一剩"贷款户数、"两高一剩"贷款户数占比、"两高一剩"贷款新增户数、"两高一剩"贷款新增余额、"两高一剩"贷款新增户数与贷款新增总户数之比、"两高一剩"贷款新增余额与贷款新增总额之比、"两高一剩"贷款利率上浮比例。"两高一剩"贷款余额、"两高一剩"贷款余额占比、"两高一剩"贷款户数、"两高一剩"贷款户数占比反映了商业银行"两高一剩"客户的存量情况，从该四个指标可以看出商业银行在过往对"两高一剩"行业的贷款支持。"两高一剩"贷款新增户数、"两高一剩"贷款新增余额、"两高一剩"贷款新增户数与贷款新增总户数之比，"两高一剩"贷款新增余额与贷款新增总额之比四个指标则反映出商业银行是否按照绿色信贷的要求压缩"两高一剩"行业的贷款。"两高一剩"贷款利率上浮比例则反映商业银行对暂不能退出的贷款是否采用利率手段抑制贷款户的贷款需求，选用利率上浮比例而不选用利率水平是因为人民银行将根据市场的情况调整基准利率，这样利率水平就可能随基准利率变化而变化，而上浮比例不受基准利率变动的影响，更能准确反映出定价水平。在某些银行的社会责任报告里出现了拒绝贷款户数、贷款金额等指标，在此处我们不选用这两类指标是因为拒绝贷款户数、贷款金额的真实性核实较难。

针对"节能环保"客户，我们设置如下指标："节能环保"贷款余额、"节能环保"贷款余额占比、"节能环保"贷款户数、"节能环保"贷款户数占比、"节能环保"贷款新增户数、"节能环保"贷款新增余额、"节能环保"贷款新增户数与总新增户数之比、"节能环保"贷款新增余额与新增贷款总额之比、"节能环保"贷款利率定价水平、绿色信贷产品创新情况。与"两高一剩"指标相同，前四个指标反映商业银行的存量情况，第五至第八个指标则反映商业银行"节能环保"客户的新增情况，"节能环保"贷款利率上浮比例则反映商业银行是否通过利率优惠支持"节能环保"客户，绿色信贷产品创新情况则从融资可得性、便利性方面反映商业银行在绿色信贷方面的努力程度。

③ 政府。众所周知，作为社会公民，商业银行应该遵守国家的法律法规，并承担纳税责任。但由于商业银行即使不开展绿色信贷也应遵守此类责任，而且绿色信贷的单独税收也不易计算，因此绿色信贷不再将此作为单独评价指标。由于绿色信贷的先期需要由政府主导，因而商业银行是否按照政府的要求落实绿色信贷的相关要求是值得关注的，所以设置政府绿色信贷要求落实情况这个评价指标以评价商业银行与政府的关系。

④ 公众。商业银行绿色信贷将影响环境质量进而影响到公众的切身利益，随着环保意识的增强，越来越多的社会公众将关心商业银行的绿色信贷。针对社会公众我们设置三个指标评价商业银行的绿色信贷：绿色信贷信息披露情况、受到的公众批评、受到的公众赞誉。绿色信贷信息披露情况反映出商业银行是否愿意接受公众监督。受到的公众批评与受到的公众赞誉则分别说明商业银行绿色信贷开展存在的不足与取得的成绩从而获得公众肯定。

⑤ 员工。商业银行绿色信贷的推行最终要分解到相关岗位的员工，由员工按制度、流程规定执行，组织机构、制度、员工专业水平、技能的高低等将影响绿色信贷的开展质量，因此，我们主要从以下几个指标进行评价：绿色信贷组织机构的设立情况、绿色信贷制度及流程的完善情况、绿色信贷培训情况、绿色信贷激励制度的有效性。绿色信贷组织机构的设立情况可以反映出商业银行对绿色信贷的专注化程度；绿色信贷制度及流程的完善情况从操作层面反映出商业银行对绿色信贷的重视程度；绿色信贷培训情况反映商业银行对员工绿色信贷技能、专业素养的重视程度；绿色信贷激励制度的有效性反映商业银行的激励制度能否调动员工的工作积极性、主动性从而推动绿色信贷的发展。

⑥ 竞争者。商业银行绿色信贷提倡良好的市场秩序，一个负责任的商业银行应该与竞争对手开展公平竞争，并且在践行绿色信贷走在同业前列的商业银行可以多倡导其他商业银行开展绿色信贷。在此，我们设置不当竞争投诉情况与绿色信贷倡导情况两个指标评价商业银行与竞争者之间的关系。

表 8.1   **绿色信贷测评指标体系**

	一级指标	二级指标
绿色信贷测评指标体系	股东	收入额 贷款收益率 不良贷款总额 贷款不良率
	客户	"两高一剩"贷款余额 "两高一剩"贷款余额占比 "两高一剩"贷款户数 "两高一剩"贷款户数占比 "两高一剩"贷款新增户数 "两高一剩"贷款新增余额 "两高一剩"贷款新增户数与贷款新增总户数之比 "两高一剩"贷款新增余额与贷款新增总额之比 "两高一剩"贷款上浮比例 "节能环保"贷款余额 "节能环保"贷款余额占比 "节能环保"贷款户数 "节能环保"贷款户数占比 "节能环保"贷款新增户数 "节能环保"贷款新增余额

续表

一级指标		二级指标
绿色信贷测评指标体系	客户	"节能环保"贷款新增户数与贷款新增总户数之比 "节能环保"贷款新增余额与贷款新增总额之比 "节能环保"贷款上浮比例 绿色信贷产品创新情况
	政府	政府绿色信贷要求落实情况
	公众	绿色信贷信息披露情况 受到的社会批评 受到的社会赞誉
	员工	绿色信贷组织机构的设立情况 绿色信贷制度、流程的完善情况 绿色信贷培训情况 绿色信贷激励制度
	竞争者	不当竞争投诉情况 绿色信贷倡导情况

第9章

结论与建议：正确认识与
优化商业银行绿色信贷行为

9.1 结　论

　　商业银行绿色信贷是商业银行出于短期盈利或长期发展动机所实施的环境友好型信贷行为，表现为两个方面，一方面，为了应对环境规制及社会监督等，控制、规避一些生态破坏型信贷行为，如限制对"两高一剩"行业贷款；另一方面为市场盈利或品牌塑造，主动进行一些环境友好型信贷行为，如提供节能技术研发信贷资金。对其理解应把握四点：一是这仍是商业银行的市场行为，即对客户群体的选择、定价应遵循市场原则，要满足客户有融资需求与能达到商业银行信贷准入门槛两个前提条件；二是不等于产业歧视，对符合条件的"两高一剩"的"节能环保"需求仍应予以支持；三是商业银行的绿色信贷行为应具有环保价值，即能约束"两高一剩"非环境友好型产业，激励"节能环保"环境友好型产业；四是除直接提供资金外，还包括提供信用支持等服务。

　　商业银行开展绿色信贷，既是生态环保目标驱动下，规范与引导信贷资金优化配置，推动经济发展绿色转型的一种社会诉求，又是商业银行在生态约束趋紧条件下的一种经营型信贷行为选择。银行信贷与环境问题具有正相关性，绿色信贷通过控制资金供给能影响环境行为主体的环境行为，从而减少负的环境外部性，增加正的环境外部性，且相比其他环境保护手段，绿色信贷具有自身的比较优势。同时，环境资源危机的加重影响了作为经济人的商业银行自身的利益，并且公众与政府共同驱动商业银行开展绿色信贷。

9.1.1 如何认识商业银行的非环境友好型信贷行为

从我国现实来看，作为商业银行客户的非环境友好型借款人，往往隶属于一些实际盈利状况较好的产业类型（如石化行业、火力发电行业），具有一定的经营规模与盈利能力，再加上所受的环境规制或社会约束较松，反而具有较强的偿债能力，违约率较低。从行为经济学角度看，商业银行受有限理性因素影响，主观上更加看低了非环境友好型借款人的违约概率，从而愿意对这一类借款人进行信贷投放。同时，作为信息弱势方的小银行往往选择从众策略，跟随大银行开展此类非环境友好型信贷。从商业银行信贷决策来看，银行控制非环境友好型信贷的动机是规避项目环境风险，但一旦控制又会使原有投入成为沉没成本，对二者的权衡影响银行对此类项目的信贷选择。环境风险造成的损失与沉没成本相等，是商业银行控制非环境友好型信贷的临界点，一旦某一项目的环境风险造成的损失大于沉没成本，商业银行将会主动控制对此类项目的信贷。因此，一方面，构建约束性的市场环境，加强对此类项目（或借款人）的环境规制，压缩其投资盈利空间，将在客观上增加商业银行的面临的环境风险（表现为银行面临的信贷违约率上升），促使商业银行主动减少对此类项目的信贷投放，以强化对环境非友好型信贷的控制；另一方面，通过加强对商业银行信贷行为的规制与监管，也可以约束其非环境友好型信贷行为。

9.1.2 如何认识商业银行的环境友好型信贷行为

商业银行开展环境友好型信贷，主要出于自身盈利与发展的需要。具体而言，商业银行可能为了拓展客户群体、高利率定价、外部激励等短期收益，也可能为了获取声誉优势、先动优势等长期收益，自动进行环境友好型信贷。但是，同样也要为之投入信贷成本，甚至因为有些环境友好型项目盈利性不明显、回报率不足等原因，会形成不良贷款。因此，商业银行会区分垄断、竞争等不同的市场结构，在不同的成本收益约束条件下，选择不同的信贷行为，以求自身利益最大化。竞争是商业银行发展的大趋势，在竞争加剧的条件下商业银行将会弱化风险控制。此时，借助政策缓释商业银行环境友好型信贷的风险并扶持促进环境友好型产业发展以改进其盈利及风险状况，对促进商业银行开展环境友好型信贷将起到积极作用。

就我国商业银行开展绿色信贷的现状而言，我国商业银行的绿色信贷水平偏低。基层调研显示，信贷人员对绿色信贷的认识不全面，大部分银行未采取切实的措施落实绿色信贷。当前，商业银行控制非环境友好型信贷面临商业银行之间的非良性竞争、地方政府干预、信息不充分、产业结构不合理等直接困境；开展环境友好型信贷面临环境友好型信贷借款人实力局限、环境友好型产品市场不成熟等直接困境。而不完善的法制、不健全的商业银行激励约束机制、存在缺陷的地方政府考核机制、缺少信贷风险补偿机制、不完备的信息共享机制等则是造成当前困境的制度及机制方面的主要障碍。

根据商业银行绿色信贷的运行规律及我国商业银行绿色信贷的现状，我们认为我国商业银行绿色信贷要发展，应满足经济与非经济双重目标，绿色信贷的开展初期应由政府进行主导，当发展到一定阶段后政府主导的绿色信贷模式将逐渐向市场条件下的商业银行自主经营模式转型。当前，根据我国的实际情况，为推动商业银行绿色信贷的有序、健康发展，在政策需求及导向方面，应引导、激励性政策与强制性手段协调配合；分步骤、分阶段推进绿色信贷；分重点、分轻重选择行业、企业；区别对待不同的商业银行；多种力量并重助力商业银行绿色信贷。

9.2 建立健全商业银行绿色信贷发展的外部体制机制

商业银行绿色信贷以市场化为原则，围绕市场建立健全绿色信贷的外部环境与机制是商业银行绿色信贷健康、快速发展的重要条件。鉴于我国商业银行开展绿色信贷的市场化运作还存在诸多障碍，因此应在充分尊重市场的前提下，以创新为主线，变革、完善相应的制度安排，构建一个行之有效的外部环境与机制。

9.2.1 完善绿色信贷法制体系建设

完善绿色信贷法制体系建设一方面可以让绿色信贷更加系统化、法制化；另一方面可以增大一般主体的生存风险，降低其融资能力，阻碍银行信贷资金的进入。

（1）适时出台绿色信贷法。

截至目前，人民银行、银保监会、环保部等多个国家政府部门已颁布了多项指导绿色信贷开展的文件、意见。但是政策不能等同于法律，政策较灵活，变化较快，而且一届政府一种发展思路让政策存在半途而废的风险，让政策很难取得预期的效果。政策的这些特性导致与法律相比，其缺少权威性。因此，为保证商业银行绿色信贷的可持续发展，应及时将绿色信贷上升到法律层面，以保持绿色信贷相关政策的连续性、稳定性，增强对商业银行的约束力，而且在下位的政策之间存在冲突时，也能有先适用的准则。

在绿色信贷法中应对商业银行绿色信贷进行系统性规定，让商业银行有章可循。其中可以尝试确立借款人与商业银行之间关于环境问题的连带责任。商业银行有义务对环境违法的借款人停止贷款，对贷款流向、用途进行监管，控制借款企业的环境风险，商业银行应向社会公众披露可能涉及环境危害的贷款项目，保障公民的知情权，让公众参与对贷款项目、商业银行信贷行为的监督，如果商业银行开展信贷业务时未尽到审查、公开信息义务，未监管借款人的环境行为，借款人若造成环境损害，那么银行对借款人造成的损失承担无限连带责任，这样促使商业银行在贷前、贷中、贷后都会审慎、切实履责，全程参与到借款人的环境行为中。

（2）完善环境法制体系建设。

国家应在充分调研的基础上，开展对《环境保护法》的修改工作，解决该法原有的不足之处，使其适应时代的需要，体现可持续发展的思想，同时制定或修订相关环境保护的单行法、法规、政策等，加大对环境违法的惩戒力度，并使它们不但与基本法的要求保持一致，而且相互之间也保持协调一致。

在政府监管方面，由于目前地方环保行政部门在行政上归属于地方政府管理，因此，地方政府可以通过行政命令控制环保部门的行为，这就为地方政府牺牲环境发展经济创造了条件。所以，可将环保部门从地方政府独立出来，直接归口国家生态环境部管理，以保证环保部门独立自主地开展工作，并在对地方政府的政绩考核中设立有关环保工作开展情况的考核指标①；同时，应适当增大环境保护部门工作的自由度，扩大环境保护部门的行政处罚权，因为目前在环境行政处罚方面，环保部门拥有的权力有限，如限期治理的行政处罚必须由县级以上地方人民政府环境保护行政主管部门提出意见报同级人民政府批准，环境保护部门、企业的两方博弈变成了环境保护部门、地方政府、企业的三方博弈，博弈过程中存在更多的信息传递失真、寻租等不利因素，最终造成的不利结果往往是企业得不到有效的惩治，并产生了反向激励。

在执法上，应理顺执法体制，各执法部门密切联合，提高执法队伍的素质，树立良好的环境监督执法形象，加大环境执法力度，严肃处理环境违法、乱纪事件，提高执法效率，切实做到"有法必依、违法必究、执法必严"。

在环境诉讼方面，针对目前环境诉讼取证难、诉讼难等具体问题，国家可以制定专门的程序法，并完善环境公益诉讼制度，使诉讼的主体由直接的受害人扩大到政府、环保组织、公民团体等，动员各种社会力量来监督环境违法行为，同时建立专业的环境污染损害鉴定与评估机构，服务于环境诉讼。

在公众参与环境监督方面，我国虽然于 2003 年通过《中华人民共和国环境影响评价法》，确立了公民的环境参与权，但该法对公众环境参与的法律条文更多的是原则性的规定，涉及具体条件、方式、程序的法律规定相对较少，因此，为尽快完善公民环境权的实施细则，使公众对各种环境决策的意见和建议有畅通的传递和反馈渠道，可在法定权限内制定有关公众参与环境监督操作性更强的法规，并切实落实到位。

9.2.2 完善产业政策

商业银行绿色信贷的开展与"两高一剩""节能环保"产业的发展状况紧密相关，因此为有效促进商业银行开展绿色信贷，需要完善产业政策对"两高一剩"产业进行限制并对"节能环保"产业进行扶持，促进产业结构优化升级。

---

① 张春英. 中央政府，地方政府，企业关于环境污染的博弈分析 [J]. 天津行政学院学报，2008 (11).

（1）限制"两高一剩"产业的发展。

除完善法制，严格按照法律、法规要求惩治"两高一剩"企业的环境违法行为外，还可以采取诸如以下措施限制"两高一剩"产业的发展。首先，从准入上限制"两高一剩"产业的发展。根据"两高一剩"产业发展现状，提高规模、产能等行业准入条件及能耗、污染物排放标准，构筑高的准入门槛，限制新投资的进入，并严格控制过剩行业的项目建设，原则上不允许再新增产能，从源头上加强对"两高一剩"发展的控制。其次，提高对"两高一剩"行业的征税。税收的多寡将直接影响企业的获利，从而影响企业的竞争力，针对"两高一剩"企业，不让其享受任何税收减免、补贴等政策，并可以尝试依据其消耗的水、电、气等能源倒推其产销量，对其征收更高的税费，减少其赚取的利润。最后，对产能进行整合。设定产能标准，对不符合条件的企业以市场为纽带进行兼并、重组以淘汰落后产能。

（2）促进"节能环保"产业的发展。

促进"节能环保"产业的发展，主要是要辅助节能环保产业降低成本、拓宽市场，可以采取的措施有：第一，政府要引导市场消费。政府要倡导低碳节能的生活方式，牵头加强对节能环保产品的宣传，推进节能环保产品的认证，并完善能效、环境标志的管理制度，组织实施节能产品的惠民工程，对"节能环保"产品的销售、推广实施财政补贴；充分利用政府采购对消费的引导作用，在政府采购中，提高政府采购的能效标准、环保标准，对"节能环保"产品优先采购，并扩大节能环保产品的采购范围。第二，对"节能环保"产业实施税收优惠。对"节能环保"技术的研究、开发、引进、转让和使用予以税收鼓励，可供选择的措施有税收延付、税收减免等；对"节能环保"企业购置的生产设备应允许进行进项抵扣，对生产设备实行加速折旧，对于企业采用先进技术改进设备、改革工艺、调整产品结构所发生的投资可给予税收抵免，对"节能环保"产品的销售实行增值税、所得税优惠，以减轻"节能环保"企业的发展负担。第三，对"节能环保"企业进行财政补贴。为降低"节能环保"企业的研发、生产、销售成本，政府可以安排专项财政资金对符合政府要求的"节能环保"企业进行财政补贴，补贴的形式可以多样化，如贴息、建设补贴、技改、科研补贴等。第四，成立政府引导基金投资"节能环保"企业。缺乏资金一直是"节能环保"企业发展难以解决的问题，政府可以设立"节能环保"产业引导基金，发挥财政资金的杠杆放大效应，通过该引导基金吸引其他投资者投资设立风险投资基金，增大资本供给，风险投资基金投资"节能环保"企业后，"节能环保"企业的资金实力将增强，管理更加规范，这将利于企业的先期发展。

9.2.3 优化对地方政府的考核体系

根据当前地方政府考核体系中存在的问题，我们提出如下完善建议：

第一，在对地方政府考核中增加公众的参与。考核主体的多样化是增强地方政府考核有效性的一种有力手段，因为任何一个考核主体都有自身看问题的角度，具有不可代替的比较优势，但是每一个考核主体都有自身的利益诉求，具有考核的局限性。而政府代表的是公共利益，因此不能仅由上级政府或同级部门来对地方政府进行考核，应该在对地方政府的考核中增加公众的参与。政府应通过制度建设，保证公众参与政府考核的权利，促成公众有序、有效参加对地方政府的考核，在参与方式上，应广开渠道，可以采取座谈、访谈、网上评议、问卷调查等方式让公众对政府的行为、政绩进行评判，并增加公众意见在地方政府的考核中的权重，促使地方政府尊重民意。

第二，构建科学、合理的地方政府考核指标体系。地方政府承担着经济建设、社会保障、社会事业发展等职能，因此对地方政府的考核是一个由经济绩效考核、社会绩效考核、政治绩效考核综合成的多维复合概念，对地方政府的考核必须建立一套科学、合理的指标体系，考核指标体系的设计不能片面强调某个方面，而应全面、系统地覆盖地方政府各种职能，既要反映应经济发展的数量、效率指标，也要有反应社会发展的质量、效益指标，既要要反映当期的指标，又要有注重未来的战略性指标。同时，在指标的设计上要注重可操作性，避免指标的设计过于繁杂，脱离实际。

9.2.4 建立绿色信贷担保体系

绿色信贷鼓励商业银行支持节能环保环境友好型项目，但是不少节能环保项目的借款人管理不规范、信息透明度低、资产规模小、抗风险能力弱，商业银行在与这类型借款人的博弈中，将选择"信贷配给"。因此在此种情况下，建立绿色信贷担保体系有助于解决商业银行信贷资源向"节能环保"项目倾斜。

（1）建立多元结构的担保机制。

担保机构担保的对象是不符合商业银行准入的"节能环保"项目的借款人。通过担保机构的增信，提升了商业银行发放信贷的信心。根据担保目的、担保对象的不同，绿色信贷的担保机构可以分为三种：第一，政策性担保机构，该类机构不以营利为目的，主要服务于政府需要扶持的"节能环保"产业；第二，互助性担保机构，该机构由节能环保行业的会员自愿投资组成，不以营利为主要目的，且只为会员提供融资服务；第三，商业性担保机构，该担保机构可由国资、民营资本投资组成，服务对象不局限于特定群体，以营利为主要目的。

由于担保机构承担了信贷融资的终极风险，而其服务对象又具有较高的风险水平，因此其必须有较强的担保实力才能获得商业银行的认可。担保初始资本金的来源尤其是政策性的担保机构的资本金来源可以先以政府资金为主导，后期再通过担保机构的自我积累以及引入其他资金扩大资本。对于有条件的商业性担保机构可以动员高质量的民营资本进入。

我们鼓励建立多元的担保结构，但是由于担保机构的特殊性，风险外溢将形成严重的负外部性，因此担保机构必须有严格的准入条件，规范运作，并有相应的政府部门或主管机构对担保机构的运作进行指导与监督。

（2）建立风险防范机制。

为推动绿色信贷担保业务的长效发展，担保机构应主要从三个方面建立、完善风险防范机制：

首先，选择风险可控的客户。从供给的角度看，市场上需要融资的客户肯定大于担保机构能提供融资服务的客户，因此担保机构不应盲目选择客户，担保机构应根据自身的实力及风险控制能力设立客户准入标准，重点支持信誉好，管理者素质高，具备市场前景的借款项目。

其次，建立内部风险控制制度。第一，建立有效的反担保制度，担保机构应根据实际情况锁定借款人的有形资产与无形资产，增大借款人的违约成本，弱化借款人逆向选择动机。第二，选择合适的担保费用，担保费用过高会激励借款人从事高风险业务，造成担保公司承担更多的风险。第三，建立良好的客户分析机制与筛选系统，通过客户分析与筛选，将高风险客户排除在外。第四，建立审、保、偿分离的流程体系，各环节相互独立，相互制约，规避内部道德风险。第五，建立持续的保后检查制度，及时了解借款人的经营情况及信贷资金用途以便采取风险控制措施。第六，建立风险保证金及坏账准备金制度，用于弥补可能发生的损失。

最后，建立再担保体系。通过再担保体系，实现转保，分散风险。互助性担保机构、商业性的担保机构可向政策性担保机构申请再担保，下一级的政策性担保机构可向上一级的政策性担保机构申请再担保。政策性担保机构的风险补偿最终由政府财政承担。

（3）与银行建立良好的合作机制。

担保机构与银行的合作以担保契约为纽带，通过契约关系建立的风险责任关系是提高银行与担保机构合作效率的关键。因此，本章从以下几个方面提出绿色信贷方面银保合作的框架性原则。

第一，降低合作门槛。银行不应简单从资本金，在保余额等方面设立合作担保机构的准入门槛，而应综合考虑担保机构的资本金、在保余额、客户群体、风险控制措施、收费比例、担保目的等要素，以担保机构能否控制、承担实质风险为原则建立合作关系，共同促进绿色信贷的发展。

第二，合理确定保证金比例。保证金比例的高低不但影响着担保机构能够承担客户的数量、金额，而且还直接影响着客户融资所承担的成本及面临的风险，商业银行应本着既能推动绿色信贷发展又能控制风险的原则，确定与其合作担保机构的保证金比例。

第三，确定适当的风险分担比例。若担保机构承担百分之百的担保责任，银行将会弱化对借款人的审查，甚至开展"傻瓜贷款"业务，绿色信贷中借款人的整个风险控制将全部转嫁于担保机构，造成风险集中；若银行与担保机构之间确定了适当的分担比例，发生风险银行将会承担部分损失，因此银行与担保机构的利益共同体关系会更紧密，银行将与担保机构从贷前调查、贷中评审、贷后检查三个环节互通有无，共同对借款人的风险进行控制。

9.2.5 建立对商业银行的激励、约束机制

绿色信贷处于起步阶段，初期需要商业银行持续投入，但却要经过一段

时间才能取得明显收益，而且收益具有不确定性，因此需要建立有效的激励、约束机制调动商业银行的积极性与主动性。

（1）财政贴息。

绿色信贷鼓励商业银行对"节能环保"借款人实施优惠利率。但商业银行是盈利性机构，利率的优惠意味着收益的降低，而且可能与收益、风险相平衡的风险原则相冲突。因此政府为鼓励商业银行开展绿色信贷，支持"节能环保"产业，促进绿色经济的发展，可从财政资金中拨付一部分专项资金对向商业银行申请融资的"节能环保"借款人进行贴息。贴息的比例根据商业银行实际贷款利率、行业、融资规模、期限、借款人资质及实力等因素综合确定，贴息资金可以直接拨付给借款企业，也可直接拨付给商业银行，这样借款人得到了优惠利率，商业银行也不会因为开展绿色信贷利润出现大幅下降。

（2）税收激励。

尽管大部分商业银行表态要压缩"两高一剩"融资规模，但"两高一剩"贷款余额总量仍然呈增长之势。其中一个重要原因是商业银行确能从这些产业中获取较高的收益。因此，推动绿色信贷，压缩商业银行"两高一剩"贷款余额，扩大"节能环保"行业融资规模的一个有效方法是减少商业银行在"两高一剩"行业的收益，而提高其在"节能环保"行业的收益，因为银行的信贷资本是逐利的，哪个行业的收益率高，它就会自动流向哪个行业。而税收则是政府要调节商业银行信贷资金行业收益的一个重要手段。但从我国目前的税收制度来看，商业银行的资金无论投向哪个行业，缴纳的税率都没有差别。因此，政府可对税收制度进行优化，要求商业银行对行业收益进行独立核算，对不同行业的贷款收益采取不同的税收制度。例如，针对"两高一剩"行业，政府可提高所得税税率或实行累进税税率以降低银行的收益，而对"节能环保"产业的贷款收益则降低税率或直接减免。

（3）直接经济奖励。

除贴息、税收等经济激励外，对开展绿色信贷成绩较突出的商业银行也可进行直接奖励。具体而言，政府可围绕"节能环保"项目融资额度、融资户数等设定鼓励商业银行支持"节能环保"产业的关键指标，当商业银行发放的融资额度、融资户数绝对值或比例达到政府设定的奖励触发线，政府就按照设定的标准对商业银行予以奖励；同样，针对"两高一剩"行业，政府也可围绕融资额度、融资户数设立相关指标，当商业银行对"两高一剩"行业融资额度、融资户数绝对值或比例下降到政府设定的触发线，政府就予以商业银行一定的奖励。

（4）建立不良贷款补偿机制。

商业银行开展信贷业务一般偏好于熟悉的产业，因为对于熟悉的产业，商业银行一般有一套成熟的风险控制体系。但"节能环保"产业属于新兴产业，很多商业银行是刚涉足，对如何控制风险还处于摸着石头过河的阶段，因此更容易产生不良贷款。由于不良贷款无论是对商业银行机构还是对商业银行的员工都有重大影响，所以对不良贷款的恐惧制约了商业银行对"节能环保"产业的支持。为鼓励商业银行在风险控制体系未成熟的前提下支持"节能环保"产业，财政部门可拨付一部分资金用于补偿商业银行支持"节能环保"产业产生坏账时的经济损失，同时银保监会、人民银行等政府部门可研究出一套适宜针对商业银行支持"节能环保"产业而发生不良贷款的快速核销机制及对个人尽职免责的条款。这样机构减少了损失，个人的机会成本也降低，商业银行主动性才能进一步增强。

（5）政策性银行的同业支持。

我国的政策性银行由国家出资设立，以国家信用为支撑，具有很强的发行金融债券或向中央银行举债的能力，获取资金的成本普遍低于商业银行负债资产的成本，并且在国际上拥有的信用等级高于我国的很大一部分商业银行，因此在国际金融市场也能以相对较低的成本融取资金。在我国商业银行存款、贷款竞争白热化的市场背景下，政府可动用政策性银行来激励商业银行开展绿色信贷，具体而言，政策性银行的资金可以较低成本拆借给商业银行专门用于支持"节能环保"产业，商业银行的存款规模会增大，并且在资金成本降低的情况下商业银行获取的利差也将会增大，同时对绿色信贷成效较突出的商业银行，政策性银行发放的节能环保产业以及其他委托贷款可由该类商业银行经办，让其赚取中间业务收入。

（6）加大对商业银行不良行为的惩戒。

监管机构应建立、完善商业银行开展绿色信贷的监控指标体系，对商业银行绿色信贷的开展情况进行监控，对绿色信贷执行不利的商业银行，监管机构应对其进行惩戒，增大商业银行不开展绿色信贷的成本。例如，政府在推动绿色信贷发展的过程中，可以将绿色信贷的执行效果与商业银行高管人员的任职资格挂钩，对开展绿色信贷不利的银行高管可以取消其任职资格，这样通过影响高管人员的切身利益来改变其世界观从而达到改善作为企业组织的商业银行的行为的目的。监管机构还可以采取对绿色信贷开展不利的商业银行进行巨额罚款，将绿色信贷的开展与商业银行分支机构的开立挂钩等措施约束商业银行。

9.2.6 完善环境信息共享机制

一系列的办法、通知的出台为环境部门与银行之间的信息共享提供了制度支撑。环保部门向人民银行征信管理局提供了数万多条企业环境违法信息，为银行采取停贷或限贷措施提供了依据，[①] 使绿色信贷更具操作性。但是毕竟环境信息共享机制还处于初建阶段，还有不少内容需要继续完善。信息共享机制越完善，绿色信贷的成本才能更低，效果才能更明显。

第一，扩大环境信息共享范围。根据《关于落实环保政策法规防范信贷风险的意见》的规定，环境部门向金融机构报送的企业名单需符合污染严重的条件。这有利于控制污染严重企业的信贷需求，但是也存在一定的问题，这等于放纵了有一定污染但还暂时没有造成严重后果的企业。因此，环保部门向金融机构提供的信息范围可以适度扩大，环保部门可以将存在一定污染的企业名单以及潜在的可能造成严重污染的企业名单提供给金融机构。银行开展信贷业务时在涉及环境问题的方面会更审慎，一方面有利于控制信贷风险，另一方面也有利于防止新的环境问题的产生。另外，因为人民银行征信系统并非一个任何人都可查询的系统，其查询需要取得被查询人的授权，这样的做法实际上已经保护了企业的隐私。

第二，出台政策约束环保部门严格执行制度的规定。环保部门对相关文件要求的执行不能流于形式，必须落实到位，只有这样才能达到制定政策的预期目的。但是现行的政策主要是指示环保部门如何做、应该怎么做，却缺乏相应的约束激励政策，各级环保部门可能在政策下发的短时间内严格按照政策的要求履行职责，但是在尝试不履职或不尽职未受到惩罚后，将逐渐怠

---

① 环境违法被限贷款 环保总局公布首批企业名单 [EB/OL]. http：//www.cctv.com.

于行使职责,最终将导致绿色信贷的开展缺乏有效信息。因此有必要出台相应的激励政策,对不履职的环保部门工作人员给予相应的处罚,对严格履职的予以奖励,以激励环保部门认真落实制度的要求。

第三,出台银行向环保部门通报信息的系统性规定。现行制度主要是规范环保部门向银行提供信息,但是鲜有对银行向环保部门报送信息的规定。环保部门受技术手段、工作人员数量的限制不能了解辖区所有企业的环境行为。随着经济、金融的发展,越来越多的企业开始与银行建立信贷合作关系,银行在信贷业务开展过程中,能直观了解到借款人经营行为、生产工艺等可能对环境产生的影响,因此,为加强银行与环境部门的信息共享,可出台对银行向环境部门报送企业环境信息的系统性规定,要求银行了解到的借款人环境危害行为必须通报环保部门及当地人民银行,环保部门核实情况后,向人民银行征信系统报送信息,这样其他准备为该借款人办理信贷业务的银行也能了解到此信息。

第四,环保部门与商业银行建立对口联系机制。环保部门在环境方面的专业度是商业银行无法比拟的,为促使绿色信贷向好发展,环保部门可以与商业银行建立长期的对口联系机制,环保部门定期、不定期地为商业银行提供涉及环境问题的相关信息以及政策、法律、环境风险评估等培训。并且环境部门可成立专家组服务于商业银行涉及环境事宜的解答,因为商业银行建立专门的环境人才队伍非一日之事,专家组的建立可以降低商业银行的信贷成本。

9.3 引导商业银行构建绿色信贷内部管理体系

9.3.1 树立开展绿色信贷的经营理念

随着政府部门、社会组织、公众等对环境要求的越来越高,"两高一剩"行业的市场空间日渐趋窄,风险日渐趋高,而且我国金融市场的迅速发展加速了"两高一剩"大项目的"金融脱媒",对商业银行传统信贷业务的有效需求趋于萎缩。相反,政府、社会对新能源、新材料、节能减排等项目的重视与扶持,则孕育着无数的信贷融资需求,为商业银行创造了巨大的市场空间。并且经过几十年的发展，我国商业银行的竞争态势已从寡头垄断转向垄断竞争，而且随着下一步金融市场改革的推进，商业银行牌照申请的门槛必然降低，在未来商业银行数量肯定呈增长之势。若商业银行还未认清当前的这些形势，经营理念还未发生转变，那么在激烈的市场竞争中必然被竞争对手抢取先机。

形势的变化将逼迫商业银行转变经营理念。只有从上至下转变经营理念后，商业银行才会有切实可行的绿色信贷业务措施。具体而言，商业银行应摒弃传统观念，充分认识到传统信贷存在的弊端以及开展绿色信贷给自身带来的机会与优势，有信心克服绿色信贷初始阶段可能带来的阵痛。并且在对新能源、新材料、节能减排等环保项目或借款人的支持中，不能仅定位于大客户、大项目，因为尽管对大客户、大项目的支持能为商业银行带来立竿见影的效果，但是与传统信贷相同，大项目、大客户的议价能力强，尤其是中小商业银行更缺少谈判实力，因此商业银行的利润会被压低，而且仅对大项目、大客户的支持未必能达到改善环境的预期目的。由于市场中更多存在的是中、小型项目或借款人，商业银行应将其绿色信贷的客户群体拓展到除大型以外的其他中小型项目或借款人，建立多层次、多元化的客户群体结构，以市场、客户为中心，提高商业银行信贷资源的配置效率，这样不但商业银行能够有丰厚的利润回报，能为股东创造更大的价值，于社会而言，由于更多的环境友好型项目或借款人得到了银行的信贷资金支持，环境保护、改善的效果才能更大地体现出来，商业银行的社会责任、环境责任的履行也才能得到更充分的体现。

9.3.2 建立适应绿色信贷特征的组织机构

在商业银行内部建立绿色信贷的组织机构对于推动绿色信贷的发展无疑具有重要意义，因此我们鼓励条件成熟的商业银行通过组织机构调整、优化来推动绿色信贷的发展。但是我国的商业银行具有不同的历史沿革、企业文化、资本实力、客户结构、风险控制手段等，很难说某种标准化的组织机构就一定适应所有的商业银行。因为任何一种组织机构都会有一定的制约因素，同样的模式在不同的商业银行中可能带来不一样的结果。所以无论是建立绿色信贷事业部，还是建立分级管理制以及其他模式的组织机构，重要的是适合商业银行自身的发展并有效服务于绿色信贷。而构建一个合适的绿色信贷组织机构，商业银行需要以清晰的组织机构构建原则为指导，本书就此提出以下建议性的原则。

第一，适应于绿色信贷的需求特点的原则。从本质上讲商业银行属于服务业，所以绿色信贷组织机构的设计要以客户为中心，适应客户的融资需求特点，能够集中优势资源快速、专业地处理客户的融资需求，这样商业银行才能获得客户的肯定，建立稳定的客户基础。

第二，精简高效的运营原则。成本、收益是设立组织机构无法规避的话题，绿色信贷组织机构的设计应坚持低成本、高效率的原则，不但要充分利用已有或将有的资源降低与融资客户的交易成本，还要通过层级设计、制度规范等降低商业银行内部的交易成本以提升工作效率。

第三，利于风险控制的原则。信贷具有不确定性、风险性，信贷组织机构的设立必须考虑如何管控风险，商业银行在设立组织机构时应剖析存在的风险点，借鉴先进的模式，通过完善相应的制度、流程，采用先进的 IT 技术，控制、化解风险。

第四，业务兼容与机构协调的原则。商业银行应在整体运营的基础上建立高度融合性的绿色信贷管理模式，既要考虑传统信贷融资的可操作性也要充分考虑开发其他创新性贷款业务的可能性，不断扩充绿色信贷的融资渠道，同时也要保持内外机构运营上的联动，对信贷业务进行集约、快速处理。

9.3.3　加强流程与产品创新

绿色信贷的信贷对象具有不同的特点，如有的节能减排项目融资规模大，对时效要求不高，有的新材料企业属中小企业，资金需求具有典型的"短、频、快"的特征，商业银行若按同样的流程、产品为其提供信贷服务显然难以满足市场的要求。因此商业银行在绿色信贷的流程和产品方面应有所创新以跟上市场的步伐。

在流程方面，商业银行应根据借款人的资产规模、销售收入、项目投资等要素对客户做出区分，若属大型客户则进入大型客户的信贷流程，若属于中小型客户则进入相应的中小型客户信贷流程。大型客户一般对资金需求的紧迫度并不高，按照商业银行现有的流程基本能满足客户的需要，因此在这里我们主要在目前商业银行进行中小型企业信贷流程改造、升级的基础上对绿色信贷中的中小客户的信贷流程优化提出相关建议：第一，不将信用评级作为准入的硬性标准，因为目前很多商业银行的评级系统中财务数据等量化指标仍然占了很大的比重，绿色信贷的中小型客户可能成立时间不长或是财务制度不健全，难以完全符合商业银行的信用评级标准，所以建议将信用评级仅作为借款人资质、实力的参考；第二，尝试将贷后管理外包给第三方金融服务公司，中小企业信贷由于金额小、客户多，相比大型客户将耗费商业银行更多的人力资源，根据经验，一个信贷人员管理20多个中小型企业客户已属满负荷工作，若再增加管理户数，贷后管理往往流于形式，因此为提高绿色信贷的工作质量，控制风险，商业银行在新增信贷人员有限的情况下，可将贷后管理尝试外包给第三方金融服务公司，由第三方公司完成贷后管理工作。

在信贷产品的创新方面，市场的变化促使商业银行推出一系列的创新型信贷产品，如民生银行的商贷通、深发展（现平安银行）的供应链融资产品。绿色信贷以普通信贷为基础，因此传统信贷产品与这些创新型信贷产品也能适用于绿色信贷的客户。但是绿色信贷客户有自己的独特的经营、权益特点，兴业银行、浦发银行等商业银行就围绕这些特点，推出了一系列的专门针对绿色信贷客户的信贷融资产品。不过市场是变化的，客户的特点、需求也在随时间发生变化，因此绿色信贷开展较好的商业银行应继续加强对新产品的开发力度，在法律、法规、政策允许的范围内，积极探索在动产、环境权利、知识产权上创新担保方式，增大贷款的可获得性，并提高贷款偿还的可能性，以更好地推动绿色信贷的发展。其他绿色信贷开展步伐较慢的商业银行先期可以学习那些绿色信贷开展经验较丰富的商业银行的信贷产品，结合自己行的特点进行集成创新、吸收消化再创新，在了解、熟悉自己的绿色信贷客户，并有一定的绿色信贷经验后，还可以尝试推出一些原始创新的产品以满足客户的需要。

9.3.4 完善风险控制体系

绿色信贷越发展，商业银行就面临越多的信贷风险。因此如何完善风险控制体系，防范、控制信贷风险的产生，及时化解已经形成的信贷风险，对于推动绿色信贷起着至关重要的作用。

在风险评估方面，商业银行除评估传统信贷需要评估的内容外，增加对环境风险的评估，以达到通过环境风险评估，有效甄别信贷客户的风险状态，剔除劣质客户，降低管理成本，增加银行贷款盈利预期的目的。具体而言，绿色信贷在诸如企业运营、内部管理、财务评估等方面可以沿用商业银行对大型企业、项目、中小企业、中小项目的风险评估基本框架，但在普通信贷未涉及的环境风险领域，商业银行可在区分项目融资、公司融资等融资形式上，设定评估指标，对申贷项目或申贷人的环境风险进行初评，根据初评认定的潜在环境风险的大小，再确定确切的评估标准与程度。对环境风险评估标准、程度较高的项目，由于目前商业银行在人才、技术、信息方面的缺乏，建议由申贷人委托外部专业机构完成环境风险评估，商业银行根据外部机构出具的专业报告进行环境风险审核。对通过国家环保部门环境影响评估的项目，由于银行关注点与国家环境部门的关注点可能不尽一致，商业银行还可以根据自身对风险管理的要求，规定进一步的环境影响评估内容。但是外部环境风险评估部门对环境风险的评估更多地偏重污染物排放、控制、安全生产等技术层面的评估，商业银行自身需要进一步完善环境对经营、财务的表现评估。

在审批授权方面，过大的审批权限与过小的审批权限均不利于商业银行的分支结构开展绿色信贷业务，过大的权限容易导致分支机构因业务压力放松风险控制，过小的权限导致市场竞争力下降。商业银行可根据不同的绿色信贷产品的风险程度以及不同分支机构的风险管理能力，授予不同的审批权限，并出于加强风险控制的目的，适时根据信贷产品的风险程度、分支机构经营管理的变化对授权及时调整。

在贷后管理方面，除按照普通贷款的要求，及时了解借款人的生产、经营变化外，商业银行还应加强对借款人环境风险变化的跟踪。因为商业银行发放贷款时对借款人的环境风险评价是基于时点的，即是说在银行对借款人的环境风险进行评价的时点借款人的环境行为是符合银行评审要求的，但是借款人的项目建设、生产经营却是动态变化的，受某些因素的影响，借款人可能违背当初与政府、银行等的协议约定，出现项目建设不按要求进行，偷排未经处理的污染品等，因此商业银行在贷后管理中应加强对借款人环境风险的排查，将每次的检查情况记录归档，并建立环境风险预警机制，对违反约定的借款人应及时沟通，要求其进行整改，同时增加实地到访的次数，监督借款人的整改情况；对情节严重又不纠错的借款人，商业银行应要求其提前归还贷款或提高贷款利率进行惩罚，在贷款归还后不为其办理续贷业务，并将借款人的不良环境行为及时通报银保监会、人民银行及政府环保部门。

9.3.5 完善员工激励机制

人是组织中最活跃的因素，对组织的全部活动起着支配作用。完善绿色信贷的激励机制正是要调动信贷人员的积极性，发挥他们的潜能，提高组织的效能。

从商业银行的激励机制来看，信贷人员的收益与管理的贷款户数、贷款额度、营销的存款等具有非常强的相关性。退出"两高一剩"行业贷款意味着信贷人员的收益可能受到影响，因为按照商业银行目前的激励机制，信贷人员要维持原有的收益水平，至少要用等额的新增户数、贷款额、存款额等弥补退出的客户。新增具有不确定性，而存量是既有的，在此种激励机制下，理性的商业银行信贷人员肯定不愿拒绝"两高一剩"贷款。因此为顺利退出"两高一剩"行业的贷款，商业银行可对"两高一剩"贷款户、贷款额、存款等进行系统性清分，只要借款人属于"两高一剩"行业，无论是存量的户还是新增的户都不再与信贷人员的收益挂钩，即要让信贷人员感受到开展"两高一剩"行业贷款无利可图，而且对需限定时间退出或压缩的贷款实行督办制，对未落实要求的信贷人员给予一定的惩罚，如罚款、降薪、通报批评等，对违反要求新增"两高一剩"行业贷款造成不良贷款或形成不良社会影响的，对责任人进行更加严厉的追责。

为加速推动有关"节能环保"产业方面的信贷投放，在激励机制方面，商业银行首先需细化尽职标准，客观确认不良贷款责任人应承担的责任，建立、落实信贷人员尽职免责制度。因为商业银行的信贷人员对"节能环保"等绿色产业不熟悉，为了避免机构出现损失而追究个人责任，遇到有风险的项目信贷人员就不会主动设计融资方案去控制风险，而可能直接将客户拒之门外。其次，在绩效考核中，要设立不良贷款容忍度指标，凡控制在容忍度以内的分支行，不对分、支机构进行绩效处罚，因为若分、支机构受到了绩效处罚，那么在分、支机构的绩效分配中信贷人员的绩效肯定会受影响，若超过了不良贷款容忍度，如果确定信贷人员已经尽职，分支机构应减轻对信贷人员的绩效处罚。最后，若信贷人员对属于"节能环保"产业的借款人发放贷款，该户贷款形成的贷款户数、贷款额、存款等细分指标可以乘以一定的系数以加大奖励权重激励信贷人员。

9.3.6　加强人才队伍建设

人才是商业银行推动绿色信贷不可或缺的要素，但是专业人才的缺乏正成为绿色信贷发展路上的绊脚石，因此商业银行必须采取措施加强人才队伍建设。

第一，引进专业人才。商业银行绿色信贷的开展，需要有专业的环境知识作支撑，在需要的时候，商业银行当然可以借助合格、独立的第三方对环境和社会风险进行评审或通过其他有效的服务外包方式，获得相关专业服务，但是从实践来看，外部机构出具的报告不一定能符合商业银行的要求标准，而且若事事依赖外部机构会有较大的交易成本，在现实中，还存在部分外部机构的经营并不规范、不道德等问题。为降低交易成本，防范信贷风险，商业银行可以尝试引进环境方面的专业人才，利用专业人才的专业知识来解答、评审、处理绿色信贷中涉及环境方面的问题。

第二，加强对信贷人员的知识培训。商业银行绿色信贷需要有专业的人才，但是绿色信贷毕竟更要靠商业银行众多的信贷人员去推动。目前大多数信贷人员缺乏对环境政策的了解、缺乏绿色信贷方面的专业知识，而培训是提高信贷人员绿色信贷业务素质、业务技能、管理水平的重要途径。商业银行应制定人才培养中长期规划，通过对信贷人员采取分层次、按梯队的多样化方式进行绿色信贷方面严格、专门的培训，使其了解政府政策、行内制度，掌握一定的专业知识、专业技能，确保绿色信贷的有关政策、制度能够得到有效的执行。

参 考 文 献

[1] 原庆丹，沈晓悦等．绿色信贷与环境责任保险 [M]．北京：中国环境科学出版社，2012．

[2] 蓝虹．商业银行环境风险管理 [M]．北京：中国金融出版社，2012．

[3] 叶汝勇，任勇．中国环境经济政策研究——环境税，绿色信贷与保险 [M]．北京：中国环境科学出版社，2011．

[4] 世界银行集团国际金融公司．促进绿色信贷的国际经验：赤道原则及 IFC 绩效标准与指南（上，下册）[M]．北京：中国环境科学出版社，2010．

[5] 于晓刚．中国银行业环境记录（2009）[M]．昆明：云南科技出版社，2010．

[6] 于晓刚．中国银行业环境记录（2010）[M]．昆明：云南科技出版社，2011．

[7] 于晓刚．中国银行业环境记录（2011）[M]．昆明：云南科技出版社，2012．

[8] 邓宏兵．人口，资源与环境经济学 [M]．北京：科学出版社，2006．

[9] 马克思恩格斯全集（第4卷）[M]．北京：人民出版社，1995．

[10] 亚当·斯密．国民财富的性质和原因研究（上卷）[M]．北京：商务印书馆，1974．

[11] [美] 密尔顿·弗里德曼著．高榕，范恒山译．弗里德曼文萃 [M]．北京：北京经济学院出版社，1991．

[12] 卢代富．企业社会责任的经济学与法学分析 [M]．北京：法律出版社，2002．

[13] 马克思·资本论（第一卷）[M]．北京：人民出版社，1975．

[14] 周祖城．管理与伦理 [M]．北京：清华大学出版社，2000．

[15] 赵红. 基于利益相关者理论的企业绩效评价指标体系研究 [M]. 北京：经济科学出版社，2004.

[16] 张维迎. 博弈论与信息经济学 [M]. 上海：上海三联书店，1996.

[17] 王健. 信息经济学 [M]. 北京：中国农业出版社，2008.

[18] 赫伯特·西蒙著. 杨砾等译. 管理行为：管理组织决策过程的研究 [M]. 北京：北京经济出版社，1998.

[19] 中国银行业从业人员资格认证办公室. 公司信贷 [M]. 北京：中国金融出版社，2009.

[20] 斯蒂格利茨. 经济学（上册)[M]. 北京：中国人民大学出版社，1997.

[21] 思铭. 企业与环境 [M]. 北京：中国人民大学出版社，2004.

[22] 陈健，陶萍. 项目融资 [M]. 北京：中国建筑工业出版社，2008.

[23] W. 钱·金，勒妮莫博涅. 蓝海战略 [M]. 北京：商务印书馆，2005.

[24] 中国社会科学院工业经济研究所. 中国工业发展报告——2005 [M]. 北京：经济管理出版社，2005.

[25] 董志勇. 行为经济学 [M]. 北京：北京大学出版社，2005.

[26] 陆剑清. 行为金融学 [M]. 上海：立信会计出版社，2009.

[27] 张庆丰. 迈向环境可持续的未来——中华人民共和国国家环境分析 [M]. 北京：中国财政经济出版社，2012.

[28] 李斌. 商业银行信贷业务理论与实践 [M]. 沈阳：白山出版社，2006.

[29] 李扬. 银行信贷风险管理：理论、技术和实践 [M]. 北京：经济管理出版社，2003.

[30] 陈宏辉. 企业利益相关者的利益要求：理论与实证研究 [M]. 北京：经济管理出版社，2003.

[31] 王丽娜. 循环经济中外部性控制的相关机制研究 [M]. 北京：北京师范大学出版社，2011.

[32] 张树基. 商业银行信贷业务 [M]. 杭州：浙江大学出版社，2005.

[33] 江其务，周好文. 银行信贷管理 [M]. 北京：高等教育出版社，2004.

[34] 黄达. 金融学 [M]. 北京：人民大学出版社，2009.

[35] 马歇尔. 经济学原理 [M]. 北京：商务印书馆，1964.

[36] 庇古. 福利经济学 [M]. 北京：商务印书馆，2006.

[37] [美] 迈克尔·波特. 国家竞争优势 [M]. 北京：华夏出版社，2002.

[38] 保罗·霍肯. 商业生态学 [M]. 上海：译文出版社，2001.

[39] 孙建敏译. 斯蒂芬·P. 罗宾斯. 组织行为学 [M]. 北京：中国人民大学出版社，1998.

[40] [德] 霍斯特·西伯特. 环境经济学 [M]. 北京：中国林业出版社，2002.

[41] 苏东水. 产业经济学 [M]. 北京：高教出版社，2000.

[42] 刘俊海. 公司的社会责任 [M]. 北京：法律出版社，1999.

[43] 刘连煜. 公司治理与公司社会责任 [M]. 北京：中国政法大学出版社，2001.

[44] OECD. 环境管理中的经济手段 [M]. 北京：中国环境科学出版社，1996.

[45] 曹东，王金南等. 中国工业污染经济学 [M]. 北京：中国环境科学出版社，1999.

[46] 国家环保局译. 选择还是放弃——荷兰国家环境政策计划 [M]. 北京：中国环境科学出版社，1995.

[47] 国家环保总局污控司. 中国环境污染控制对策 [M]. 北京：中国环境科学出版社，1998.

[48] [美] 哈罗德·孔藏，海因茨－韦里克. 管理学 [M]. 北京：经济科学出版社，1993.

[49] 葛洪义. 法理学 [M]. 北京：中国政法大学出版社，1999.

[50] 沃尔特·J. 萨蒙等. 公司治理 [M]. 北京：中国人民大学出版，2001

[51] 张维迎. 企业理论与中国企业改革 [M]. 北京：北京大学出版社，1998.

[52] 金碚. 竞争力经济学 [M]. 广州：广东经济出版社，2004.

[53] 大卫·威勒. 利益相关者公司 [M]. 北京：经济管理出版社，2002.

［54］马中. 环境与资源经济学概论［M］. 北京：高等教育出版社，2002.

［55］沈满洪. 绿色制度创新论［M］. 北京：中国环境科学出版社，2005.

［56］张坤. 循环经济理论与实践［M］. 北京：中国环境科学出版社，2003.

［57］吉尔·所罗门，阿瑞斯·所罗门. 公司治理与问责制［M］. 沈阳：东北财经大学出版社，2006.

［58］李静江. 企业绿色经营——可持续发展必由之路［M］. 北京：清华大学出版社，2006.

［59］鲍静海. 我国中小企业金融制度创新研究［M］. 北京：人民出版社，2008.

［60］李子奈，叶阿忠. 高等计量经济学［M］. 北京：清华大学出版社，2000.

［61］高铁梅. 计量经济学分析方法与建模［M］. 北京：清华大学出版社，2006.

［62］苏峻. 中小企业融资研究［M］. 北京：经济科学出版社，2011.

［63］赵尚梅，陈星. 中小企业融资问题研究［M］. 北京：知识产权出版社，2007.

［64］（瑞典）威布尔著. 王永钦译. 演化博弈论［M］. 上海：上海人民出版社，2006.

［65］谢识予. 经济博弈论［M］. 上海：复旦大学出版社，2000.

［66］张维迎. 博弈论与信息经济学［M］. 上海：上海人民出版社，2004.

［67］李训贵. 环境与可持续发展［M］. 北京：高等教育出版社，2004.

［68］阮桂海. 数据统计与分析——SPSS 应用教程［M］. 北京：北京大学出版社，2005.

［69］童牧. 关系型融资研究［M］. 成都：西南财经大学出版社，2008.

［70］冯宗宪，郭建伟. 银行利率定价原理和方法［M］. 北京：中国金融出版社，2008.

［71］兴业银行. 兴业银行社会责任报告（2009 – 2011）.

［72］工商银行. 工商银行社会责任报告（2009 – 2011）.

［73］浦发银行. 浦发银行社会责任报告（2009 – 2011）.

［74］交通银行．交通银行社会责任报告（2009－2011）．

［75］招商银行．招商银行社会责任报告（2009－2011）．

［76］中国银行．中国银行社会责任报告（2009－2011）．

［77］蔡芳．环境保护的金融手段研究——以绿色信贷为例［D］．中国海洋大学，2008．

［78］陈好孟．基于环境保护的我国绿色信贷制度研究［D］．中国海洋大学，2010．

［79］汪建新．企业社会责任研究——基于利益相关者角度［D］．南开大学，2008．

［80］陈宏辉．企业的利益相关者理论与实证研究［D］．浙江大学，2003．

［81］韩玉珍．基于信息不对称的我国公立医院过度医疗治理研究［D］．哈尔滨工程大学，2008．

［82］向鹏成．基于信息不对称理论的工程项目风险管理研究［D］．重庆大学，2005．

［83］刘文辉．企业绿色经营创新研究［D］．中国海洋大学，2009．

［84］卫娴．银行可持续发展研究［D］．复旦大学，2008．

［85］贺向明．商业银行信贷行为研究［D］．西南财经大学，2007．

［86］刘大远．中国商业银行信贷制度研究［D］．四川大学，2007．

［87］赵大玮．我国商业银行信贷决策行为研究［D］．湖南大学，2009．

［88］孔松泉．基于银行微观信贷风险管理的理论与方法研究［D］．东南大学，2002．

［89］秦江波．中国商业银行信贷过程风险管理研究［D］．哈尔滨理工大学，2010．

［90］熊泽森．中国中小企业信贷融资制度创新研究［D］．武汉理工大学，2009．

［91］陈红心．企业环境责任论［D］．苏州大学，2010．

［92］王红．企业的环境责任研究［D］．同济大学，2008．

［93］辛杰．企业社会责任研究［D］．山东大学，2009．

［94］黎友焕．企业社会责任研究［D］．西北大学，2009．

参 考 文 献

[95] 环境保护部发布环境状况公报，李干杰出席发布会并答记者问 [EB/OL]. http：//www. zhb. gov. cn/zhxx/hjyw/201106/t20110607_211707. htm.

[96] 王卉彤，陈保启. 环境金融：金融创新和循环经济的双赢路径 [J]. 上海金融，2006 (6).

[97] 安伟. 绿色金融的内涵，机理和实践初探 [J]. 经济经纬，2008 (5).

[98] 张伟，李培杰. 国内外环境金融研究的进展与前瞻 [J]. 济南大学学报（社会科学版），2009 (2).

[99] 龚剑，宋勤华. 中国的赤道原则：绿色信贷 [J]. 东南大学学报（哲学社会科学版），2008 (10).

[100] 代光华. 赤道原则渐成国际惯例 "绿色信贷" 有了行动指南 [EB/OL]. http：//finance. s tockstar. com/JL2008022_200314945_1. shtml.

[101] 徐子奇. 应借鉴赤道原则完善绿色信贷 [EB/OL]. http：//finance. stockstar. com/JL20101109000000694. shtml.

[102] 俞震，姜子叶. 我国上市银行社会责任履行现状分析 [J]. 上海金融，2009 (11).

[103] 冯东方. 在挑战中发展，在发展中提升 [J]. 环境经济，2008 (7).

[104] 叶勇飞. "绿色信贷" 的 "赤道之旅" [J]. 环境保护，2008 (7).

[105] 银监会办公厅. 银监会印发《绿色信贷指引》要求银行业充分发挥杠杆作用促进节能减排和环境保护 [EB/OL]. http：//www. cbrc. gov. cn/chinese/home/docView/BC52BC0456C94FBAA11212B99ED908ED. html.

[106] 何德旭，张雪兰. 对我国商业银行推行绿色信贷若干问题的思考 [J]. 上海金融，2007 (12).

[107] 张燕娇. 绿色信贷：商业银行的战略选择 [J]. 中国金融，2008 (10).

[108] 刘秀凤. 什么是绿色信贷 [N]. 中国环境报，2009 - 3 - 17.

[109] 薛才琳. 简析银行绿色信贷 [N]. 光明日报，2009 - 1 - 29.

[110] 周怡. 基于 Logit 模型的绿色信贷影响因素分析——来自实践调研与问卷采访的证据 [J]. 中国城市经济，2011 (7).

[111] 叶勇飞. "绿色信贷" 的 "赤道" 之旅 [J]. 环境保护，2008 (7).

[112] 郑冲.绿色信贷:国际实践与借鉴 [J].金融管理与研究,2008 (11).

[113] 古小东.绿色信贷的国际经验与启示 [J].金融与经济,2010 (7).

[114] 李华友,杨姝影,李黎.绿色信贷加快德国转入绿色发展轨道 [J].环境保护,2010 (7).

[115] 林可全,吕坚明.商业银行绿色信贷的国际比较研究及对我国的启示 [J].探求,2010 (4).

[116] 张璐阳.我国商业银行绿色信贷的创新与突破 [J].武汉金融,2010 (5).

[117] 孙轶颋,李琳.绿色信贷与银行可持续发展 [J].中国金融,2011 (10).

[118] 张秀生,李子明."绿色信贷"执行效率与地方政府行为 [J].经济问题,2009 (3).

[119] 曹洪军,陈好孟.不确定环境下我国绿色信贷交易行为的博弈分析 [J].金融理论与实践,2010 (2).

[120] 林心颖,郑祥."绿色信贷"制度缺陷的多维博弈分析 [J].中国人口·资源与环境,2011 (21).

[121] 杨劬.我国绿色信贷政策的节能减排机理分析 [J].学术论坛,2011 (10).

[122] 雷丽梅.绿色信贷13 年 [J].金融管理与研究,2008 (11).

[123] 刘勇.商业银行环境风险管理的动因思考 [J].金融纵横,2007 (5).

[124] 刘勇.我国商业银行环境风险管理压力的实证研究 [J].现代经济探讨,2008 (6).

[125] 甘露.欠发达地区发展绿色信贷的思考 [J].甘肃金融,2008 (10).

[126] 杨朝飞.绿色信贷,绿色刺激,绿色革命? (上,下)[J].环境保护,2010 (1,2).

[127] 曹洪军,陈好孟.信贷供给支持环境保护的有效性分析 [J].武汉金融,2010 (5).

［128］贺震，倪艳玲．江苏：企业环境行为评价助推绿色信贷［J］．环境保护，2010（22）．

［129］四川银监局课题组．四川银行业绿色信贷调研［J］．西南金融，2010（11）．

［130］王小江．让绿色信贷成为绿色经济的推动力［J］．环境保护，2010（7）．

［131］孙俊岭，李艳芳．商业银行实施绿色信贷的策略选择——以河南省银行业为例［J］．金融理论与实践，2011（5）．

［132］李卢霞，黄旭．中国银行业绿色信贷发展的同业比较［J］．金融论坛，2011（2）．

［133］蔡海静，许慧．市场化进程，环境信息披露与绿色信贷［J］．财经论丛，2011（9）．

［134］陈雁．绿色信贷：金融服务调控环保行为的新篇章［J］．环境保护，2008（4）．

［135］李建英．对城市商业银行推行绿色信贷的思考［J］．金融经济，2008（14）．

［136］任辉．环境保护与可持续金融体系构建［J］．财经问题研究，2008（7）．

［137］常杪，王世汶．绿色信贷的实施基础——银行业环境风险管理体系［J］．环境经济，2008（7）．

［138］陈伟光，胡当．绿色信贷对产业升级的作用机理与效应分析［J］．江西财经大学学报，2011（4）．

［139］陈伟光，卢丽红．中国商业银行绿色信贷外部障碍与环境风险管理框架的构建［J］．广东金融学院学报，2011（5）．

［140］范柏乃，马庆国．国际可持续发展理论综述［J］．经济学动态，1998（8）．

［141］向昀，任健．西方经济学界外部性理论研究介评［J］．经济评论，2002（3）．

［142］沈满洪，何灵巧．外部性的分类及外部性理论的演化［J］．浙江大学学报，2002（1）．

［143］李姝．企业社会责任理论演进及文献述评［J］．北方经贸，

2007 (11).

[144] 黄锡生, 宋海鸥. 论企业环境责任的立法完善 [J]. 重庆建筑大学学报, 2005 (6).

[145] 王唤明, 江若尘. 利益相关者理论综述研究 [J]. 经济问题探索, 2007 (4).

[146] 史浩明, 张鹏. 从社会负担到社会责任——论苏南乡镇企业所承担的社会责任 [J]. 苏州大学学报, 2004 (3).

[147] 梁喜书, 张洁. 构建和谐社会与企业社会责任 [J]. 石油大学学报, 2005 (3).

[148] 曹涌涛, 王建萍. 论商业银行的社会责任 [J]. 金融论坛, 2008 (7).

[149] 贾生华, 陈宏辉. 利益相关者的界定方法述评 [J]. 外国经济与管理, 2002 (5).

[150] 蒋伏心, 李家俊. 企业的利益相关者理论综述与启示 [J]. 经济学动态, 2004 (12).

[151] 江世银. 论信息不对称条件下的消费信贷市场 [J]. 经济研究, 2000 (6).

[152] 赵晓菊. 信息不对称与金融风险的控制管理 [J]. 国际金融研究, 1999 (5).

[153] 许正良, 刘娜. 企业社会责任弹簧模型及其作用机理研究 [J]. 中国工业经济, 2009 (11).

[154] 郝云宏, 张蕾蕾. 持久的竞争优势与战略资源——企业声誉理论研究综述 [J]. 江西社会科学, 2006 (4).

[155] 马国豪. 商业银行利率定价分析 [J]. 金融理论与实践, 2011 (12).

[156] 环境责任: 农行从两高一剩行业退出信贷 444.27 亿 [EB/OL]. http://www.microbell.com/ecodetail_196480.html.

[157] 王宵, 张捷. 信贷配给与中小企业贷款 [J]. 经济研究, 2003 (7).

[158] 罗建原. 企业合作创新博弈中复杂性与演化均衡稳定性分析 [J]. 当代经济管理, 2009 (11).

［159］新华社．地下水失守：200 城市逾半水质差，出现癌症村［EB/
OL］．http：//roll. sohu. com/20130225/n366874239. shtml.

［160］华北电力技术编辑部．中国能源现状与展望［J］．华北电力技
术，2008（2）.

［161］季明．中国打造世界新引擎［N］．经济参考报，2003（9）.

［162］外界评说中国实力和影响：亟待发展"高端"实力［EB/OL］.
http：//finance. people. com. cn/GB/1046/4010967. html.

［163］文雯．全国环境执法能力建设取得突破性进展［N］．中国环境
报，2011－11－30.

［164］潘岳．谈谈七项环境经济新政策［N］．学习时报，2007－09－18.

［165］2010 中国公众环保指数发布 公众环保行为无突破［EB/OL］.
http：//green. sina. com. cn/2010－10－12/144521259－694. shtml.

［166］中华环保联合会．中国环保民间组织发展状况报告［R］．2006
（4）.

［167］杨姝影，肖翠翠．中国银行业绿色度状况评估［J］．绿叶，
2012（7）.

［168］罗正英．我国中小企业信贷融资可获性特征研究——基于苏州
地区中小企业财务负责人的观点［J］．上海经济研究，2005（3）.

［169］中国银行业不够绿［N］．上海金融报，2012－10－12.

［170］黄速建，余菁．国有企业的性质，目标与社会责任［J］．中国
工业经济，2006（2）.

［171］李茜，张建君．高管特点，所有制与企业［J］．经济管理与研
究，2011（6）.

［172］魏斌．环境信息共享管理机制研究［J］．中国环境管理，2012
（2）.

［173］龚成威，黎友焕．我国企业环境信息公开的实践，问题及建议
［J］．世界环境，2008（5）.

［174］环境违法被限贷款 环保总局公布首批企业名单［EB/OL］.
http：//www. cctv. com.

［175］董慧凝，陶好飞．赤道原则：金融企业社会责任的自律规范
［J］．河南社会科学，2011（6）.

[176] 郭青马. 我国商业银行实行赤道原则的路径选择 [J]. 财经科学, 2010 (6).

[177] 李菲. 银行绿色经营的三种境界与赤道原则应用思想的升华 [J]. 金融论坛, 2010 (4).

[178] 郑伟. 赤道原则与我国银行业环保风险防范 [J]. 农村金融研究, 2010 (2).

[179] 蓝虹. 论赤道原则中的利益相关者互动机制 [J]. 中南财经政法大学学报, 2011 (3).

[180] 张然斌, 刘武辉, 欧阳强. 论构建有利于循环经济发展的和谐金融环境 [J]. 金融理论与实践, 2006 (8).

[181] 李保上. 对云南节能减排行业信贷风险状况的调查与思考 [N]. 金融时报, 2008 - 3 - 10.

[182] 张梅, 谢志忠. 新时期农村信用社金融产品创新的成本收益研究 [J]. 经济学动态, 2012 (2).

[183] 胡乃武, 曹大伟. 绿色信贷与商业银行环境风险管理 [J]. 经济问题, 2011 (3).

[184] 蓝虹. 论环境管理体系标准对商业银行加强环境风险管理的作用 [J]. 生产力研究, 2012 (6).

[185] 刘勇. 长三角地区商业银行环境风险管理行为分析 [J]. 金融理论与实践, 2009 (5).

[186] 欧利维尔·海基, 石正方. 商业银行环境风险管理体系的程序设计 [J]. 环境经济, 2009 (3).

[187] 曲冬梅. 商业银行环境侵权责任的风险防范 [J]. 法学论坛, 2011 (5).

[188] 孙晓晶. 商业银行开展绿色信贷的运行机制研究 [J]. 山东社会科学, 2011 (12).

[189] 常杪, 任昊. 中国银行业环境风险控制体系构建现状分析 [J]. 中国人口·资源与环境, 2011 (3).

[190] 卢瑾. 中国商业银行绿色信贷制度分析 [J]. 银行家, 2012 (10).

[191] 交通银行上海市分行绿色信贷模式调研课题组. 推进绿色信贷创新走科学发展的道路 [EB/OL]. http://sjr. sh. gov. cn/sbjrweb /html/

shjrb/jrdj_djdt/2009 – 04 – 07/Detail_36708. htm.

［192］曹华. 绿色信贷初现成效 6 家银行相关贷款余额近 2 万亿［N］.
人民网, 2012 – 2 – 24.

［193］莫开伟. 银行绿色信贷政策为何执行难［N］. 上海金融报,
2012 – 10 – 9.

［194］李梅影. 16 家上市银行绿色信贷排名报告: 兴业, 浦发居前
［N］. 21 世纪经济报道, 2012 – 9 – 11.

［195］银行绿色信贷各行其是, 银监会酝酿出台国标［N］. 经济参考
报, 2012 – 8 – 27.

［196］梁嘉琳, 蔡颖. 城商行拖绿色信贷投放量后腿［N］. 经济参考
报, 2012 – 6 – 13.

［197］沈兴耕, 傅旭等. 绿色金融如何助推节能减排［N］. 人民日报,
2012 – 4 – 6.

［198］周明. "绿色信贷"或成商业银行新利润增长点［N］. 中国证
券报, 2007 – 11 – 28.

［199］王朝弟. 绿色信贷政策的实践路径［N］. 金融时报, 2012 – 8 – 6.

［200］姜欣欣. 商业银行在环保中的定位和功能［N］. 金融时报,
2013 – 5 – 13.

［201］Bowen. H. R. Social Responsibility of the Businessman［M］. New
York: Harper, 1953.

［202］Jose Salazar. Environmental Finance: Linking Two World［R］.
Presented at a Workshop on Financial Innovations for Biodiversity Bratislava, Slovakia, 1998.

［203］Eric Cowan. Topical Issues In Environmental Finance［R］. Research Paper was Commissioned by the Asia Branch of the Canadian International Development Agency (CIDA), 1999.

［204］Sonia Labatt, Rodney R White. Environmental Finance［M］. New –
York: John Wiley and Sons, 2002.

［205］DavisK. Can business Afford to ignore Social Responsibility?［J］.
California Management Review, 1960, 2 (3).

［206］Frederick W C. The growing concern over business Responsibility

[J]. California Management Review, 1960 (2).

[207] Thomas · Donaldson, Lee · E · Preston. The stakeholder Theory of the Corporation: concepts, Evidence and Implication [J]. Academy of Management Review, 1995, 20 (1) .

[208] Blair M. M, Lynn A. S. A. Team Production Theory of Corporate Law [J]. The journal of Corporate Law, 1999 (4).

[209] Freeman. R. E, Evan. W. M. Corporate Governance: A Stakeholder Interpretation [J]. Journal of Behavioral Economics, 1990 (19).

[210] Clarkson. M. A. Stakeholder Framework for Analyzing and Evaluating Corporate Social Performance [J]. Academy of Management Review, 1995, 20 (1).

[211] Freeman. R. E, Evan. W. M. Corporate Governance: A Stakeholder Interpretation [J]. Journal of Behavioral Economics, 1990 (19).

[212] Clarkhanm. J. Corporate Governance: Lessons from Abroad [J]. European Business Journal, 1992, 4 (2).

[213] Wheeler D, Maria S. Including the Stakeholders: the Business Case [J]. Long Range Planning, 1998, 31 (2).

[214] Mitchell. A, Wood. D. Toward a Theory of Stakeholder Identification and Salience: Defining the Principle of Whom and What Really Counts [J]. Academy of Management Review, 1997, 22 (4).

[215] Hayek F. A. Individualism&Economic Order [M]. Chicago University Press, 1996.

[216] Robert. P. W and G. R. Dowling. Corporate Reputation and Sustained Superior Financial Performance [J]. Strategic Management Journal, 2002 (23).

[217] Schmalensee, Richard. Product Differentiation Advantages of Pioneering Brands [J]. American Economic Review, 1982 (6).

[218] Alpert. F. and M. Kamins. An empirical investigation of consumer memory, attitude, and perceptions towards pioneer and follower brands [J]. Journal of Marketing, 1995 (10).

[219] Klemperer. P. Market with consumer switching cost [J]. The quar-

terly journal of economics. 1987 (5).

[220] Stiglitz. J. E, Weiss. A. Credit Rationing in Markets with Imperfect Information [J]. American Economic Review, 1981 (71).

[221] Schimdt – Mohr. U. Rationing Versus Collateralization in Competitive and Monopolistic Credit Markets with Asymmetric Information [J]. European Economic Review, 1997 (41).

[222] Friedman D. Evolutionary games in economics [J]. Econometrica, 1991 (59).

图书在版编目（CIP）数据

商业银行绿色信贷行为的经济分析／贺立龙，张杰，
朱方明著．—北京：经济科学出版社，2019.2
（四川大学 985 "经济发展与管理研究" 创新基地系
列著作）
ISBN 978 - 7 - 5218 - 0243 - 6

Ⅰ.①商… Ⅱ.①贺…②张…③朱… Ⅲ.①商业银
行 - 信贷管理 - 研究 - 中国 Ⅳ.①F832.4

中国版本图书馆 CIP 数据核字（2019）第 025064 号

责任编辑：范 莹 杨 梅
责任校对：郑淑艳
责任印制：李 鹏

商业银行绿色信贷行为的经济分析
贺立龙 张杰 朱方明 著
经济科学出版社出版、发行 新华书店经销
社址：北京市海淀区阜成路甲 28 号 邮编：100142
总编部电话：88191217 发行部电话：88191540
网址：www. esp. com. cn
电子邮件：esp@ esp. com. cn
天猫网店：经济科学出版社旗舰店
网址：http://jjkxcbs. tmall. com
北京季蜂印刷有限公司印装
710×1000 16 开 14.5 印张 240000 字
2019 年 6 月第 1 版 2019 年 6 月第 1 次印刷
ISBN 978 - 7 - 5218 - 0243 - 6 定价：50.00 元